高职思政课实践教学教程

主　编　马海燕

副主编　谢利苹　李建欣

编　委　（按姓氏笔画为序）

　　　　冯海燕　刘洪忆　孙温平　李　贽

　　　　张　静　陈春莲　曹海英

陕西师范大学出版总社

图书代号　JC19N1787

图书在版编目（CIP）数据

高职思政课实践教学教程／马海燕主编. —西安：
陕西师范大学出版总社有限公司，2019.12
ISBN 978-7-5695-1225-0

Ⅰ.①高…　Ⅱ.①马…　Ⅲ.①思想政治教育—
高等职业教育—教材　Ⅳ.①G711

中国版本图书馆 CIP 数据核字（2019）第 239475 号

高职思政课实践教学教程
GAOZHI XIZHENGKE SHIJIAN JIAOXUE JIAOCHENG
马海燕　主编

责任编辑	古　洁　杜世雄
责任校对	宋英杰
封面设计	鼎新设计
出版发行	陕西师范大学出版总社
	（西安市长安南路 199 号　邮编 710062）
网　　址	http://www.snupg.com
经　　销	新华书店
印　　刷	西安日报社印务中心
开　　本	787mm×1092mm　1/16
印　　张	13.625
字　　数	220 千
版　　次	2019 年 12 月第 1 版
印　　次	2019 年 12 月第 1 次印刷
书　　号	ISBN 978-7-5695-1225-0
定　　价	36.00 元

读者购书、书店添货或发现印装质量问题，请与本社高等教育出版中心联系。
电话:(029)85303622(传真)　85307864

前　言

　　高校是党和国家意识形态工作的前沿阵地,肩负着学习、研究、宣传马克思主义,弘扬社会主义核心价值观,培养德智体美劳全面发展的社会主义合格建设者和可靠接班人的任务;而高校的思想政治理论课(简称思政课)则是对大学生进行思想政治教育和价值引导的主渠道。2017 年 2 月,中共中央、国务院印发《关于加强和改进新形势下高校思想政治工作的意见》指出,要推进高校思想政治工作改革创新,要强化社会实践育人,提高实践教学比重,组织师生参加社会实践活动,加强实践教学基地建设,要在服务引导中加强思想教育,把解决思想问题与解决实际问题结合起来,做到既讲道理又办实事,促进大学生成长成才。思政课的改革与创新意义重大,作为当前思政课教学当中的薄弱环节,思政课的实践教学更应该被重视和加强。

　　当前,思政课的实践教学还存在着诸多不足,需要引起我们的重视。虽然教育部在 2008 年就指出,要建立和完善思政课实践教学保障机制,探索实践育人的长效机制,从本科思政课现有学分中划出 2 个学分,从专科思政课现有学分中划出 1 个学分,开展思政课的实践教学,但是思政课实践教学的重要性还是没有被提到应有的高度。具体来看,部分思政课教师对于思政课的实践教学重视不够,有些学校对于思政课的实践教学也缺乏系统的设计与安排,思政课实践教学的经费也未能及时划拨到位,校外实践基地不足,这些都不同程度影响了思政课实践教学的开展。但是更为重要的是,思政课实践教学的理论研究也相对滞后,学界关于思政课实践教学的含义并没有一个统一的认识,各个学校都是根据自己对于思政课实践教学的理解进行实践,实践内容和完成质量也各不相同。其实,思政课的实践教学就是将思政课的课堂实践、校内社会实践和校外社会实践三种实践方式有机结合,旨在将学生在思政课堂上所学的理论知识与具体的社会实践相结合,进而帮助学生树立正确的人生观、价值观、道德观和法治观等,从而有效提升学生的思辨能力、创新能力和解决问题能力。因而它既不是社会实践,也不是专业实习,不能将其与思政课的实践教学相混淆。

高职院校的学生不同于本科院校的学生,他们在学习能力、学习习惯等方面与本科院校的学生相比还有一定的差距,但是他们往往有着较强的动手实操能力,这也是高职院校思政课开展实践教学的一个优势。

基于对当前思政课实践教学理论研究与高职院校思政课实践教学开展实际的考察,本书希望通过对高职院校思政课实践教学的一些思考,不断完善高职思政课的实践教学。为此,本书分为上、下两篇,上篇主要是思政课实践教学的概述,具体阐述了思政课实践教学的概念、国外德育教育中可资借鉴的经验、高职院校思政课实践教学模式。下篇主要阐述了高职院校开设的"思想道德修养与法律基础"和"毛泽东思想和中国特色社会主义理论体系概论"两门课的具体实践教学内容(因为形势与政策目前大都还是以几百名学生一起学习的讲座形式开展,而且为了能把形势与政策讲好,大部分学校都是外请专家进行授课,开展实践教学的条件不是很好,所以本书没有对形势与政策的实践教学进行阐述)。

实践是青年大学生增长才干、健康成长的重要途径,也是增强思政课教学效果不可或缺的重要组成部分。本书是对当前高职思政课实践教学的一些思考与探索,这些思考与探索还仅仅是一个开始,而从理论到实践是一个漫长的过程,未来我们还将有很长的路要走。

编　者
2019 年 9 月

目 录

上 篇

下 篇

上　篇

第一章　思政课实践教学概述

　　思想政治理论课也经常被称作思政课,是当前我国高等院校大学生的必修课,也是高等院校开展思想政治工作的重要渠道。思政课的教学质量直接关系到高等院校思想政治工作的最终效果,同时也关系到国家青年学子的成长与成才。思政课的实践教学是高等院校思政课教学中的一个极为重要的环节,其重要地位和功能必须引起足够重视。虽然到目前为止,我国高等院校思政课的实践教学工作取得了一定的成果,但是从总体来看,还存在着不少问题。其中最为重要的就是人们对于思政课实践教学的内涵、目的和意义尚未形成一个准确、清晰的认识。

第一节　思政课实践教学内涵、目的与意义

一、思政课实践教学的内涵

　　思政课实践教学,顾名思义就是在思政课理论教学全部完成的前提下,通过各种形式的具体实践途径,让学生进行体验和反思,进而达到对思政课课堂所学理论知识的消化、吸收,进而内化为学生自己的理念和价值观,外化为学生的具体行为,真正实现学以致用,同时帮助学生培养和树立马克思主义的世界观和方法论,成为优秀的新时代建设者和接班人。

　　(一)思政课实践教学的含义

　　思政课实践教学是思政课的一种教学形式,并不拘泥于某一种方式,而

是多种不同方式的组合或者说结合,具体来说就是思政课内实践、校内社会实践和校外社会实践三种实践方式的结合。

思政课内实践是指在思政课的课堂教学过程中,思政课教师组织学生在课堂上开展诸如小组讨论、主题辩论、演讲、历史情景剧等活动,让学生运用思政课上所学的理论知识对某一个具体问题进行分析,提升学生对生活、对问题的思辨能力和解决问题的能力。

校内社会实践是指在高等院校校内通过各类社团组织或者与学校各个部门合作,如图书馆、团委等,在校内开展各种类型的校园文化、宿舍文化、班级文化和社团文化建设活动,让学生在参与学校的集体活动中提升团队意识和协作能力,提高自身的综合素养。

校外社会实践是指学生利用课余时间或者寒暑假,在校外进行志愿服务、社会调研、义务劳动、岗位见习、参观访问等活动,了解群众的冷暖疾苦,体察社情民情,让学生在社会参与中加深对社会的认识了解和情感体验,激发学生爱祖国、爱家乡的热情,培育和增强学生的社会责任感。

(二)思政课实践教学是一种具体的教学形式

思政课的实践教学不同于学生在大学阶段进行的社会实践和专业实习活动。专业实习是在专业教师的协助和指导之下,大学生深入工作一线进行具体工作,旨在帮助大学生强化专业知识,提升学生职业技能与职业素养。而大学社会实践活动则是高等院校按照人才培养目标对大学生进行有计划、有组织的社会锻炼,主要以暑期社会实践活动、志愿服务活动等为主,旨在提升学生理论联系实际的能力。思政课的实践教学是将思政课的课内实践、校内社会实践和校外社会实践三种实践方式有机结合,旨在将学生在思政课堂上所学的理论知识与具体的社会实践相结合,进而帮助学生树立正确的世界观、认识观和价值观,从而有效提升学生的思辨能力、创新能力和解决问题的能力。由此可见,专业实习和社会实践都与思政课实践教学有诸多共同之处,但是又有着明显的区别,思政课实践教学是一种具体的教学形式,它服务于思政课的具体教学目标,不是泛化的社会实践或者专业实习。

二、思政课实践教学的目的

思政课实践教学环节是思政课教学的重要组成部分,其根本目的在于引导当代大学生理论联系实际,运用马克思主义、毛泽东思想和邓小平理论的基本原理、观点和方法,"三个代表"重要思想、科学发展观以及习近平新时代中国特色社会主义思想的要求去认识国情、了解社会,提高当代大学生分析问题和解决问题的能力,客观地、辩证地看待我国改革开放的发展历程和各种社会问题,加深对党的路线、方针、政策的理解。与此同时,通过实践提高大学生关注社会、关注现实的热情和能力,增强培养良好道德品质的自觉性,增强社会责任感,真正使"思政课"理论内化为学生的共识,坚定理想信念,确立科学的世界观、人生观和价值观。

具体来看,思政课实践教学的目的有:

第一,进一步巩固思政课课堂上所学的理论知识,初步掌握运用理论解决实际问题的能力;

第二,培养和锻炼大学生独立地、严谨地进行社会调查工作的能力;

第三,培养大学生收集、分析和判断我国各行业改革开放以来的重大变化现实,并运用马克思主义哲学方法解决实际问题的能力;

第四,激发学生爱祖国、爱家乡、爱社会的热情,增强社会责任感。

三、思政课实践教学的意义

(一)有利于培养高素质技能型人才

思政课实践教学不只是课堂辩论和演讲,更多的是校内外具体社会活动的参与。具体来说,思政课的实践教学能够让大学生有机会接触社会,参与社会活动,真实体察社会生活,在社会生活中领会和感悟国家政策、方针的重要性,人民渴望喜乐安康的真实诉求,进而提升自身的政治素质、思想道德素质和法律素质。与此同时,引导大学生能够灵活运用马克思主义哲学思想来分析和解决实际问题,增强自身的职业素养与职业技能,真正成为对国家、对社会、对工作有用的高素质技能型人才。

(二)有利于提升思政课教师的教学水平

作为一名思政课教师,不仅要有扎实的理论功底,还要有掌控和驾驭课堂的高超技能,更为重要的是,思政课教师要在潜移默化之中将正确的"三观"、正确的思想理念渗透到学生的思想之中,让学生在思政课堂上有收获,有获得感。而这种获得感的产生主要源自两个方面:一是有远见、有深度和穿透力的学术理论;二是要有丰富的实践教学环节,让学生在吸收有引领和穿透力的思想的同时,能够真正体察和感悟到生活的真谛、社会发展的规律……这对于思政课教师来说是一个极大的考验,需要思政课教师精心思考和设计每一节课,尤其是能将认识上升为行动的实践教学环节的设计上。因此,思政课实践教学有助于不断提升思政课教师的教学水平。

（三）有利于推动思政课的教学改革与创新

思政课具有极强的思想性和理论性,同时也是实践性非常强的一门课。思政课实践教学不是一成不变的,而是要根据时代的发展以及学生群体特点的变化来适时地进行调整,这一调整本身就意味着要不断地对思政课的教学环节进行改革和完善,不断创新教学的方式方法,尤其是实践教学环节的教学方式和方法。实践教学环节是与社会实际与时代发展紧密结合的,必须以当代学生最能接受、最愿意接受的方式来呈现,这样才能激发学生参与实践的兴趣和热情,从而能够有效地保障思政课的教学效果,同时也能有效推动思政课的教学改革与创新,真正让思政课有温度、接地气,而不只是理论的输出。

第二节 国外高等院校德育课实践教学

思政课是国内人们对于思想政治理论课的简称,在国外,高等院校中没有思想政治理论课或者思政课这一课程名称,但是这并不意味着国外高等院校没有开设类似功能的课程,也不意味着国外对于学生思想道德素质不重视。在国外,高等院校都开设有德育课程,这个课程与我们国内的思政课功能相同,都是旨在培养学生树立正确的世界观、人生观和价值观,同时提升学生思想道德素质。我国高等院校的思政课实践教学在国外也称作是德育课实践教学。

虽然各国面临的国情和社情各不相同,但是在当前全球化发展日益深入的形势下,如何理性面对各种迥异的文化思潮、价值观念和行为方式是各国青年都无法回避的问题。也正因为如此,各个国家都非常重视德育课,尤其是能够深刻影响青年学子的德育课实践教学环节,试图通过德育课实践教学环节的改革与创新,更好地宣传和贯彻政党与国家的意志,及时了解青年学子的所思所想,塑造青年学子的行为,让其能够对自然、社会和人生有一个理性、正确的认识和把握,未来成长为社会发展的栋梁和中流砥柱。

一、国外高等院校德育课概述

对于高等院校德育课的重要性以及德育教育方式等的认知,世界各国都有一个不断探索的过程,这其中也不乏在某个时段出现一些认知上的偏差。例如20世纪五六十年代西方国家普遍认为学生品德的培养和教育应该是一种价值观的教育,应该通过情感和行为的经验来培养和提升,而不是开设一门具体的学科,以课程教育的方式来实现。受此思想影响,在一段时间内,西方青年的道德出现了滑坡甚至危机,这一现象不得不引起西方学界的重视和反思。随着时代的发展、社会的进步,当前世界各国都越来越重视德育教育工作,特别注重对高等院校德育教育方面的投入、反思和探索。

（一）国外大学生德育课程的特点

虽然不同国家在高等院校的德育课程开设时间、课程目标、教学形式、教学内容等方面都各不相同,不同国家对高等院校德育课程的认识和理解也各不相同,但是,作为一门培养国民品格、提升国民素养、推动社会向善的价值引导途径的课程,各国之间仍然存在着诸多共性的地方。通过对国外高等院校德育课程开设与教学等方面的研究可以看出,当前国外高等院校德育课程存在以下几个方面共同的特点。

1. 德育课程的目标非常明确

虽然不同国家、地区因其发展历程不同,在不同的历史阶段,其道德教育的目标可能不尽相同,但是随着经济全球化的不断深入和发展,爱国主义、民族精神成为各个国家都共同认可的基本价值,即通过德育课程的介入,培养忠于本国政治制度、社会制度的具有较高爱国热情和民族情感的高素质公民。在这一点上,各个国家在高等院校的德育课程上表现出了诸多共同的地方:一方面,开展德育课程的目标就是为了维护国家的根本利益。例如美国的德育课程非常重视爱国、伦理、自尊、自信等"国民精神"的养成;德国的德育课程则更为关注学生的"政治养成",要求学生要懂得尊重并热爱国家,注重培养和提升大学生的道德素质,同时极其重视大学生政治责任感的培养;日本的德育课程注重培养大学生的团体意识,学生以学校为荣,工人以企业、工厂为荣,国家的国民以作为一个日本人而光荣和自豪。虽然这些目标的具体表述各不相同,但都是从维护统治阶级和国家的利益出发。另一方面,德育课程也很注重培养大学生的公民意识。例如,英国就是从"德行、智慧、礼仪以及学问"这四个方面出发进行国家的"公民教育",培养大学生将来成为一个对国家、对社会有益的人的;日本则非常重视培养大学生的人格完善,努力培养学生成为拥有较高道德分析和判断能力的人,同时也要具有较强的实践和探索能力。

2.德育教育注重发挥社会合力

德育教育是一个长期的过程,也是一个系统综合的过程,单纯依靠高等院校来完成或者实现德育教育的目的显然不太可能,德育教育需要发挥社会各界的共同合力。例如新加坡,不但在高等院校开设各种类型的德育课程,而且还在全国范围内颁布各种类型的道德法律和道德法规规范国民的行为,引导国民向美向善,从而为新加坡的道德教育营造一个积极的法制环境和社会环境。而德国也非常重视发挥社会合力来进行德育教育,德国政府在道德教育方面非常注重引导政党和各类社会组织发挥其自身优势,吸引青年人在参与政党活动和社会组织的各类活动过程中培养和锻炼自身的道德素养,真正发挥政党和社会组织在参与德育教育中的磅礴力量,从而逐渐建立了一个完善的"国家主导和政府行政指导下的社会组织普遍协同和广泛参与相结合"的道德教育管理和运行机制。

3.显性与隐形相结合的德育教育方法

德育教育是一个系统工程,不仅需要直接的、灌输式的教育方式将道德原则与规范传递给青年学生,而且也需要间接的潜移默化、渗透式的教育方式,让学生在自我体验和感受中有所领悟。西方国家高等院校的道德教育,一直以来都非常重视显性教育和隐形教育两者的结合,通过充分发挥两者的合力来培养和造就青年学生。具体来看,一方面国家和政府通过德育课程开设、德育课堂讲授等来引导青年学生树立正确的价值观;另一方面还通过努力营造积极的校园内外环境为青年学生创设良好的道德情景,以便学生在积极的自我体验中不断感受和领悟道德原则与道德规范,进而提升自我道德素养,规范自我行为,脚踏实地履行道德义务、践行道德规范和要求。

4.德育课程注重学生道德认识和道德实践的结合

现代社会资讯发达、瞬息万变,面对如此纷繁复杂、流转多变的社会,各个国家的德育教育都非常重视本国青年的道德认知能力与道德实践能力的培养与提升。希望通过科学设计德育教育课程,将青年学生的知识学习与道德分析、判断能力的培养同具体生活中的道德实践行为训练这三者有机结合起来,帮助学生学会将德育课程中所学的相关道德知识运用于现实生活中具体道德问题的解决,真正做到学以致用、知行合一。例如不少国家的德育教育课程的教材中并不给学生提供现成的答案或者结论,而是设置了一系列的具体道德情景,让青年学生依据教材所给出的材料自我进行了解、探究、分析、判断,进而得出结论。这种方法不但有助于学生深刻理解教材所呈现的知识,而且有助于学生真正将认知转化为行为,实现质的飞跃。

(二)国外大学生德育课程的教学方法

纵观国内外的德育课程教学方法可谓极其丰富,各种类型的教学方法层出不穷,如若进行分类,大致可分为显性课程与隐形课程两种。显性课程是指在各个高等院校中的正式、正规课程,是由政府和高等院校公开设置,由高等院校教师承担并讲授的课程。隐形课程是指在高等院校公开讲授的德育课程之外,国外高等院校以不明显抑或较为隐蔽的方式来传递和输出社会价值的教学方法。它主要通过高等院校的校园环境、学校的相关组织制度与机构以及校园人际关系等渠道,将深厚的德育教育目的渗透于高等院校大学生随时进行着的丰富的校园活动中。这样可以有效弥补德育教育显性课程中课堂讲授的不足,通过各类丰富多彩的活动,加深青年学生的情感体验,在潜移默化中进入德育教育预设的情景,进一步深刻感知道德情感与道德力量。

1.国外高等院校德育教育的显性课程

显性课程就是在高等院校中正式开设的课程,是纳入国家教学体系的,被高等院校及其教师正式开设并持续讲授的课程。虽然都是被纳入国家教学体系的课程,但是因为不同国家的国情不同,所以各个国家的高等院校德育教育的显性课程也有着各自不同的特点,通过对不同国家在高等院校的德育教育显性课程开设的特点、具体内容等方面的比较,可以更为深刻地理解和感受各国在高等院校德育教育方面的特色。

（1）美国高等院校的显性课程

世界各国历来都非常重视对于本国学生，特别是高等院校大学生的德育教育，美国也不例外。美国在高等院校德育教育中的显性课程一般分为两种形式，一种是普通教育，另一种是专门教育。普通教育就是将高等院校大学生的德育教育和培育工作与美国国家或者西方历史的通识教育紧密结合，将美国的价值观、文化观与政治观教育渗透到高等院校大学生的德育教育中，注重培养高等院校大学生的国际视野，让学生有机会接触和了解国内外迥然不同的价值理念和思想文化，如其他国家的政治制度史、文化发展史等。专门教育则是通过开设专业课程，通过系统的课程教学来培养和树立高等院校大学生的世界观、价值观等。这种专业教育更倾向于将高等院校大学生的专业技能培养与本专业在本国乃至世界的发展史相结合，或者将专业技能课程的学习与本专业涉及的专业道德、伦理相结合，让学生在掌握专业技能的同时意识到自己对于该专业、该领域发展的责任与使命。

（2）欧洲高等院校的显性课程

欧洲特别是北欧、西欧相较于欧洲的其他地域来说，其发达程度都比较高，也有着相似的政治、经济制度以及思想文化传统，在关于高等院校大学生的德育教育方面也有着许多相似的地方。具体来看，主要体现在宗教教育和学科教育两个方面。在宗教教育方面，欧洲国家，特别是西欧、北欧国家，宗教教育是国家教育体系或者说学校教育课程的一个不可分割的组成部分，虽然不一定体现在课程的具体教学学时上面，但是宗教教育是学校课程教学的一部分，对于高等院校大学生的影响非常明显。在学科教育方面，高等院校的学科体系既非常严谨又十分庞杂，对学生的影响也比较大，而且是一种长期的持续性的影响，在学科教育方面将本国的历史、文化与政治思想有机融入进去，能够长期地持续地影响高等院校大学生的成长与未来的发展。

俄罗斯也是欧洲国家，但是它与北欧和西欧国家有诸多不同，在高等院校的德育教育方面也和北欧、西欧国家有着明显的区别。为了加强对本国青年、青少年的德育教育，尤其是爱国主义教育，俄罗斯先后颁布了《俄罗斯公民爱国主义教育纲领》《俄罗斯青年政策纲领》等推动年轻人德育教育和爱国主义教育的纲领性文件。此外，俄罗斯教育部、文化部和国防部等多个部门共同负责落实青少年的德育教育工作。俄罗斯在学生德育教育的显性教育过程中将纲要制度与高等院校大学生的课程学习有机结合在一起,充分发挥了这两方面的教育合力,效果也非常明显。

(3)东亚国家高等院校的显性课程

日本和韩国一直以来都非常重视学生和国民的思想道德教育,在对学生尤其是高等院校的大学生进行德育教育的过程中非常注重将德育教育与本国特有的思想和文化相结合。与此同时,日本和韩国两国政府还通过制订德育教育发展的相关指导纲要来推动德育教育学科的发展。

日本在二战结束后积极恢复德育教育,立志通过德育来振兴国家,不断开设公民课、道义教育课等多类课程,旨在重振日本大和民族的道德传统。与此同时,日本在德育教育方面特别重视集体主义教育,强调全体国民应该具有忠诚于团体的意识,认为国家就是全体日本人的归属,是一个大团体,团体成员对于团体要有忠诚感和奉献精神,而团体应该能够给团体成员一种归属感,让成员在团体中工作时能够有安全感。此外,日本在国家层面制定了"学习指导纲要",规定相关科目的教学,旨在推动有关高等院校大学生和公民的道德教育。在大学教育阶段,还要求学生必须进行德育相关类课程的学习,如东洋思想、文化人类学、民族史、政治学等等。除了必要的课程开设之外,在日本的大学校园内还经常举行各种有关道德教育的活动与讲座。

韩国是一个具有鲜明民族特性和浓郁传统文化色彩的民族国家,自古以来也非常重视德育教育,而且在推进学校尤其是高等院校德育教育过程中,一直坚持把国民精神作为韩国青年德育教育工作的重点与核心,把弘扬韩国传统道德作为德育教育的根本。为了推动本国国民精神教育工作,韩国政府颁布了《国民教育宪章》,对本国的青少年乃至全体国民开展"国民精神教育",传承民族精神,倡导科学民主,树立竞争理念。与此同时,随着时代的变迁、社会的发展,政府不断对德育教育的理念和方式进行改革,适应和开放成为韩国德育教育的重要特点,国民精神中也日益融入了全球化时代的合作与创新特点,这些显性课程的安排对于提升韩国德育教育水准起到至关重要的作用。

2.国外高等院校德育教育的隐性课程

一代青年的道德培养和塑造是一个长期、系统的过程,需要多元主体、各个领域和方面的共同努力。高等院校的德育教育仅仅依靠有限的几门显性课程的培养显然是不够的,还需要诸多潜移默化、润物细无声的隐性方式补充和完善,来一起传递国家、民族和社会的价值理念和文化传统,多元助力,多方协作,青年德育教育方能发挥应有的效用,真正促进青年一代的成长。隐性课程,顾名思义,就是采用一种较为隐蔽的方式来起到引导和教育青年一代的德育教育课程。它包括很多方面,如校园环境、校园文化、高等院校的教育组织制度以及其他有助于实现德育教育目的的教育方式。隐性课程不是直接的课堂灌输和直接说教,能够弥补高等院校德育教育中显性课程的缺点与不足,将国家和教育者想要实现的教育目的通过较为隐蔽的方式渗透到随时都可以开展的生动活泼的活动之中。这种隐性的多样化的活动对于学生来说易于接受,而且有效地避免了道德教育课程的说教与枯燥,有助于国家、社会所倡导和推崇的道德理念深入学生的大脑与心田。

（1）美国高等院校的隐性课程

隐性课程更多的是出现于高等院校大学生的校内外生活中,让学生感觉更为轻松和亲切,效果也是隐性而深远的。具体来看,主要由以下几个方面组成。

第一,高等院校大学生的校园生活。

高等院校大学生的校园生活非常丰富,常常会吸引很多学生参与,也比较能激发学生的参与兴趣。在美国,高等院校的校园生活,主要包括校园内的各类文化体育活动、各类社会团体活动,还有一些院系或者全校范围内的学术活动或者民间交流活动。为了不断培养更多的能够适应本国发展需要的人才,美国高等院校非常注重校园活动的开展,也很支持学生开展各种类型的校园社团活动。社团活动通常不拘一格,内容丰富,形式也是各式各样,既有帮助学生提升学习能力、学会应对考试的社团,也有参与和支持总统竞选的社团,还有促进本土学生和国际留学生之间交流的社团。这些社团活动在帮助学生适应高等院校校园生活、丰富学生校园生活的同时,也培养和锻炼了学生积极进取、公平竞争的精神,从而有助于学生形成乐观、自信、友善的人生态度。除此之外,美国高等院校还非常重视各种类型的仪式性活动,如学校的校庆、国家的国庆日,还有一些传统性的节庆日,这些庆典活动除了有学校的校长、教师参加外,往往还会邀请学生的家长,以及社会各界的相关人士来参加。不同领域的各界人士会聚于高等院校,既有助于学生了解学校之外的世界,也为社会各界的人士更多地了解高等院校、高等院校的大学生提供了机会,这对于双方的影响都是非常大的,尤其是身处高等院校之内的大学生。

第二,学生的社会实践。

学生品德和价值观的形成,既需要高等院校内部的专业教育,也离不开现实生活中的实践锻炼。美国的高等院校非常看重社会实践活动对于高等院校大学生的影响,因此也非常重视学生社会实践活动的组织与管理。更为重要的是,他们也很重视如何更好地为学生的社会实践活动提供更好的服务,推动其良性发展。一方面,美国高中生想要申请大学,必须要有相关社区服务、社区实践或者说志愿服务的证明;另一方面,已经进入高等院校学习的大学生也必须参加一定数量或者时间的社会服务、社会实践活动。这些社会实践活动虽然具体形式各异,有的学生是勤工助学,有的学生是帮助新近移民适应社区生活或者语言学习,还有的学生是帮助无家可归者解决生计问题,甚至还有一些学生去到残障儿童家中进行服务。不管是哪种类型的社会实践,都让学生更深刻地认识了社区,认识了他们生活的社会,理解每一个人都必须担负起自己的社会责任。此外,高等院校大学生参与社会服务或者社会实践活动,能够有效帮助学生养成尊重劳动、热爱劳动的品质和习惯,树立个人社会责任感与担当的意识,这些虽然不是专门的讲授,但都在潜移默化中影响和改变着高等院校每一个大学生的世界观、人生观和价值观。

第三,各类宗教活动。

美国是一个多种族的移民国家,宗教在美国民众的社会生活中也非常重要,美国的各类教会在道德教育方面也发挥着自己独特的作用。美国高等院校的大学生很多是来自宗教家庭,他们从小受到宗教的影响,宗教对其影响不可小觑。虽然不同的学生来自不同的家庭抑或不同的宗教家庭,但是无论哪个宗教、教会的教义都包含着帮助弱者、善良勇敢、助人自助等观点,所以美国的各类宗教活动都在倡导积极帮助他人、帮助弱者,做人要善良,友善对待自己身边的每一个人等。这些对于高等院校大学生的道德教育都是一种隐性的、潜移默化的影响。

第四,咨询与指导。

高等院校大学生在自我成长与道德成长过程中都会遇到这样或那样的问题,这些问题中有些会直接关系到学生的心理与道德发展,所以美国的各个高等院校都普遍设有专门的而且是相对独立的各类咨询机构。这些咨询机构负责全校大学生的咨询与指导工作,它们分别对不同阶段、不同问题的学生进行咨询和指导,如分阶段指导中有新生入学事宜咨询与指导,毕业生就业、创业方面的咨询与指导;在各类问题指导中有针对学生的人际交往问题方面的咨询与指导,也有针对学生的学业压力问题方面的咨询与指导,还有针对学生的情感、恋爱方面的咨询与指导。虽然这些咨询与指导的内容各不相同,但是大都采用个别咨询、小组咨询和团体咨询的形式,可以充分发挥不同形式的咨询与辅导的效用,用最适合学生的形式来帮助学生,疏导学生心理,减轻学生压力,消除学生思想障碍,帮助学生走出心理和生活的困境。这种咨询和指导不同于显性的课程教育,它以解决高等院校大学生心理、道德、情感等方面的问题为目标,在潜移默化、润物细无声中促进高等院校大学生的全面发展。

(2)欧洲高等院校的隐性课程

第一,校园思辨氛围。

一种道德、价值观,无论是主流的、核心的,还是非主流、非核心的,也无论它多么正确、科学,仅靠单纯的说教、灌输很难内化,很难融入学生的内心和头脑,进而成为学生人生观和价值观的重要组成部分。因此,欧洲国家道德教育的隐性课程中大都非常重视思辨氛围的营造,无论是课堂上还是校园内,都注重培养学生的理性思考和哲学思辨能力。例如,英国高等院校德育教育隐性课程注重学生从真实的生活体验中去学习,让学生去直接面对生活中敏感的、有争议的话题,通过个体自己的思考、小组的讨论去深刻地、全面地认识,这些问题涉及人们生活的方方面面,有经济的、政治的、文化的、社会的、法律的,还有生态环境保护等方面的敏感和热点问题。通过对社会生活中的各个领域问题的思考与辩论,让学生建立是非对错的观念,建立对家庭、社会的责任意识和担当意识;通过各种类型的思辨与探讨,让高等院校的大学生学会倾听、学会思考、学会赞赏、学会表达,进而做一个成熟、理性、有道德的公民。北欧国家也非常注重对高等院校大学生在积极探索问题方面的鼓励,只不过不同的北欧国家,对于讨论和探索问题的尺度把握上各不相同,其中丹麦相对来说更为自由,鼓励高等院校大学生讨论各种问题,即使是一些存在争议的问题,高等院校往往也不会太多干涉和限制,学生可以比较充分、自由地去讨论、发表自己的见解;而瑞典与邻国丹麦相比则相对保守一些,对于一些比较敏感、有争议的问题会进行一定程度的限制。

第二,课外活动。

课外活动一直以来都是各国进行道德教育的一种重要的隐性方式,同时也是各国进行公民教育的一种重要途径。通常,欧洲各国高等院校的课外活动都非常丰富,但是课外活动作为一种隐性教育方式,也离不开政府、学校的引导,因此,各个国家的高等院校都不同程度上对课外活动有所规定。比如北欧国家的高等院校一般设有学校委员会,学校委员会不是事必躬亲、事无巨细,什么都要管,而是仅仅限定在安排社会活动和慈善类活动上。很多学校还设有学校俱乐部,这些俱乐部更像是高等院校大学生的兴趣社团,这些兴趣社团更多是基于高等院校大学生的某些兴趣爱好而设立,没有太多的政治色彩,当然讨论的话题更多是有关学生兴趣爱好的,涉及政治、宗教等敏感话题相对比较少,也没有太多与学校相关政策对立的话题讨论。

(3)东亚国家高等院校的隐性课程

东亚国家历来都非常重视高等院校德育教育的隐性课程,德育实践就是其重要体现。日本的高等院校一直非常重视学生的德育实践,通过多种多样的课外活动来影响和改变学生。在日本的高等院校中,各种各样的课外活动一般都是由高等院校的大学生自己来组织和完成,如学生自治会、学生社团这样的学生组织。例如,在名古屋大学,"有 52 个文化艺术社团和 43 个体育社团,全校有 65% 的学生参加这些社团活动"。此外,日本还要求高等院校大学生每年要定期去到企业或者农村体验生活,到自己周边的社区参加一定的志愿服务活动,抑或在自己家中主动承担一部分家务劳动,等等。通过学校内外广泛多样的社团活动或社会实践的参与,丰富了学生的课余生活,种类多样的课外活动有助于培养学生的团队意识和责任意识,有助于学生改变以自我为中心的思维习惯,使学生学会在团体、团队中生活,学会与他人合作,学会承担自己应该承担的责任。

韩国高等院校的课外活动也比较丰富,有各种主题的演讲会、讨论会和报告会等,高等院校还会组织学生针对某些问题开展社会调查。除此之外,还会有各种类型的音乐、体育、舞蹈比赛等等。与此同时,韩国还非常重视儒家传统文化对于高等院校大学生的影响,例如彰显儒家传统文化的礼节教育,小到个人的生活礼节、家庭生活礼节,大到社会生活礼节和国家生活礼节,学生都必须在自己的日常生活中认真练习养成并努力践行。此外,还要求学生参观、访问历史博物馆、历史名人的故居遗址,缅怀先烈,热爱国家。这些形式各异的课外活动,在丰富高等院校学生课余生活的同时,对于高等院校大学生理想、情操、价值观的培养和塑造也有着潜移默化的影响。

二、国外高等院校德育课实践教学模式

德育课的教学效果直接关系到广大接受德育课程教育学生的世界观、人生观和价值观的培养和确立,从更为广泛的范围来看,德育课的教学效果关系到一个国家国民素质的提升。高等院校是一个国家非常重要的人才培养基地,也是国家未来建设者和接班人的储备库,所以高等院校德育课的教学效果就显得尤为重要。国外高等院校的德育课形式多样,其实践教学也有着自己独有的特色,虽然国外的高等院校中没有像我们国家一样统一称作"思想政治理论课",但是每一个国家都有相同功能的德育课程开设,只不过是每一个国家对于德育课程的具体称谓各不相同而已。

(一)日本高等院校的德育实践教学

日本在战后重建过程中非常看重高等院校的道德教育,德育实践教学的内容和形式都非常丰富。一方面日本政府注重在高等院校内部开设各类有助于推动大学生心理发展、提升大学生社会交往的校园活动,另一方面政府也非常鼓励和倡导大学生走出校园,在自己的个人生活中、家庭生活中以及自己实习的工厂、企业中勇于担当、忠诚尽责。此外,日本高等院校还特别注重利用一切机会进行其民族传统的传承与弘扬以及爱国主义、集体主义精神的培养和教育,旨在让每一个大学生将来都能成为有益于家庭、社会,对他人和社会有责任感的人。

（二）韩国高等院校的德育实践教学

韩国是一个极具民族特性的国家,特别重视公民的礼仪素质教育,特别是高等院校大学生的礼仪教育,无论是高等院校校园内开展的各类活动,还是在大学生的个人生活抑或公共生活中,甚至是各类传播媒体中,都可以深刻感受到韩国人对于礼仪的重视。礼是内容,仪是形式,虽然礼仪表面看起来是一种形式,但是却含有韩国深厚的民族传统文化,特别是儒家传统文化。传统文化中很多关于道德教育、教化的内容都通过礼仪这种看似司空见惯的形式在韩国民众中得以继承和弘扬,由此可以看出,韩国德育实践教学极具广泛性和渗透性。

（三）新加坡高等院校的德育实践教学

新加坡是一个以法治著称的国家,也是一个国民素质非常高的国家,国民的高素质不是自然生成,而是源于法治与德治的结合,这其中德治即道德教育。新加坡也是一个特别重视儒家传统文化的国家,在高等院校的德育实践教学中,政府非常重视高等院校的大学生在生活中践行儒家传统文化,如孝敬老人、诚实守信等等,这种将德育课堂所学的内容运用到自己的生活中去的做法,本身就是一种极具代表性的实践教学方式。与此同时,新加坡还运用法律来进一步保障和推进德育教育的成果,如新加坡政府规定,如果子女在父母所住小区内买房,政府将会给予一定的房屋津贴。这种做法在推行法治的同时也进一步激励了年轻人崇尚美德、以德律己,也为处于世界观、人生观、价值观形成中的大学生提供了一个很好的道德示范。

（四）瑞典高等院校的德育实践教学

瑞典是北欧一个极具代表性的国家,在高等院校德育实践教学方面,既注重学科教育,也注重宗教教育,此外还鼓励高等院校大学生在校园内开展各种类型的兴趣社团。瑞典这种德育实践教学模式,把本国的历史、文化和哲学、政治等方面的思想融入德育教学中,同时还借助宗教这一载体,进一步鼓励高等院校大学生向善向美、勤思笃行,丰富大学生的校园生活,让学生在校内外的具体实践中去深刻领会道德、美德的力量,同时以身作则去践行美德,关注国家社会的发展,提升自身的道德素养和责任担当意识。

（五）英国高等院校的德育实践教学

英国高等院校的德育教育有着自己独有的特色,在大学生的德育课堂教学中,教师更多的是向学生提供多种多样的素材供学生去思考和判断,引导学生确立科学、理性、正确的价值判断和道德判断而非直接给予答案,这样的教学有助于培养学生独立思考、分析和处理问题的能力。此外,英国的德育教学中还经常会设计一些道德练习,通过设计一些情景,让学生身在其中去理解和深刻体会此时此地人们的感受,进而学会换位思考、感同身受,在生活中更能理解和接纳现实。在德育实践教学中,英国政府还特别注重德育环境的营造,无论是高等院校校园内的环境,还是更为广泛的社会环境,都试图为大学生营造一个好的德育环境,让学生在耳濡目染、潜移默化中得到良好的德育教育。

（六）美国高等院校的德育实践教学

美国高等院校的德育教育主要围绕两个方面展开,一个是课堂教学,一个环境熏陶。课堂教学又分为正式的德育课堂教学和渗透在其他课程当中的德育教育。在对高等院校大学生进行德育教育的过程中,美国非常重视学生的心理健康和心理建设。高等院校学生的竞争压力和就业压力都较其他学生要大,所以心理方面的问题也多有发生。美国高等院校普遍关注学生心理健康,通过各种类型的心理测试、咨询、辅导、教育来帮助学生减轻压力,管理情绪,养成健全的人格。除此之外,美国的高等院校在德育教育中还非常看重校内外的实践,为大学生提供各种机会参与校内外的社会实践,鼓励大学生积极参与社会实践,帮助弱者,践行公益,积极承担和履行自己的社会责任,做一个致力于社会进步的好公民、好学生。

三、国外高等院校德育课实践教学的启迪

高等院校的德育课无论是课堂教学还是实践教学都是为了达到一个目标,那就是为了让学生能够成长为一个人格健全、品行端正、有社会责任感和理想抱负的有志青年。世界各地的高等院校学生虽然所处地域、所学专业不尽相同,但是他们作为一个国家发展重要的储备人才,也有很多的共同点,因此,学习和借鉴国外高等院校德育课的实践教学经验,对于推动和完善我国高等院校德育课实践教学有着重要的借鉴意义和启迪作用。

（一）注重培养学生健全的人格

德育教育是一个漫长且影响深远的系统工程，从广阔的视野看，德育教育注重培养学生的道德、责任和担当，从更为贴近个人生活的角度看，德育教育更注重对于高等院校学生健全人格的培养。只有每一个个体的人格是完善的、健全的，由个人组成的社会才能是安定的、有序的，所以健全的人格培养是德育教育的根本。

健全人格的培养除了从小的家庭教育外，更为重要的是要注重学生的心理成长与发展，及时发现学生心理存在的问题，及时对学生内心的错误认知进行辩论、驳斥，帮助学生树立正确、理性的认知，理智面对生活中的困境与问题，学会管理和控制自己的情绪，改变以往面对问题错误的应对方式以及对于他人、社会错误的理念。每个人在不同的时段都会遇到这样或那样的问题，尤其是身处高等院校的大学生，他们的身体发育基本成熟，但是心智、心理发育还不够成熟，尤其是世界观、人生观、价值观还未完全确立，容易出现思想、情志方面的问题，因此，高等院校专业的心理咨询与辅导不可或缺。

国外高等院校，像美国、英国、新加坡等国高等院校的心理咨询与辅导体系非常完善。学校有专业的心理健康教育课程，有完整的心理咨询体系和流程，有一批经过专业训练的心理辅导教师队伍和辅导机构，还有雄厚的资金支持，这些都在一定程度上保障了高等院校学生心理的健康发展以及相关心理问题的及时解决。只有高等院校学生心理是健康的、阳光的、积极向上的，人格是完善健全的，整个社会才有可能和谐、稳定，这一点非常值得我们学习和借鉴。

（二）注重学生的社会参与

学生良好道德的养成和正确价值观的确立不能单纯依靠学校课堂内的教育，而应该既注重校园内的课堂教育，又注重校园外的社会参与，在课堂教育与社会实践中共同养成。社会实践的范围广泛、类型多样，可以满足不同学生的特点和需要，也可以让不同的学生找到一种适合自己的社会参与方式，这样在参与的过程中，才能真正感受到参与实践带来的乐趣，进而在参与过程中感受社会、感受生活，获得对于生活、对于人生的正确认知。

生活即教育，社会即学校，这是我国著名教育家陶行知的观点，其实世界上任何一个国家的教育界对于生活、社会与教育的密切关系都有着同样的感知和认识，所以各个国家都非常重视学生参与社会实践。美国著名的教育家杜威也曾指出，"使学生认识到他的社会遗产的唯一方法是使他去实践"，社会实践不但是教育界的共识，也是广大家长和家庭教育者的共识，所以，在很多国家，尤其是西方发达国家，无论是学校还是家庭，都非常注重学生道德、品德的培养，但这种培养不是给学生、子女灌输某种价值观和规范，而是赋予每个个体独立自由选择的权利和机会，教育者或者家长更为重要的职能在于引导其学生、子女如何进行认知和选择，一旦学生、子女做出了某种选择，就要求其认真付诸行动去实现。这种道德教育的方式给予了学生充分的自由与选择，尊重了个体的权利，同时让受教育者亲身体会了选择的过程、行动的过程，感受到了自己的责任，锤炼了自己的品格，懂得了如何去看待他人、看待社会、看待生活，懂得关心他人、关注社会。

（三）注重学生德育教育环境的营造

德育教育是一项系统工程，翔实系统的课堂教育固然重要，但是潜在的长期的环境熏陶和浸润对于学生的影响更为深刻，所以，各个国家都非常重视德育环境的营造。高等院校大学生的德育教育环境主要包括学校、家庭、社区、朋辈群体、媒体等等。学校教育对于高等院校的大学生来说是必不可少的，大学生多数时间是在大学校园中度过的，很多国家都非常注重建设高等院校的校园物理环境和文化环境，校园的图书馆、自习室环境优美，适宜学习，校园的文化环境热烈、活跃，有利于大学生实践与思考。

环境对于人的影响和改造从来都不是单方面的，从来都是多个环境在彼此的交互影响之下对个体产生深刻的影响。校园环境和家庭环境以及社区、媒体等环境都是彼此渗透，共同影响身处环境之中的个体。很多国家都非常重视将家庭教育与学校教育相结合，共同来培养和塑造优秀的人才，比如德国特别重视对于父母能力的提升，开设有各种类型的亲职教育课程、亲职辅导活动，以帮助父母提升自己的能力，以便更好地教育下一代。再如，美国在各种文化、体育活动、赛事开始时都要进行升国旗的仪式，全体在场人员都起立，右手抚胸，行注目礼，无论是演唱会还是体育活动，这些都是通过充分发挥各类媒体、媒介的作用在对国民特别是年轻人所进行的爱国主义教育。韩国、日本等国的体育项目，如跆拳道等，都非常重视选手礼仪方面的要求,这些都是对学生德育教育环境的营造。

注重德育教育环境的营造,能够为高等院校大学生的道德培养和塑造提供一个良好的氛围,长期的环境浸润和熏陶,结合社会的实践参与,才能真正将德育课程当中所学的德育知识与理念真正入脑、入心,并转化为高等院校大学生的行为。

第三节　我国思政课实践教学模式

思政课实践教学是一个比较笼统的概念,人们一般都倾向于从两个方面来认识,一是狭义的实践教学,二是广义的实践教学。狭义的实践教学主要是指与思政课的理论教学有着明确区别的社会实践教学形式,如田野调查、参与访问等。而广义的实践教学主要是指凡是有助于思政课教学,有助于提升学生思想政治素养与道德品质的,与实践相关的教学方式,都可以被称为思政课的实践教学。由于学生品质素养的培养与提升是一个综合且漫长的过程,需要多种方式和途径形成合力,为此本书所指的思政课实践教学主要是后一种,也即广义上的实践教学。

一、思政课实践教学模式

教学模式是指在一定的教学思想或教学理论的指导下建立起来的较为稳定的教学活动结构框架和活动程序。教学模式是教学思想和教学理论的反映,不同的教育观之下往往会产生不同的教学模式,但是不管何种教学模式都是围绕一个教学目标,那就是作为教学对象的学生的成长与成才。思政课是一门内容丰富繁杂,涉及范围又非常广泛的科目,而且在我国的高等院校教学体系中思政课还不止一门。以高职院校为例,当前我国高职院校的思政课主要包括毛泽东思想和中国特色社会主义理论体系概论、思想道德修养与法律基础、形势与政策三门课,虽然这三门课都是为了提升学生的道德品质与思想政治素养,但在具体开展的实践教学活动方面可能不尽相同,总体来看,当前我国思政课的实践教学模式主要有三种,分别是课堂实践教学、校园实践教学和社会实践教学。三种类型的实践教学模式相辅相成、互有补充,从而能够充分发挥思政课的教育功效。实际上,三种类型的实践教学也确实有助于高等院校大学生道德品质与思想政治素养的提升。

二、课堂实践教学

课堂实践教学是在课堂上创设一种情景或者设计一个环节,让学生亲身参与的实践教学模式,这种实践教学模式能够将课堂上教师的理论讲授与学生的亲身实践紧密结合起来,当堂讲授,当堂练习,加深学生对教师讲授内容的思考与认识。我国的思政课具有鲜明的理论性和政治性,而这样的特点往往会让课程在讲授起来略显枯燥,而且对于广大"00后"的大学生,他们对于过去几十年甚至上百年的历史事件也比较陌生,而课堂实践教学模式则能有效降低思政课抽象与枯燥的程度。

课堂实践教学通常包括课堂辩论、焦点讨论、小组讨论、案例分析、影像展播、情景模拟等,这些课堂实践教学模式的存在能够把相对抽象、枯燥的理论或历史久远的事实通过课堂的某一个环节来重新展现出来,也能让学生对思政课的相关知识有更为直观、具体的认识,同时,课堂实践教学这一模式能够有效激发学生课堂学习的主体性与自主性,培养学生的思辨能力。

三、校园实践教学

校园实践教学是课堂实践教学的延伸,是在课堂之外、校园之内开展的实践教学活动,旨在通过校园内丰富多彩的校园活动来加深学生对于人生、社会乃至世界的认识,这种实践教学模式比课堂实践教学模式有着更大的自由度,同时也有助于丰富学生的校园文化生活。具体来看,校园实践教学模式主要包括校内调研、图书寻访、主题演讲、主题展示、微电影制作、文明评选、校园文化节等等。

校园实践教学能够充分利用校园内部的各类资源,发挥校内资源的优势,例如校内图书馆、体育馆、学生活动中心、学生宿舍等场所设施,同时还可以充分利用校内丰富的师资力量、学生资源、科研成果等。这些丰富的校内资源可以让高等院校的大学生不断拓展自己的理论知识,深化对课堂所学知识的理解。思政课是一系列既富含科学理论,同时又紧密结合社会实际的课程,既有关于几百年前资产阶级及其政党革命的理论知识,也有关于当代大学生理想信念的阐述,还有关于近期发生的国内外大事的分析。学生可以利用校园实践教学模式的多种具体方式来加深对它们的认识,例如通过图书阅读来了解百年前资产阶级及其政党革命的知识,通过校园走访、调研来真正了解当代大学生的理想信念状况,通过主题演讲或者展示等途径来深入分析和理解当前国内外大事及其对于我们国家、民众的影响。校园实践教学模式可以说是一种连接学生课堂学习与自我实践的重要方式,能够有效提升思政课的教学效果。

四、社会实践教学

社会实践教学不同于课堂实践环节中学生的自主参与,也不同于学生在校园内部各类实践活动的参与,它是依据课程的教学任务和教学要求,在教师的指导之下,有计划、有步骤地参与校园外的各类社会实践活动的形式。由于学生大部分时间都是在校园内部学习、生活,所以,社会实践教学更多的是高等院校大学生在寒暑假或者节假日的空余时间到社会中参与实践活动。思政课上讲述的很多关于人生、社会、经济、政治等方面的理论知识都比较抽象,需要学生在参与社会活动中对此方面的知识有了真实的感受才能对这一知识点有更深刻、更全面的认知。

社会实践教学的形式一般包括校外参观、公益活动、社会(家庭)调查、勤工助学、志愿服务等。多种形式的社会实践活动可以为大学生提供多种渠道了解历史、现实和生活。例如,校外参观,特别是展现革命和建设历史的纪念馆参观,可以让当代大学生更直接地感知某一历史事件的发生背景和发展过程;参与公益活动和志愿服务,可以让大学生通过接触社会、参与社会生活,改变原有对社会的偏激看法和认知;大学生勤工助学等可以让大学生通过具体实践感受生活的不易,理解父母的艰辛,进而树立正确的人生观和价值观;大学生参与社会调查或者家庭走访调查,可以让学生对某一社会现实有更为全面的认识,改变过往从负面看问题的习惯,能够以积极、正向的视角去看问题。

社会实践教学的重要性不言而喻,社会实践教学的效果也是其他方式难以匹敌的,但是社会实践教学也有其特殊的要求。首先,社会实践教学需要教育行政部门或者高等院校对于这一实践教学形式给予时间安排上的支持与协助;其次,还需要有效整合各类资源,一起为思政课的社会实践教学提供多方面的便利和支持;最后,还需要高等院校对思政课社会实践教学给予经费和组织管理方面的鼎力支持。离开实践经费的投入,社会实践活动可谓寸步难行,离开学校各部门的有效协调与组织,社会实践教学很难有序稳定、长期开展下去。

思考题

    1.国外高校德育实践有哪些经验可供我们借鉴?

    2.思政课实践教学模式有哪些?

第二章　高职院校思政课实践教学模式

高职院校不同于本科院校,属于专科层次,高职院校的学生一般学习能力较弱,在以往的学习过程中因为没有形成良好的学习习惯,导致其学习成绩不太好,但是高职院校的学生一般动手能力较强,比较喜欢自主性、参与性质较强的活动。思政课本身也有一定的政治性、理论性,这一点对于高职院校的学生来说是有一定难度的,但是思政课实践教学恰好能够满足高职院校学生喜欢自主、参与活动的需求,将充分调动学习自主性和参与性的实践教学融入思政课教学当中,就能够有效调动学生的学习积极性与热情,对于提升思政课的教学效果意义重大。

第一节　课堂实践教学

思政课课堂实践教学是为了达成具体的教学目标,在思政课教师的精心设计和组织之下,以思政课课堂为载体和平台,借助多种不同的形式将思政课教学内容与具体实践有机结合起来,引导学生进行思考与互动,在互动中加深对相关知识的理解与认识,进而达到提升学生思想道德素养的目的。

一、分享会

当前,我们身处互联网时代,互联网时代最为鲜明的特点就是人们获取信息日益便捷、多元,人们每天都可以接收到海量的信息,但是每一个人的关注点不一样,这又导致每个人接收的信息量虽然大,但信息内容却各不相同。在思政课课堂上设置分享会这一课堂实践教学形式,就是要达到两方面的目的:一方面是让高职学生把自己在网络和生活中获取的海量信息通过课堂这一平台进行交换,拓展学生的视野,丰富学生的信息和知识;另一方面是引导学生正确、有效使用互联网,避免学生陷入无聊低俗的影视、游戏作品中不能自拔,避免学生整日被海量的信息淹没却无所收获。

具体来说,分享会就是思政课教师定期让学生把自己近期读过的书,看过的影视作品,或者是在朋友圈、微博、门户网站看到对自己有所启发的文章,或者自己亲身经历抑或其他对自己有启迪和教育意义的事情在课堂上与同学分享。通过分享会这一课堂实践教学形式,思政课教师能够快速了解自己所教的高职学生目前关注什么,他们的兴趣点在哪里,教学时选取什么案例能够引起高职学生的兴趣,提高教学效果。与此同时,分享会这种课堂实践教学形式也有助于学生将自己碎片化的阅读加以整理。因为高职三门思政课中每节课都会有分享会这一形式,这样就倒逼学生必须拿出能和同学分享的素材,而且必须对分享内容有所思考。这样日积月累,将有助于培养学生思考的习惯,而且还能让学生做一个生活的有心人,善于发现,善于思考,敢讲真话,从而获得更多关于人性、道德、法律、国家、社会等方面的感悟和体会。

二、焦点讨论

"家事国事天下事,事事关心",这种家国情怀是源自青年内心的一种质朴情感,也激励着一代又一代青年人奋斗不息。当前青年大学生身处全媒体时代,每时每刻都能轻松获得来自全球的资讯,这些信息当中既有政治方面的,如各国政党新闻事件、国家间的政治往来等;也有经济方面的,如各国经贸往来、全球经济动态等;还有文化方面的,如各类主流文化、亚文化之间的交流与碰撞等;还有生态方面的,如全球生态危机等。不同的时间段,总会有一个或者几个国内或者国际事件、话题是当时人们广泛关注的。思政课既要有较高的政治视野和占位,又要有理论的深度,还得接地气,让学习的学生感兴趣、愿意学,焦点讨论无疑能够激发学生的课堂参与热情和动力。

具体来说,焦点讨论就是在思政课的课堂教学中引入当前时段的国内外热点问题或者话题,让教师和学生共同就这一被人们广泛热议的焦点问题进行讨论,在师生共同讨论的过程中,教师引导学生去深入分析和思考问题。焦点讨论的"焦点"主要体现在两个方面,一个是问题本身是"焦点",

另一个是让讨论成为本节课的"焦点"。问题本身是"焦点"的意思是思政课上讨论的问题本身就是当前时段内人们所广泛关注的焦点问题,青年学生也非常关心、想要了解的事件,同时对于此事件也有着自己的看法和观点,如"霸座"现象、校园霸凌事件、中美贸易摩擦事件、"一带一路"高峰论坛、特蕾莎·梅辞职等。让讨论成为本节思政课的"焦点"是指,让焦点讨论环节成为课堂上青年学生能力素养提升的关键环节,让学生在具体人物事件、特定话题的讨论中,学会从多个维度去思考问题,进而培养成一种良好的思维习惯,经常去思考规则制度、人性道德、权利与义务以及一个国家的历史发展、政党的更迭等,从而更为深刻、主动地去理解客观世界和自己的主观内在。焦点讨论中焦点的选取对于教师的要求很高,一方面教师要真正选取学生关注的当前热点、焦点,另一方面要真正将焦点讨论打造成提升学生能力素养的焦点环节。

三、课堂辩论

当代青年学生热情奔放,愿意表达自我,也喜欢通过与他人辩论来表达自己和证明自己,这无疑是思政课上开展课堂辩论的有利基础。辩论这一形式既符合当代青年学生的特点,广受青年学生的喜爱,又能够有效提升青年学生的口头表达能力、随机应变能力和理性思辨能力,还能帮助学生不断扩展和深化自己所学知识,一举多得,是非常好的一种课堂实践教学形式。与此同时,课堂辩论对于教师的要求也很高,一方面需要教师选取合适的辩题,即辩题既要激发青年学生的兴趣,想要说点什么,又要有一定的难度和挑战性,需要学生搜集、查找大量的资料去佐证和支持自己的观点;另一方面,在辩论过程中也需要教师对辩论的方向和进程进行有效的引导,让辩论在一种和谐的氛围中有序进行。

具体来说,课堂辩论就是思政课教师结合教学内容在适当的时机选取适当的辩题让青年学生在课堂上发表自己的观点,对不同观点进行辩驳,通过辩论这一活泼的课堂实践形式,让学生对某个问题有更为全面、深刻的认知。课堂辩论从表面看只是课堂上几十分钟的双方辩论,实际上却是对学生多方面能力的综合考察。在准备辩论之时,双方辩手要查找大量的资料,既要有佐证己方观点的资料,又要有辩驳对方观点的资料,同时还需要双方辩手内部合理分工、有效协作,发挥每个人的最大优势。在具体展开辩论之时,双方辩手需要高度集中注意力,随机应变,恰当表达自己、辩驳对方,同时还要注重辩论的礼仪,做到有理有节。真理越辩越明,辩论这一思政课课堂实践教学形式有助于青年学生在辩论当中不断重新认识和修正自己的价值理念,进一步明确自己的人生理想与信仰。

四、案例分析

理论的生命力源自实践,再伟大的、深刻的理论,如果不能和实践相结合,那也不能被更多人所认识,特别是青年学生。青年学生求知欲特别强,对理论知识也有很浓厚的兴趣,但是青年学生人生阅历普遍较少,缺乏经验,而单纯的理论讲授往往又不够生动、具体,特别是思政课中关于马克思主义的相关理论、中国革命战争时期形成的毛泽东思想等,青年学生往往会感觉枯燥乏味。通过分析一个真实的案例带动青年学生收集资料,了解该案例的背景、人物、地点、时间,以及事件发生的原因、经过、结果、影响等等,可以让青年学生不但对具体案例有一个了解,而且在分析案例的同时对案例发生的历史背景、蕴含的具体理论有一个全面的认识。

具体来说,案例分析就是在思政课上就某些学生难以理解的理论或者知识点,思政课教师通过引用并分析一段真实的历史故事或者事件来帮助学生对知识进行掌握和理解。案例分析在思政课教学中的作用有很多,可以用来引出某个知识点,也可以用来具体分析某个人物、事件,还可以用来理解某一个具体的理论,甚至可以借助某一个案例来对某段历史进行分析,但是不论案例如何被使用,它都是要服务于我们思政课的教学目标的,都是借助案例分析这一课堂上能够有效调动学生学习积极性的实践教学形式来让学生深刻理解知识,同时学会用理论来分析案例或者学会从具体的案例中去总结历史规律和经验,进一步深化认知。

五、角色扮演

人是社会性的动物,在人的社会性存在中,每个人都需要和社会中的他人发生联系,同时也只有在与他人的合作中才能实现自己的人生价值。当前青年学生是一个有思想、有个性的群体,他们渴望展现自我,得到他人、社会的认可,但是由于其生活的特有的时代背景导致其大部分都是独生子女,在其家庭生活中缺乏与同辈互动协作的经历,这也导致这一代人普遍存在不同程度的以自我为中心的性格特点。然而,现实的社会生活却是一个需要彼此协作方能成就你我的场域,因此,懂得换位思考,能够理解、包容、合作是当代青年学生未来发展的必备品质,也是思政课在高校人才培养方面的重要目标。广大青年学生在成为社会的栋梁之前首先要成为一个有思想、有道德的青年,成为一个能够与他人良好沟通、互动、协作的青年。

具体来说,角色扮演就是在思政课上教师根据教学需要设计一个情景,情景要真实、具体,让学生身临其境,真实感受不同情景之下人的感受、思想与行为,从而对某个问题或者某种理念有一个科学、全面的感知和认识。在思政课教学过程中,尤其是思想道德修养与法律基础这门课的教学中,涉及很多关于人生观、价值观、理想道德、法律规则等方面的内容需要给青年学生讲述,然而仅仅依靠教师的讲授往往难以达到让学生感同身受,进而学会换位思考、理解他人的目的,角色扮演则能以一个全新的视角和方式帮助青年学生对某个问题,对某些人的理念、行为有一个全新的理解和认识,走出之前的认识误区或者发现自己在认识上的盲点,还能通过真实的情景模拟和具体角色的扮演更深刻地感受此时、此地、此人、此景,理解当事人的感受与行为,做一个有情感、有情怀、有理性的青年人。

六、学生讲坛

教师认真讲,学生仔细听,这是传统课堂教学最基本的形式,也是最主要的形式,它的优势不言而喻,能够充分调动教师的知识储备和讲授技巧,在有限的课堂教学时段内为青年学生讲授更多、更为深刻的知识与理论。但是这种教师讲、学生听的课堂教学方式也有其自身不可避免的不足,那就是不易调动学生的听课与学习积极性,尤其是在那些课堂讲授还不够生动的教师的课堂上,而当前发达的互联网与信息资讯系统又给青年学生提供了非常丰富的信息获取渠道,学生可以借助很多媒介获得自己想要了解的知识,加之当前青年学生又有较为强烈的表达自我的欲望。因此,这种既能调动学生学习积极性,又能展现学生才干的学生讲坛就在各个高等院校的课堂上应运而生了。

具体来说,学生讲坛就是思政课教师为了让学生对某些重要知识点有一个全面、详尽的了解和认识,在思政课堂上设计一个教学环节即学生讲坛,让学生以小组为单位,自己备课,然后再推选一名代表登上讲台为全班同学讲课,同时还要求该小组的学生回答班上其他同学在该知识点上存在的疑问以及教师的提问等。这种课堂实践教学形式,一方面能够激发学生以小组为单位收集资料、准备课程的协作热情,培养和锻炼其团队精神,另一方面也有助于青年学生理解作为一名思政课教师的不易,看似很小的知识点,如果要把它讲全面,讲深刻透彻,需要花费大量的时间、精力去备课,进而懂得尊重知识、珍惜教师的劳动成果。教与学是一个相互促进的过程,这种实践教学形式为师生对于某个知识点的理解提供了一个全新的视角,也增进了师生双方的沟通和理解,真正让思政课走入学生的心中。

七、影像展播

当代青年身处全媒体的时代,每天都可以通过各种渠道、载体接收各种自己喜欢的、感兴趣的资讯,在众多媒介载体之中,比较受青年学生喜欢的有抖音、火山小视频、哔哩哔哩、微信、微博等等。这些媒介都有一个共同点,就是图文并茂,影像资料较多,极具视觉冲击力,能够吸引年轻人的眼球,激发年轻人的浏览兴趣,内容也给年轻人留下了极为深刻的印象。时间长了,他们就形成了使用这些媒介的习惯,最终成为其忠实的使用者。在极具政治性和理论性的思政课堂上引入影像资料能够有效避免单纯理论讲授给青年学生带来的枯燥感,同时影像资料极富视觉冲击力能够吸引青年学生的眼球,让他们对思政课的内容产生了解和学习的欲望和兴趣,这无疑有助于青年学生更好地学习思政课。

具体来说,影像展播就是思政课教师根据思政课程教学的需要,在思政课的教学过程中有计划地播放一些弘扬社会正能量,体现中华民族抗争与探索历程,展现中国革命和建设过程中涌现出的优秀人物与事迹的影像资料,以期能够激发学生的爱国热情,培养学生的家国情怀和优良道德品质,有效提升思政课的教学效果。影像展播作为思政课课堂实践教学的一种形式,影像资料也只是一种载体和媒介,不能完全代替课堂教学,而且影像资料中纪录片比较多,一部纪录片的时间都比较长,所以思政课堂上影像资料的播放时间也是要有严格限制的,不能一节课都用来播放影像资料,而应该在有所选择、截取的基础上为学生播放优质资料。播放影像资料的目的是通过影像资料激发学生的学习兴趣,加深其对某个知识点的理解,同时通过观看后课堂提问的方式,引导学生思考并付诸行动。如果学生对课上播放的影像资料兴趣浓厚,教师可以提供影像资料的链接或者资源,让学生在课下自行观看学习。

八、专题讲座

专题讲座也是思政课课堂实践教学的形式之一,但是它不同于焦点讨论,焦点讨论主要目的是让学生关注生活、关注社会、关注时政,善于发现和思考问题,引导学生从多维度思考和分析问题,学生是主体,教师是辅助,但是专题讲座则不然。专题讲座是就某一个热点问题、难点问题,邀请知名专家、学者或者对此方面有深入研究的本校教师为学生进行系统讲授,帮助学生更深入地理解该问题。这其实是对思政课课堂教学内容的一个再丰富和补充,有效弥补了思政课中经常出现的教学内容很多,但教学时间不够,很多知识点无法详细深入讲解的不足。因为对某一个热点或者难点问题的系统讲授过程本身就会涉及很多知识点的回顾与认识,同时,专题讲座基本都是在征求学生意愿的基础上开展的,所以专题讲座的主题也往往会是社会的热点问题或者老大难问题。因此,专题讲座既能结合社会实际,又能从专业、学科的角度去深刻剖析当下社会存在的各种问题,还能在某一专题的讲授过程中将最新的学科前沿理论带给广大青年学生,真正将思政课与社会实际和理论前沿有机结合起来。

第二节　校园实践教学

高校校园一直以来都是思想政治理论教育的主阵地,也是当前我国意识形态传播的主阵地,其重要性不言而喻。思政课的校园实践教学就是以高校校园作为思政课实践教学的主要场域之一,以高校校园内的各类校园活动作为思政课校园实践教学的主要载体,通过丰富多彩、主题类型多样的校园活动培养高校青年学生的道德修养和综合能力,以提高高校青年学生未来适应社会、把握人生的能力。

一、校内调研

一切从实际出发、实事求是是马克思主义的基本原则,也是思政课想要传递给学生的一种做人、做事的基本价值遵循。身处高等院校,青年学生接触最多的就是各种理论知识,而理论的生命力在于其源于实践而且能够指导实践,因此,理论联系实际、一切从实际出发、实事求是也是高等院校青年学生未来成长成才的基本前提。调查研究就是一种最为基本的接触生活、接触社会、接触实际的基本途径,它能够帮助高校青年学生将自己在课堂上所学的理论知识与现实社会生活中的实际相结合,从而更为全面、立体地了解生活、了解社会,进而理解自己在课堂上所学的相关理论。

具体来说,校内调研就是思政课教师根据教学目标与学生培养目标,以大学校园为载体和平台,结合思政课的教学内容,号召和组织青年学生在大学校园内开展各种贴合大学和大学生实际的实地调查研究活动。当代青年学子极富个性而且有思想,但是很多时候有些青年学生的思想有些偏激并不符合社会实际,思政课教师想要帮助其改变和更新观念仅仅依靠单纯课堂讲授或者说教,很难达到说服此类学生,帮助其确立客观理性思想和观点的目的。而校内调研则能很好地达成这一目的,例如有些学生认为当代青年学生都是精致的利己主义者,没有爱国情怀,显然这一观点并不客观,以偏概全,尽管思政课教师在课堂上对此观点进行了澄清,但是对于改变持此类观点学生的思想可能作用有限,唯一能够让这些学生心悦诚服的做法就是让他们自己在大学校园进行调查研究。校内调研他们能够实地与同学进行零距离的接触、观察和访谈,真正了解周边青年学生的所思所想和所为,从而发现大部分青年学生都是有着一份爱国的热情和情怀,而且也是乐于助人、关爱同学和社会,并非都是精致的利己主义者。通过实地调查研究,学生走出了自己狭隘的世界,转变了自己原有的想法和观念,真正达到知行合一。由此可见,校内调研对于了解当前青年学生的思想动态、行为习惯与价值观念效果明显,也有助于培养青年学生知行合一、实事求是的严谨作风。

二、图书寻访

书籍是人类进步的阶梯,它在赋予我们知识的同时,也在向我们传授生活的道理,当阅读成为一种习惯时,它就能够陪伴我们的一生,让我们受益终身。传统时代,图书对于人们的意义重大,人们的知识也大多来源于书籍,"读万卷书,行万里路"这句名言就是鲜明地体现了书籍与实践对于人类的重要性。当今时代是一个全媒体、信息化的时代,人们习惯了各种电子产品与电子媒介,每天都可以通过微博、微信、抖音、门户网站等各类电子媒介获得海量的信息和资讯,以至于很多人慢慢丢弃了看书的习惯,高校的青年学生尤其是高职院校的学生除了上课必须看的教科书之外,较少有人保留着每天读书或者定期读一本书的习惯,对此必须引起我们的重视。作为一名大学生,丢弃了读书的良好习惯,不仅对于学业有影响,而且对于未来的人生发展也是一大损失。图书寻访旨在通过一种贴近现实的方式重新燃起青年学生读书的欲望和热情。

具体来说,图书寻访就是思政课教师为了重新唤起青年学生看书、读书的热情,结合讲授的教学内容,充分利用高校图书馆丰富的图书资源,采用多种形式让一些对青年学生人生发展、价值引领有促进作用的经典著作、名家名作能够在高职学生中流传开来,让更多的学生能够认真阅读这些经典,领会其中的内涵,而非仅仅知道名著的梗概甚至是仅仅知道名著的名字,对内容是完全陌生。同时,思政课教师还要结合当下青年学生喜欢的内容题材为学生们推荐一些优质的新书,也欢迎学生向教师、向学校图书馆推荐好书、新书,丰富学校图书馆的馆藏。例如,思政课教师引导学生要树立远大的理想并坚定信念、战胜困难去实现理想时,可以推荐学生去图书馆阅读《习近平的七年知青岁月》这本书,一则习近平是我们最为熟悉和敬重的领导人,二则书中对习近平插队时的知青生涯有着详尽的描述并且有大量的照片佐证。阅读此书带给学生的不仅仅是关于理想、信念的思考,不同的学生可能还会有新的不同的思考,同时还能把学生从电子媒体的碎片化阅读与娱乐中解放出来,唤起其阅读的兴趣,意义非凡。因此,这种充分利用高校校内图书资源,激发青年学生读书热情、培养学生读书习惯的实践教学形式无疑是高职院校思政课校内实践教学的一种重要形式。

三、主题演讲

当代青年学生普遍具有思想丰富、视野广阔、喜欢表达自我的特点,演讲无疑能够给他们提供一个表达自我、展现自我的平台,演讲这种形式一直以来也深受青年学生的欢迎。其实,演讲不是空洞的说教,也不是社会现象的罗列,更不是人云亦云的老生常谈,而是要全面、彻底、充分地表达某一个观点,并且要让听者能够理解、明白你所表述的问题或者内容,所以演讲对演讲者的综合素养要求很高。它要求演讲者既要有清晰、敏捷的思路,伶俐的口齿,又要对讲述材料的本质内涵加以分析、概括、提炼、延伸,同时还要能够通过富有理性色彩的语言表达、渲染并激起听众的心理共鸣,将听者的思绪引向一个更为崇高的境界,使演讲的主题得以升华。在青春激昂的高校校园内,主题演讲无疑是一个能够有效激发学生参与热情的实践环节。

具体来说,主题演讲就是思政课教师根据思政课的教学需要,选取一定数量的青年学生感兴趣的、能够引发学生思考的问题或者观点作为演讲主题,在高校校园范围内广泛号召青年学生参与的演讲活动。例如在国庆节到来之际,在高校校园范围内开展"我与祖国共成长"的主题演讲活动,每一个青年学生都有自己成长的独特经历,同时每一个青年学生都是在中国改革开放日益繁荣富强的大环境中成长起来的,说起自己的祖国都能够有话可说,而且在思政课堂上特别是毛泽东思想和中国特色社会主义理论体系概论这门课上教师讲授了很多近代以来中华民族抗争与探索的历史,学生们在演讲的过程中会有很多的史料引用,这也进一步巩固了学生在思政课堂上所学的知识。由此可见,主题演讲是思政课教学在高校校园内的一种拓展和延伸,它不但有效拓展了思政课的教学领域,而且锻炼了学生表达自我、展现自我的能力,丰富青年学生的校园生活,真正在高校校园内将青年学生的课堂学习与校园生活有效地结合起来,是一种生动的校内实践教学形式。

四、微电影制作

当代青年学生身处微时代,每天不仅能接触到大量的微媒体,而且学生自己也非常善于使用各种类型的微媒体和相关软件,特别是现在高像素的智能手机。每一个学生都可以通过智能手机和相关软件来制作各种类型的微视频、微电影来反映校园文化、社会现象或者表达自己的心声。高校大学生特别是高职院校的学生对于具有视觉冲击力、立体生动的影像资料往往都比较感兴趣,因为视频、电影等影像资料可以借助声音、图像、动作、台词、道具、场景甚至特技等多种途径去再现某一场景,表达某种观点和情感,能够带给人更为真实的情感体验,这也是其他媒介无法比拟的优势,而这种优势也正好能够满足高校青年学生的需求。

具体来说,微电影制作就是为了提升思政课的教学效果,思政课教师鼓励高校青年学生综合利用当前微时代的多种媒介和软件,联系思政课所学的知识以及当前高校校园或者社会中经常出现的现象,结合自己对某些问题、现象、观点的看法,以个体或小组的方式演绎和拍摄相关视频内容,并对所拍摄的视频加以剪辑、整合进而形成一个完整的视频资料。微电影制作是一种综合的实践教学形式,因为思政课有微电影制作这一实践教学要求,所以能够倒逼高校学生做一个校园生活的有心人,时刻留心、留意校园内外发生的种种事情或现象,并能够从思想政治教育的角度去看待和思考这一现象或者问题。此外,微电影制作是一个表面看似轻松,只需随手拍摄一段视频即可,实则任务繁重、要求很高,既需要有较高的主旨、立意,又需要小组成员精诚合作,撰写脚本、布置场景、指导演员表演,还需要小组成员有较高的视频软件使用和制作水平。除了对青年学生有较高的要求外,对于高校思政课教师的要求也很高,需要思政课教师在学生微电影制作的过程中全程参与指导,一则有效保证微电影的主旨鲜明正确,一则严把质量关,帮助学生提升微电影的制作水准。由此可见,微电影制作这一校园实践教学形式能够有效调动教师和学生双方的热情与创意,同时也能充分发挥和展现当代青年学生思想觉悟与专业技术方面的能力和水准。

五、校园文化节

高等院校云集了来自全国各地的大学生,大学生们兴趣广泛且多才多艺,因此,高等院校的校园文化向来类型多样、丰富多彩,这也为大学生发挥和施展自己的才干提供了广阔的舞台。校园文化的丰富性体现在其既有与大学生学习密切相关的文化活动,如各领域的技能竞赛等,又有与大学生兴趣爱好关系密切的文化活动,如舞蹈、民乐演奏等,还有紧密结合时代特色的网络相关活动,如××大学最美志愿者网络评选活动等。党中央、国务院一直以来非常重视大学生文化节的建设,注重充分发挥大学校园文化的育人功能,不断引导大学生积极参与和谐校园文化的建设,在建设和推广校园文化的过程中促进当代大学生的全面发展,展示高等院校在素质教育方面的显著成果。在影响和改变人的思想和观念方面,恐怕没有一种形式能够比文化这一形式更加深刻且细腻地发挥其作用了,文化往往以一种润物细无声的方式在潜移默化中影响和改变着人们。身处高校校园的青年学生每日浸润于校园文化的熏陶之中,自己在不知不觉中也有了改变,而很多时候学生自己却浑然不觉,因此,我们应该充分利用文化以及与文化密切相关的形式和载体来影响和改变学生。

具体来说,校园文化节就是为了实现在潜移默化中影响和改变高校青年学生的世界观、人生观和价值观,思政课教师以及高校学生工作部门、团委多方协同在高校校园内推进校园文化节的建设,其中学生工作部门主要负责学生的培训与管理,团委主要负责学生文化社团的组织,思政课教师主要负责文化节主题的确定以及学生社团活动的指导与提升。校园文化节的文化活动丰富多彩、形式各异,也正是因为丰富多样,也很容易落入俗套,没有思想内涵;文化节的主旨不是单纯让大学生热闹一番而已,而是要借由校园文化节中贴合大学生实际的各类活动,引发学生对于人性、社会和国家、民族的思考。与此同时,在思政课教师的指导下,学生能够意识到自己身上肩负的责任与重担,进而通过自己的社团活动去进一步影响和改变周边的同学,从而达到改变高等院校校园文化环境和氛围使其更富思想性的目的。

六、知识竞答

青年学生对于知识的掌握可以有很多种方式,既有在教师课堂讲授中的理解与识记,也有在课外学习资料中的掌握,还有在社会实践中的获得,其中知识竞答就是一种比较常见的形式。此外,知识竞答也是一种科学知识普及的有效途径,因为为了能够正确回答竞答题目,学生就必须进行全面的知识准备,这样他们势必会广泛地收集和阅读相关的课内、课外资料,这个准备的过程本身也是学生实践和历练的过程。因此,知识竞答既是学生校内实践的一种形式,又能有效调动广大青年学生掌握知识的积极性,近年来知识竞答也越来越受到高校青年学生的欢迎。

具体来说,知识竞答就是思政课教师结合教学大纲和教材所学内容,为了考查课程当中的某些知识点和内容,拟定竞答的题目和相关参考答案,组织校内学生以竞赛的方式参与其中,并且通过竞赛的方式来巩固所学知识和内容。同时,知识竞答还具有其他校园实践教学形式不可比拟的优势,那就是知识竞答形式非常灵活,既可以在整个大学校园开展,也可以在某个二级学院开展,还能够以班级为单位开展,不同规模和级别的知识竞答都是为了达到同样的目的,那就是帮助青年学生对思政课或者与思政课相关的内容的理解和掌握。例如,某高校在思政课教师的倡导和组织下开展了"改革开放四十年"的知识竞答,因为是围绕改革开放四十年所发生的人和事,范围非常广泛,所以学生在准备知识竞答时需要查找和收集大量的与改革开放四十年间相关的资料,这其中涉及政治、经济、文化和社会生活的方方面面。为了得到知识竞答中好的名次,在这期间学生学习的主动性往往特别强,而且也非常有针对性,在如此积极、主动、高强度的学习之下,一个非常好的结果就是,经由此次知识竞答学生对改革开放四十年这段历史时期的相关知识掌握得都非常扎实。由此可见,知识竞答不但能推动学生的自我学习,而且能够在高校范围内营造一种全体学习、热爱学习的良好学习氛围,这也是一种非常好的思政课校园实践教学形式。

七、课外作业

要想让学生对于某些知识点的理解和掌握比较扎实,仅仅依靠课堂上有限时间内的教师讲授显然是不够的,还需要学生在课堂之外勤加思考和练习。课堂之外一般学生的时间都比较充裕,而且身处高校,最大的资源优势就是学校的图书馆,当前高校图书馆的馆藏资源都非常丰富,再加上现代社会互联网技术非常发达,学生可以借助很多媒介来查找、阅读相关文献或者历史资料。在查找阅读的同时也锻炼了学生对海量资讯甄别、选择的能力。因为互联网虽然可以给人提供海量的资讯和信息,但这其中信息有真有假、良莠难辨,需要学生进行去粗取精、去伪存真,从而获得真正有用的资料。

具体来说，课外作业就是思政课教师根据教学所需，结合学生在课堂上对某些知识点或者理论的掌握程度，有针对性地设计一些思考或者实操性的作业，让学生在课堂之外完成。需要注意的是，课外作业不应该停留在思政课教材中某个具体知识点的背诵与读写上，而应该是源于教材而又高于教材，是能够将教材内容与个人生活、家庭、社会乃至国家相联系的具体问题的思考与实践上。面对这种类型的课后作业，学生往往难以在互联网上查询找到直接的答案，而是需要在查找资料的基础上，自己去思考，去建构，去实践，真正经由自己的付出与努力去获得答案。思政课的这种校园实践教学方式也是检验学生对课堂所学知识、理论掌握程度以及理论联系实际的一种非常好的方式。

第三节　校外实践教学

我国著名的思想家、教育家陶行知先生提出了教育的三大基本思想，即生活即教育、社会即学校、教学做合一。陶行知先生对于课程资源的认识视野极其广阔而且多元，认为社会、自然、生活都是我们的课程资源。他曾经说过，"我们的实际生活，就是我们全部的课程，我们的课程，就是我们的实际生活"。"全部的课程包括了全部的生活，一切的课程都是生活，一切的生活都是课程"，"家庭、店铺、茶馆、轮船码头都是课堂"。由此可见，要想让当代的青年学生学有所获、学有所成，仅仅依靠课堂讲授显然不够，更需要学生们在课堂之外、校园之外广阔的家庭、社会生活中去体会和感悟，才能真正收获学习、生活的真谛。思政课校外实践教学就是充分利用大学校园之外的广阔空间，来影响、锻炼和提升当代青年学生的思想道德修养和社会责任感，将青年学生的个人实践与广阔、生动的社会活动空间相联系起来，真正教会青年学生如何做人做事。

一、校外参观

社会学习理论的创始人阿尔伯特·班杜拉认为，个体社会行为的习得主要通过观察、模仿现实生活中重要人物的行为来完成，任何有机体观察学习的过程都是在个体、环境和行为三者相互作用下发生的。这其中观察就是学习者通过认真观看他人实施某种行为后所得到的结果来决定自己的行为指向。可以看出，观察是一种很好的学习方式，个体想要了解和掌握某方面的知识无须事必躬亲，亲自去实践每一个行为、活动，只需要认真观察他人是怎样做的即可。模仿也是一种很好的学习方式，当个体不会、不知该如何做出自己的行为时，可以通过模仿他人的正确行为来达成目的，这是一种非常简洁但是效率很高的学习方式。当代青年学生求知欲望强烈，想要学习和了解的东西很多，但是因为自身学生的身份以及时间、精力有限，无法事事都通过自己亲身实践去达成，因此，利用假期到校外去参观考察，在参观的过程中观察和模仿优秀人物的行为，不断改造自己的行为就成为一种非常好的学习方式。

　　具体来说，校外参观就是思政课教师结合具体教学内容的进度和安排，组织青年学生走出大学校园，进入到具有学习和考察价值的场所，让学生在真实的场景之中去倾听、观察和了解某一个具体的历史时期不同人们的所思、所想和所为，进而受到启发、感染，有所收获的一种校外实践方式。校外参观看似简单，实则需要思政课教师的大量付出，教师不但需要结合教学内容以及教学所要达到的目的去选择参观的地点，而且还需要准确把握每次外出参观在青年学生的思想和行为上会产生怎样的影响和效果。思政课在高等院校中一般包括思想道德修养与法律基础、毛泽东思想和中国特色社会主义理论体系概论、形势与政策、中国近现代史纲要和马克思主义哲学原理五门课，即使是在高职院校，高职学生也要学习思想道德修养与法律基础、毛泽东思想和中国特色社会主义理论体系概论和形势与政策这三门课。要想让青年学生深刻理解和领会这三门课程中的某些内容，仅仅依靠教材上有限的内容讲解显然是不够的，而校外参观则能很好地弥补这一不足。例如，讲到理想信念、为人民服务的宗旨以及当前精准救助的政策等部分内容时，组织学生去参观习近平同志知青下乡时居住过的梁家河村进行，看看习近平同志当年住过的窑洞、开挖的水井、修建的沼气池、修筑的大坝……让学生感受当年习近平同志生活的真实场景：狭长的土炕要住六位知青，他们睡觉时腿都无法伸直，而且土炕上跳蚤成群，在每天各种重体力劳动的情况之下，食物还非常紧缺，但就是在如此艰苦的环境之下，习近平同志仍然坚持每天看书学习。这段七年的知青岁月磨炼他的意志，也正是在如此恶劣的生存环境之中,在与众多淳朴友好的陕北老乡一起生活的日子,激发了他扎根基层、服务人民、立志帮助众多身处困境的人民走出贫困的决心。看过了这些最真实的场景,倾听了真实的故事,青年学生的感受才能更真切,他们才能懂得和明白为何习近平同志会有这些治国理政的理念和政策,为何要树立理想和信念,什么样的理想和信念才能称得上是崇高的理想,这种校外实地参观带来的心灵震撼也是其他方式无法比拟的。

二、基地实践

理论讲授与实践锻炼相结合才是学生理解和掌握知识的最佳方式,高等院校历来非常重视实践教学基地的建设,力图将学生的校内学习与校外实践有机结合起来,真正达到学以致用的目的。但是就目前状况来看,高等职业院校的实践教学基地更多的是倾向于学生专业技能的实践,如司法类专业的实践教学基地多为各级基层法院、检察院,而文秘类专业的实践教学基地多为各类企业或者专为企业提供文秘类职员的公司抑或人力资源公司,社会工作专业的实践教学基地多为街道办事处、社区居委会或者各个社会工作专业机构,这些实践教育基地都是与学生的专业技能实习直接对接的。而专门的思政课实践教学基地则比较少,然而在当前社会思想多样、价值多元、生活方式也日益多元的背景之下,青年学生的思想和行为也日益多元,要想引导学生树立正确、科学的价值观,培养符合社会规范的行为方式,思政课教学就需要有一套行之有效的理论和实践相结合的教学方式。

具体来看,基地实践就是思政课教师带领高校学生走出校园,走到学校定点的校外实践基地进行实地生产、制作或服务,真正以一名劳动者或服务者的身份去接触社会、感知社会、了解社会,进而服务社会,在此过程中教师根据教学需要和教学目标引导学生有所思考和感悟,对人生、生活、工作、社会形成更为理性的认识,进而确立科学的世界观、人生观、价值观。一般来说,每一所高校所在的城市或地区都有一定数量的历史文化古迹和红色革命遗址或者博物馆,这些地方都蕴藏着丰富的教学资源,作为高校校外实践教学基地,可以让学生在思政课上学习知识的同时,深入到这些基地进行实践,例如,培养高校学生成为红色教育基地的实习讲解员、引导员等。让学生作为一名讲解员去为参观学习的学员进行相关史料的讲解,是一个非常好的历练机会,同时也有助于学生对于自己在课堂上和校园内所学知识有一个主动深化理解的过程。因为讲授与学习不同,学会了不一定就能完整顺畅地讲述出来,更不一定能讲好;而能够完整、清晰地把某一个史料或者知识点讲述给听众,讲述者本人一定是学懂了学会了。由此可见,基地实践是一种真正有利于学生将课堂所学内容转化为自身实际行为的不可或缺的实践教学形式。

三、发现生活

法国著名雕塑家罗丹曾说过,世界中从不缺少美,而是缺少发现美的眼睛。对于我们的眼睛,不是缺少美,而是缺少发现。确实,现实生活中有很多美好的东西值得我们去发现、聆听、欣赏和学习,只是现代社会人们都习惯快节奏的生活,工具理性至上,人们太多关注某样东西的实用性及其对人类的价值,无心去慢慢欣赏和品味生活本身,发现生活带给我们的除去实用、功利的另外一面。当代社会发展日新月异,创新无疑是社会发展的动力和源泉,而创新首先源自对于生活的仔细观察和发现,没有一双善于发现生活之美的眼睛,显然无法挖掘自身创新的潜力。当代青年学生虽然生活于速食时代,但是内心始终要保留一份求真、唯实、探索的精神,唯有如此,方能在极速飞奔的时代漩涡中不至于迷失自我。

具体来说,发现生活就是思政课教师要引导学生在课堂之外,在自己的校外生活和工作中培养敏锐的洞察力,善于观察和发现生活中真、善、美,善于发现自己、他人、社会还存在哪些不足和问题,积极去思考、分析如何去解决问题,让我们的生活更和谐、美好。在发现生活这一校外实践教学环节中,思政课教师起着非常重要的作用,他们承担着引导学生去哪里、向哪个方向发现和寻找,到底要发现和寻找什么的重任。例如,在思政课讲授社会主义核心价值观这一章内容的时候,思政课教师普遍面临的问题是,内容理论性较强,学生觉得内容比较空泛。在讲到这部分时思政课教师很可能会结合很多的案例、人物事迹等等来让学生理解何谓社会主义核心价值观,但是从学生的角度来看,毕竟那些案例大多都不是发生在自己身边的事情,感受并不是很深刻。而在校外实践"发现生活"这一环节中,思政课教师鼓励学生从自己的生活中、家庭中甚至实习的工作单位中去发现那些真正在努力践行社会主义核心价值观的人或事,并将这些发生在自己身边的真实的典范、事迹讲述给老师、同学听或者书写下来。学生在校外实践中的发现本身需要一种热情和敏锐性,而把这些事迹典范讲述或书写的同时又是对社会主义核心价值观的一种重新思考、组织和梳理,对于社会主义核心价值观又有了新的更高一层的认识。因此,校外实践中发现生活之价值,其重要性不言而喻。

四、社会调查

毛主席曾说过,没有调查就没有发言权,进行深入全面的调查研究是我们获得丰富、翔实数据、资料的基础,也是我们透过事物的表象认识事物本质、揭示社会发展规律的重要途径。当今社会瞬息万变,资讯异常发达,对于广大正在求学的青年学生来说,学校课堂固然是获取知识信息的途径,但是在课堂之外,广阔的社会环境才是青年学生真正获取知识信息的重要途径,毕竟教科书上的知识在这个信息瞬息万变的时代很快就会显得陈旧,加之青年学生对于新事物、新理论又充满了渴求,因此,高校课堂上教师教授学生更多的是一种学习的方法———一种高效学习、有效学习的方法———而非有限的知识内容,因为掌握了学习的方法,就如同掌握了点石成金的指头,在未来的学习、生活中可以凭借此学习方法持续地获得知识,持续地让自己得到成长和发展。社会调查这种方式就是一种非常理想的让学生持续发展和提升自己的方式。

具体来说,社会调查就是思政课教师根据教学内容和教学目的的相关要求,设计相应的调查课题,让学生深入社会的各个领域、各个角落去了解、搜集和掌握相关的数据、资料,对搜集的资料进行统计、分析,并最终形成相应的结论。这个搜集资料的过程本身就是对青年学生能力的锻炼过程,因为要想搜集资料,就必须通过设计问卷这一途径,而设计问卷本身就是对学生问卷设计能力的考查和锻炼,问卷如何发放、如何回收、回收之后如何进行统计分析,统计分析数据时使用哪种统计分析软件,数据分析的过程本身也是一个去粗取精、去伪存真的过程,最终调查结论的得出也是对青年学生分析、判断能力的考验和锻炼。除了从技术的角度看待社会调查对青年学生能力的锻炼之外,还可以从扩展学生视野、培养学生家国情怀、社会责任感等各个角度来看待社会调查。当代青年学生的社会调查,其调查的方向、主题非常广泛,既可以是涉及国家、民族的问题,也可以是家庭、家族的问题,还可以是青年学生自身的心理、生活、认知等方面的问题。社会调查选题的广泛不但能够拓展青年学生的视野,而且能够激励学生去发现、分析社会生活中的各种现象,进而分析现象背后的原因,揭示其背后蕴含的基本规律,真正提升青年学生理论联系实际的能力。

五、公益活动

日行一善,每天做一些力所能及的事情去帮助他人,让他人和社会变得更加和谐美好,这也是古人对于自己的基本要求。虽然古代没有"公益"一词,但是公益的理念和践行公益的行为中国自古有之,只是囿于当时的时代背景,公益仅仅在那些有能力参与公益的人群当中流行。因为受当时封建制度的束缚,生产力水平较低,人们的整体生活质量不高,大部分人也只能是勉强度日,参加公益活动的能力也比较有限。步入现代社会,随着人们物质生活水平的提高,人们对于精神生活的要求也日益提升,满足人们的精神需求,除了通过各类文化体育活动之外,还需要诸多能够体现现代人社会价值的公益活动。参加公益活动有助于现代人施展自己的才能,奉献自己的爱心,为有需要的人、为社会贡献自己的一分力量,也有助于促进社会和谐。

具体来说,公益活动就是思政课教师鼓励青年学生关注社会中各类群体的生活境遇,关心社会发展,积极参与社会活动,充分发挥自身的专业知识与技能,为社会上有需要的人群和组织贡献自己的一分力量,进而在参与公益活动的过程中对社会有一个更为全面、深入的认识。现代社会公益活动的范围已经非常广泛,不再仅仅是原来非常狭窄的范围,而是涵盖社会生活各个方面,青年学生参与公益有充分的选择空间,可以充分发挥自己的专业所长,真正选择社会所需且自己感兴趣、有能力胜任的公益活动。例如,法制宣传、环保知识普及、灾害预防与救助、爱心慰问与捐赠等公益活动。参与公益对于青年学生来说本身就是一种体验和历练,公益活动的对象各不相同,公益活动的内容也各不相同,青年学生在参与的过程中本身也在体验不一样的生活,突破了自己既有的生活,对生活的其他方面有了自己的认识和体会,对象牙塔之外的世界有了比较直接的接触和更为深入的认识和体会。加之,现代社会通信技术发达,互联网、微媒体发达,青年学生有了更多参与公益的途径,既可以在线下参与公益活动,也可以在线上参与网络公益活动,如公益歌曲的征集、通过网络发起对某些困难人群的帮助等等。由此可见,公益活动让青年学生有了新的生活体验和感悟,这些是思政课堂上仅仅通过课堂讲授难以达成的效果,由此可见,公益活动是一种非常好的校外实践教学形式。

思考题

1. 课堂实践教学形式有哪些?
2. 校园实践教学形式有哪些?
3. 校外实践教学形式有哪些?

下　篇

第三章　思想道德修养与法律基础实践教学

　　思想道德修养与法律基础是当前我国对于青年大学生进行思想政治教育的一门基础课程,也是高校思想政治教育的重要组成部分。思想道德修养与法律基础与毛泽东思想和中国特色社会主义理论体系概论、形势与政策共同构成了当前我国高等职业院校思想政治理论课的整体,三门思政课既各有特点,又相互补充,共同承担起培养和提升高等职业院校学生思想政治素养的重担。与此同时,思政课表面看是一门理论性很强的课程,实则也是实操性要求非常强的课程,因为青年学生思想政治素养的提升不可能仅仅依靠一学年的课堂所学就能实现,思想的改变、素养的提升是一个缓慢的过程,也是一个需要不断在实践中感知和体会,进而逐渐改变的过程,这时思政课的实践教学就显得尤为重要。思政课的实践教学不是单纯放手让学生去课堂之外感受和体会,而是需要在思政课教师的悉心指导之下,采用多种当代大学生喜爱而且效果明显的实践教学形式让学生真正在实践中建立正确的世界观、人生观和价值观,成长为对社会、对国家的有用之才。

第一节　实践教学设计

　　思想道德修养与法律基础是一门旨在提升青年学生道德修养、法律素养的课程,这门课程的实践教学不是单纯的学生校内外实践,而是要严格按照该课程的教学内容、要求与目标,同时结合当前高职学生的实际情况,引导高职学生把课本上的知识与社会生活中的实践有机结合起来。思想道德修养与法律基础的实践教学有别于课堂教学,首先应该坚持实践性的基本原则,充分展现实践教学的特点,同时还应该在实践教学的具体操作过程中,不断总结该门课实践教学的规律,建立起一套真正适合师生情况且行之有效的实践教学模式。这一实践教学模式本身也是高职学生的思想道德修养与法律素养从认知层面向行为层面转化的过程,知与行紧密结合方能真正实现知行合一,真正有效提升广大高职学生的思想道德修养与法律素养。

表 3 – 1　思想道德修养与法律基础实践教学设计一览表

章节	内容	实践教学要求	实践教学形式
1	人生的青春之问	通过实践教学,使学生了解世界观、人生观和价值观理论,认识人的本质,树立正确的人生观,正确处理人生矛盾,创造有价值有意义的人生	课堂实践: 1. 分享会(学生关于人生的所见所闻所感) 2. 焦点讨论(范冰冰与袁隆平的人生价值讨论) 3. 角色扮演(我眼中的幸福) 4. 影像展播(《海蒂和爷爷》《美丽人生》片段) 校园实践: 1. 校内调研(高职学生人生态度调查、高职学生消费情况调查、高职学生阅读情况调查) 2. 图书寻访(《习近平的七年知青岁月》、彼得·圣吉《第五项修炼》、路遥《人生》、杰奎琳·苏珊《纯真告别》等) 社会实践: 1. 校外参观(北京的名人故居,共 11 处,任选其一) 2. 公益活动(就近探访社区高龄空巢老人) 3. 发现生活(发现身边充满正能量的榜样人物)

续表

章节	内容	实践教学要求	实践教学形式
2	坚定理想信念	通过实践教学，使学生了解理想、信念的含义和特征，了解理想、信念对大学生成长成才的意义，懂得用奋斗来实现自己的理想	课堂实践： 1. 分享会(学生关于理想信念的所见所闻所感) 2. 影像展播(纪录片《千年伟人马克思》片段) 3. 案例分析(为什么而出国留学——一个大学生回乡经历：从绿皮车到和谐号感受个人理想与社会理想的关系) 校园实践： 1. 主题演讲("奋斗吧，青春"——将来的你会感谢现在拼命的自己) 2. 图书寻访(图书馆内寻找一本我喜欢的关于理想的书，如麦子《所谓绝境，不过是逼你走正确的路》，刘墉《超越自己》《创造自己》《肯定自己》等) 3. 微电影制作(拍摄制作一部反映当代高职学生理想、梦想的微电影) 社会实践： 1. 校外参观(中国铁道博物馆) 2. 社会调查(调查访谈一下自己父辈、祖辈的理想是什么) 3. 基地实践(到校外实践基地进行实地生产、制作或服务，在实践中体会自己对哪些工作感兴趣，自己适合做什么类型的工作)
3	弘扬中国精神	通过实践教学，使学生了解中国精神和爱国主义的内涵，认识新时代的爱国主义和改革创新的时代意义，培养民族自尊心与自豪感，自觉做一名忠诚的爱国者	课堂实践： 1. 影像展播(《东京审判》片段、2019年香港暴力冲突事件) 2. 课堂辩论(全球化是利大于弊还是弊大于利) 3. 案例分析(生活中的精日分子、内地女生怒撕"港独"海报事件、2019年香港暴力冲突事件) 4. 专题讲座(走近香港)

章节	内容	实践教学要求	实践教学形式
			校园实践： 1. 图书寻访(图书馆内选择一本爱国主义题材的图书进行通读) 2. 微电影制作(红色主题或反映改革开放四十年历程之主题) 3. 课外作业(请描述一下在你经常使用的互联网和自媒体平台中见过哪些有辱国家或者有害国家安全的言行) 社会实践： 1. 校外参观(国家博物馆、中国人民革命军事博物馆和中国人民抗日战争纪念馆,任选其一) 2. 发现生活(我身边的爱国主义者和爱国行为)
4	践行社会主义核心价值观	通过实践教学,使学生了解社会主义核心价值观的基本内容,认识当代中国发展进步与社会主义核心价值观的关系,坚定价值观自信,在生活中做到勤学、修德、明辨、笃实	课堂实践： 1. 分享会(学生关于价值观的所见所闻所感) 2. 焦点讨论(价值多元时代,我们需要共同的价值追求吗) 3. 专题讲座(欧美日韩文化冲击下的中国文化自信) 4. 学生讲坛(我眼中的社会主义核心价值观) 校园实践： 1. 图书寻访(图书馆精读经典著作——萨缪尔·亨廷顿《文明的冲突与世界秩序的重建》) 2. 校园文化节(颂扬和谐正能量,喜迎建国七十周年) 3. 知识竞答(社会主义核心价值观知识竞答) 社会实践： 1. 发现生活(我身边的那些社会主义核心价值观践行者) 2. 公益活动(社会主义核心价值观青年公益活动) 3. 社会调查(北京市民对于社会主义核心价值观的认知情况调查)

续表

章节	内容	实践教学要求	实践教学形式
5	明大德守公德严私德	通过实践教学，使学生了解中国传统道德内容，认识社会主义道德与市场经济的关系，掌握公民道德规范，加强诚信道德建设，提高道德修养的自觉性，真正做到向上向善、知行合一	课堂实践： 1.焦点讨论（近期各类"霸座家族"事件的思考） 2.课堂辩论（网络文明要靠道德约束还是法律规范） 3.影像展播（《离开雷锋的日子》《大国工匠》《辛德勒的名单》片段） 4.角色扮演（父母与子女间的换位思考） 校园实践： 1.微电影制作（感动校园、师生最美瞬间——微电影制作） 2.校园文化节（弘扬传统美德系列） 社会实践： 1.校外参观（参观孔庙和国子监） 2.发现生活（为父母长辈做一件事，感恩父母长辈） 3.基地实践（校外基地实习，体会职业道德）
6	尊法学法守法用法	通过实践教学，使学生了解法律及其在生活中的作用，认识我国法律的运行和体系，树立正确的创业观和择业观，掌握婚姻家庭的道德与法律要求，培养正确的恋爱与婚姻观，形成用法治思维分析和解决问题的能力	课堂实践： 1.案例分析（呼格吉图勒案） 2.影像展播（《辛普森杀妻案庭审回顾》） 3.焦点讨论（你对新婚姻法司法解释三"婚前财产相关规定"的看法） 校园实践： 1.校内调研（当代大学生法治意识现状调查） 2.知识竞答（大学生法律知识竞答） 3.图书寻访（选择一个你关注领域的法律书籍进行阅读） 社会实践： 1.校外参观（参观北京市女子监狱） 2.基地实践（到自己专业定点的实习基地进行实践锻炼） 3.公益活动（参加自己所在社区的法治宣传活动）

第二节　课堂实践教学

一、分享会

分享会这一课堂实践教学形式看似普通,实则意义非凡,很多课程的课堂实践教学中都会使用,特别是在旨在改变学生思想与行为的思政课上。一则它为广大青年学生提供了一个在课堂上相互交流的平台,有助于大学生做一个生活的有心人,善于阅读、善于发现、善于思考、善于利用自己碎片化的时间;二则它为思政课教师了解学生的思想和生活动态以及学生的关注点、兴趣点提供了一个窗口,有助于教师在日后教学中选取的教学案例既符合时代特点又能激发学生的学习兴趣,有效提升思政课的教学效果。

(一)设计思路

在第一章"人生的青春之问"的教学过程中,首先可以设计"分享会"这一实践教学环节,以"我关于人生、世界的所见所闻所感"为题,在思政课课堂上开展此实践教学活动。用学生在生活中所见所闻所感这些源自生活的感悟和体会来引入"思想道德修养与法律基础"课中关于世界观、人生观和价值观的内容,培养学生树立正确的"三观",以一种积极、昂扬的精神面貌来面对自己刚刚迎来的大学生涯,以务实、乐观、认真的态度来度过自己的人生。

1. 选题目的

"人生的青春之问"这一章实际上是对学生关于人生、世界和价值的认识和理解,它不同于某一个具体知识的学习,要求学生学习必须达到一致的准确理解。通过学生课堂分享这一具体实践,可以让青年学生认识和了解到大千世界、芸芸众生,不同的人对于世界、人生和价值的看法也各不相同。虽然人的世界观、人生观和价值观不能整齐划一,但是在众多不同的观点、看法之中,个体也好,社会也罢,必须得有一个公众都认同且能达成共识的认识和理念,否则社会将会陷入私利横行、散乱无序的状态。只有在这一核心价值理念或者基本价值观的引领之下,充分尊重每一个个体的个体价值观,才能真正实现帮助当代青年学生树立正确的世界观、人生观和价值观,走好自己的人生之路的目的。

2. 实践要求

思想道德修养与法律基础课程开始的第一节课即进行分享会实践环节的任务安排,学生以个人为单位进行分享,教师根据班级容量安排每一节参与课堂分享的学生人数及名单,并提前一周告知下节课参与分享的学生,让学生在心理上有所准备。学生分享的内容可以是自己曾经读过的一本书,也可以是一部影视作品,抑或自己近期在朋友圈、微博、门户网站上看到的有所感悟的文章或者事件,还可以是自己亲身经历的有启发和教育意义的事情。总之,内容来源不拘一格,但是所分享的内容的主旨必须是对当代青年学生未来的人生发展、价值取向等有启迪与教育意义的。为了保证分享质量,让班级的其他同学都能印象深刻,进行分享的同学需要把自己分享的内容制作成 PPT,图文并茂地呈现自己所要分享的内容,并结合思想道德修养与法律基础课堂所学内容再进行分析和阐释,在有感性体验的同时,不断提升自己的理性认知。

3. 活动评价

评价主体由思政课教师和 3 位本班同学共同担任,主要评价的指标有分享人的语言表达、PPT 制作质量或媒体技术运用、分享内容的时代性与启发性以及学生对分享内容的理论分析能力等。

(二)参考资料

资料一:如何看待"佛系人生"

"佛系"一词,近年来在网络和朋友圈中大火,所谓"佛系",大意就是有也行,没有也行,不争不抢,不在乎输赢,由此而来的还有"佛系人生""佛系青年"等词汇。"佛系"一词表面看来,此类人能把很多事情看得风轻云淡,在生活中、工作中也表现得与世无争,可谓一种十分淡定的人生态度。部分年轻人工作中不求上进,生活中懒惰邋遢,二三十岁的人生过得宛如退休后的生活,当有人善意提醒其应该做点什么时,得到的回应大多是:"我这是一种佛系人生,你不懂……"

对于那些经历过人生的大风大浪、起起落落,有着丰富人生阅历的人来说,看透世俗,看淡很多事情,用平常心去看待周围发生的一切,有一种"宠辱不惊,看庭前花开花落"的胸怀和气概,这样的人,这个年龄段的人,他们可以也有资格来用"佛系"形容他们的人生态度。

而对于那些二十来岁,正值人生青春年华,需要去拼搏、去奋斗,为自己的成长、为社会的发展做出贡献的青年人来说,"佛系"一词无疑成为一种逃避竞争、推脱责任,不思进取、懒惰度日的借口。在人生最好的年华就应该坚持梦想,用尽全力去做一件件值得自己奋斗的事情,实现自己的人生价值,这才是人生应该有的风景。

"佛系"一词本身并无不妥,重要的是,它用在什么样的人身上,用在什么样的情况之下。用在久经人生考验的长者身上,"佛系"是一种豁达的人生态度;而用在正值盛年的年轻人身上,"佛系"就成了逃避现实的借口;而对于"佛系"的理性解读应该是:无论遇到再糟糕的事情,我们都能以淡然的心态去面对它。

资料二:人生价值的实现

中国"杂交水稻之父"袁隆平,1930年出生于北平,年少时跟随父母颠沛流离的动荡生活给他埋下了奋发图强的种子。1953年从西南农学院遗传育种专业毕业后,袁隆平被分配到湖南安江农校工作。真实的农村与向往的田园大相径庭,他却从不后悔自己的选择。"当时看到农村的贫穷落后,我是有点雄心壮志的,立志要改造农村,为农民做点实事。"亲身经历过饥饿之苦的袁隆平从1960年开始进行水稻种植试验,从此为解决粮食增产问题持续奋斗了半个多世纪。

1996年,中国农业部提出超级稻育种计划。袁隆平领衔的科研团队通过形态改良和杂种优势利用相结合的技术路线,成功攻破水稻超高产育种难题,不断刷新亩产产量。目前,超级稻计划的五期目标已经全部完成,分别是亩产700公斤、800公斤、900公斤、1 000公斤和1 100公斤。

年近九十的袁隆平院士说自己有两个梦想,一个是"禾下乘凉梦",一个是"杂交水稻覆盖全球梦"。"禾下乘凉梦"是他真实的梦境,他曾梦见试验田里的超级杂交水稻长得比高粱还高,穗子有扫帚那么长,谷粒有花生米那么大,他和助手坐在稻穗下乘凉。这一梦想正随着不断高产的超级稻逐渐成为现实。而"杂交水稻覆盖全球梦"则是他希望超级稻能够走出国门,为世界粮食安全做出贡献,解决世界粮食短缺的问题。

资料分析：

人生态度是人生观的重要内容，一个人有什么样的人生观就会有什么样的人生态度，正确的人生态度可以使人在追求有意义的人生中保持积极进取、乐观向上的精神状态。而"当一天和尚撞一天钟"的庸碌无为、"浮生如梦，及时行乐"的混世沉沦、"看破红尘，心灰意冷"的消极悲观都将把人带入无尽的深渊和悔恨之中，也都不应该是人生应有的态度。青年大学生应该明确人生目的，端正人生态度，以一种昂扬的姿态迎接生活中的每一次挑战。

价值是不是任何实体本身单方面的存在或属性，而是主客体相互作用而生成的一种新的质态，是人类生活特有的主客体关系现象。客体的属性只有在满足主体需要的基础上才能谈得上价值，一个人的人生价值同样也需要在满足他人、社会需要的基础上才能被谈及。因此，人生价值的实现，不是我为自己争得了多少利益，而是我为他人、为社会贡献了多少，是否满足了社会的需求。因为个人的价值只有在满足他人、社会需要的基础上才能谈及。这一点是特别需要青年大学生理解和掌握的，否则青年人容易将自己挣了多少钱、买了多少房这些单纯自身需求的满足当成是自己人生价值的实现。

人生目的、人生态度、人生价值共同构成了人生观的主要内容，人生目的回答人为了什么活着，人生态度回答人应当如何活着，人生价值回答什么样的人生才是有价值的人生。现实生活中，不同的人有着不同的人生境遇，对于人生的态度、意义与价值也有着不同的看法，虽然每个人的表述可能各不相同，但是对于美好人生的渴望是一样的。在当前这个市场经济已经无孔不入渗透到生活每一个角落的情形之下，当代青年大学生应该经常思考：我为什么而活，应该如何活，我是否应该变得功利，凡事都用金钱来衡量它的价值呢？

（三）注意事项

分享会应该提前一周告诉学生准备，要求学生要做有准备的分享，而不是课堂随机分享一段感受。有充分准备的分享就是要一则分享的内容是真实发生或者自己的亲身经历、感受的事件，不能是随意虚构的，否则分享就失去了它的意义；二则应该尽量运用思想道德修养与法律基础课上所学内容和理论对分享的事件进行分析,将课堂所学理论与现实生活中的实际相结合,这才是思政课上分享会这一环节的意义之所在。

分享会不仅要分享,还要有点评,应该是一个信息在师生之间、学生之间彼此输出输入不断交换的过程,倘若只是学生个体上台分享,没有任何反馈,久而久之分享的学生便感受不到分享带来的共鸣与乐趣,分享就会变成了负担甚至是应付。

分享会作为一种独立的课堂实践教学形式,必须有严格的要求,要让学生对分享有一种仪式感。学生会精心选择自己要跟大家分享的内容,精心制作自己分享时用以呈现自己思想和内容的 PPT 或者视频,调动自己的各方面才能,如素材搜集、视频剪辑、旁白配音等等,用认真的态度去对待每一次课堂实践。课堂分享的过程中,教师要做好相关安排,捕捉台上分享同学的精彩瞬间,将每一位同学在分享时的精彩表现结集成册,在学期末最后一节课后放映给全班同学欣赏,让大家感受到用心做一件事情时的自己是最美的。

上述分享的内容,"佛系人生"和袁隆平人生价值的实现以及现实生活中的舍己救人、挟尸要价等事件,让我们看到不同的人不同的行为,同时也反映出多种不同的人生观和价值观。思政课教师要带领学生分析各种不同人生观与价值观的特征,各类人群未来在社会中的发展以及一个国家、社会的发展对于国民、公民的基本要求,进而引导学生正确看待社会中存在的多种不同的人生观和世界观,摒弃错误的人生观和价值观,树立正确的人生观、价值观。

（四）总结思考

分享会这一课堂实践教学形式的设计,其目的不是为了分享而分享,而是希望通过分享会这一载体和平台,培养学生充分利用自己课余碎片化的阅读时间,善于观察和敏锐感受生活中的人和事,善于发现问题,勤于思考,并将经过自己深入思考和精心设计的内容与同学、老师分享、互动,在思想的碰撞过程中加深对所学理论的认识,加深对自我、他人和世界的认识。

分享本身也是一种共享的理念,在共享的时代,青年学生应该通过课堂分享会培养自己的共享意识,同时也深刻感知共享给个体、社会带来的益处。虽然现在资讯非常发达,但是每一个人还是有自己在认知、信息获取上的盲点,通过分享会这种形式,青年学生能够深刻体会到与人分享、共享的魅力和价值。

二、焦点讨论

在这个资讯异常发达的全媒体时代,足不出户即可了解全球资讯要闻,而青年学生又有着很强的好奇心和求知欲,焦点讨论理所当然成为当代青年学生喜欢的课堂实践教学形式。焦点讨论旨在引导学生关注生活,关注国内外社会热点,在关注的同时还能保持理性的认知去分析问题,进而提出具有建设性的解决问题的想法或方案,培养和锻炼青年学生理性看待问题的素养和能力。

(一)设计思路

在第四章"明大德、守公德、严私德"的教学过程当中,可以设计"焦点讨论"这一实践教学环节。因为大学时期是个体道德意识形成和发展的重要阶段,尤其是在这个"人人都是通讯社,人人都有麦克风"的自媒体时代,青年学生每日都可通过各种媒体途径获得全球各地的资讯信息,特别是涉及个人言行道德与社会公德的事件。焦点讨论这一形式不但可以让大家了解当前的国内外社会热点事件,而且还能了解青年学生对于热点事件的观点和看法。与此同时,在任课教师的引导下,帮助青年学生运用思想道德修养与法律基础中关于道德的内容进行分析,教育学生作为个体存在应该严守私德,作为公众中的一分子应该恪守社会公德,真正做一名道德高尚的人。

1. 选题目的

"明大德、守公德、严私德"这一章就是要告诉青年学生何谓道德,道德的重要作用,以及道德在个人、家庭、职业和社会等不同场合中的体现,让学生明白道德对于个体和社会发展的重要性,教会学生在个人成长、婚姻家庭、职业生涯和社会生活中都要严守道德,不做有违道德之事,弘扬真善美,抨击假恶丑,勇于跟社会上的不良风气和行为做斗争,做一个有益于家庭、社会和国家的善良之人。焦点讨论聚焦的事件或者个人也许并不是学生自己,但是透过他人的言行举止以及社会对于此种行为的评价,教师可以引导学生从个体、家庭、社会等多个角度用思想道德修养与法律基础中所学的关于道德的相关知识进行理解和分析,举一反三,对同类的事件有一个更为清晰、深刻的认识。

2.实践要求

焦点讨论不同于分享会,分享会是每名同学就自己的所见所闻所感与大家分享,而近期的焦点人物、事件是一定范围内的人们都普遍关注的,所以课堂实践教学环节中思政课教师选取的焦点往往是近期国人或者广大青年学生都非常关注的事件。焦点讨论往往以小组的方式进行,要求学生对所讨论的焦点事件有充分的了解,包括事件本身是什么,新闻媒体对于事件的报道怎样,我们小组的观点是什么。而作为任课教师,既要知道学生对于某热点事件的看法观点是否一致,如果不一致都有哪些分歧或者不同,又要能够透过事件的表象看到事件背后反映的本质,引导学生对某一问题进行深入、全面的分析和认识,由最初的感性认识上升到理性认识。

3.活动评价

评价主体由思政课教师与学生共同担任,学生评委由学生民主推选产生,每个小组推选出一名学生评委,主要评价的指标有讨论是否紧扣焦点事件、讨论的核心观点是否正确、讨论过程中是否有像人身攻击等不礼貌行为、是否结合思想道德修养与法律基础所学知识对所讨论的焦点进行了分析等。

(二)参考资料

资料一:社会公德不可丢

因坐过站,重庆万州一乘客与司机争执互殴,导致车辆坠江;同样的原因,北京一乘客抄起整箱牛奶砸向司机,造成车辆事故;高铁和公交车上公然上演"霸座"大戏,无理取闹;飞机上脱鞋晒脚,气味熏人;旅游景点,随处可见"×××到此一游"的乱刻乱画;货车侧翻附近人们哄抢货物;开车逆行,违法占道。凡此种种,不胜枚举,有网友感叹:你的公民素质已经"欠费",文明"余额不足"。

众所周知,随着交通、通信技术的日益发达,人类公共生活的领域也变得更为广泛,特别是网络技术的发展,让公共生活进一步扩展到虚拟世界。与此同时,公共空间的活动内容也更加开放,交往对象也日益复杂化,人与人的交往突破了熟人社会,变得更具陌生。良好的公共生活离不开公共秩序,而对公共秩序的维护则离不开社会公德。公德不同于私德,它是人们身处公共场合,进行公共生活的过程中所表现出来的品德,高铁"霸座"也好,乱扔垃圾也好,都是部分人缺乏社会公德的表现,而对这些不文明、公德缺失现象的态度,则体现了一个社会的道德水准,在某种程度上也可以说,社会公众对于此种现象的"义愤"构成了社会的免疫力,形成了社会向善的道德土壤。

资料二:自觉遵守职业道德

公交车是上班族出行少不了的交通工具,公交车司机也是平凡得让我们几乎没有感觉到他的存在,但是就是这千千万万的普通职工构筑了我们和谐的社会、平安的生活。2015 年 5 月 18 日上午 7 点多,北京一辆 941 路快车在行驶到丰台区靛厂锦园小区南门附近时,司机突发疾病休克,但是,他在生命的最后时刻将车缓速停在了路中间,确保了一车乘客的安全。车子停下后,人们发现司机整个人都已经瘫在驾驶座上,身子明显歪着,脚还死死踩在刹车上,脸色煞白,表情特别痛苦,一会儿他就趴在方向盘上一动不动了。

同样,在 2018 年 11 月 17 日,贵州省剑河县通往岑松镇的 320 国道上,车辆川流不息,晚高峰时,公交车司机吴某驾驶着往返于县城与岑松镇的公交车接送着沿途往来的乘客,这其中既有放学的学生,也有下班的职工,还有刚刚收摊的菜农,大家虽然身体疲惫但是都掩饰不住回家的喜悦。但是,在车快行驶到 320 国道温泉坳处时,司机摇了几次头,并用手不停摸头部,似乎身体有些不舒服。虽然押车员剥了橘子给吴某希望他的不适能缓和些,然而情况却急转直下,司机右手看起来似乎失去了知觉,无力地垂在腿上,他用左手稳住方向盘减速,车即将停止时,腾出左手迅速拉紧手刹。在他生命的最后一刻,还不忘交代押车员赶紧疏散乘客。事后人们才发现,客车停稳的地方是个长坡,如果当时失控,后果真的是不堪设想。

资料三:好家风成就好品质

良好的家风是优良品质在家庭中的积淀和传承,也是留给家庭成员的宝贵精神财富。闻一多先生是中国民主同盟早期领导人之一,是坚定的民主革命战士,他的一生虽然短暂,但是其优秀的家风家教不但影响和塑造着其子女的人品,更为社会风气的改善提供了榜样。早在 20 世纪 40 年代,闻一多先生在昆明联大担任教授一职,但其薪水微薄,并不足以养家,妻子多病,家里孩子又多,生活异常艰辛,以至于很长一段时间家里饭桌上只有一锅豆渣炖白菜。全家八口人挤在一个普通农舍的楼上,小孩们晚上打地铺,白天卷铺盖,腾地方读书、吃饭。但是艰苦的生活条件之下,闻一多并没有绝望,反倒吟起了杜甫的诗句:"安得广厦千万间,大庇天下寒士俱欢颜!风雨不动安如山。呜呼!何时眼前突兀见此屋,吾庐独破受冻死亦足!"可见其家国情怀之重。

在良好家风的熏染下,闻一多的后辈们都清白做人、朴实做事,成为各自领域的专家。他们中既有学者、教授,也有研究员。无论身在何方,身处哪个岗位,他们都不忘祖辈的教导,家风、家训的传承已深入骨髓。有一次,闻一多次子闻立雕和夫人回浠水参加闻一多纪念活动,夫人误将宾馆房间与自己所带茶盒一样的小盒带回了北京,发现后,闻立雕专程去邮局将茶盒寄回了宾馆,并附言表达了诚挚的歉意。

正如闻一多先生的三子闻立鹏所言:"我的父亲对我影响非常深远,他用他自己的言行教导我如何做人,如何做一个正直的人。"

资料四:提升个人品德修养

张玉滚,扎根教育在深山,家国情怀在心中。他主动放弃了城市工作的机会,扎根深山17年。路还没有修好时,他靠一根扁担,一挑就是五年,把学生的课本、文具挑进大山,手执教鞭能上课,掂起大勺能做饭,拿起剪刀能裁缝,打开药箱能看病,可谓全能教师。张玉滚的事迹也感动了无数人,值得我们每一个人学习。

吕保民,一名退伍军人用行动诠释见义勇为。在菜市场早市上发生的一起持刀抢劫行凶案件中,歹徒穷凶极恶,抢劫一对母女,听到求救声后,吕保民挺身而出,置个人安危于不顾与歹徒展开搏斗,身上被刺5刀,病情危重,进行两次紧急手术,经过近十天重症监护室的治疗,吕保民的伤势才渐渐平稳,并逐渐恢复。当被问及事发当时是怎么想的时,他说:"都是瞬间发生的事,没有时间思考,当时就想着不能让他再伤害别人,什么时候被刺的都没感觉。"退伍不褪色,见义勇为品质高尚,值得我们学习。

宁波神秘爱心人士"顺其自然",20年累积捐款已超1 000万,善款被全部用于助学、助困。20年来,人们对于"顺其自然"的身份都十分好奇,刚开始大家还试图要找到这位神秘好人,但是现在已经习惯他(她)的隐身了,人们渐渐也意识到了把他(她)捐的每一分钱都用好,发挥实效,才是对他(她)最大的尊重和回报。

……

资料分析:

看似很小的一件事、微不足道的一个细节,却能反映当今时代人们的公德水准,上述事件中的"霸座"也好,景点乱涂乱画也好,都是看似很小实则影响很大的公德事件。众所周知,"公德"与"私德"相对,"私德"是指个人品德、作风、习惯以及个人私生活中的道德,"公德"则是指与国家、组织、集体、民族、社会等有关的道德,并且社会公德是维持良好人际关系的条件、衡量一个民族进步的标志。随着网络技术的日益发达,社会公德涉及的领域也逐渐渗透到网络这一虚拟空间,这就要求我们广大青年大学生不但要在现实的公共场所中注意自己的言行,而且在虚拟的社交网络中也要注意自己的言行。社会公德水准的高低,直接关系到一个国家的社会秩序、社会风气以及社会凝聚力,小而言之,一个懂得遵守社会公德的人,在这个社会上才能得到他人的尊重。当代青年大学生作为新时代的新生力量,应该以身作则,做一个懂法纪、守公德的好公民。

随着社会的发展,职业分工也越来越细,职业生活成为人们生活的重要组成部分。职业生活中的道德规范就是职业道德,它是从事一定职业的人在职业生活中应当遵循的具有职业特征的道德要求和行为准则,涵盖了从业人员与服务对象、职业与职工、职业与职业之间的关系。对于一个职业人来说,爱岗敬业、诚实守信、办事公道、服务群众、奉献社会是其在职业生活中最基本的道德规范。青年大学生未来也将步入工作岗位,遵守职业生活中的道德规范才能在平凡的工作中有所成就,对社会有所贡献。上述事件中公交车司机们的高尚职业道德正是当代青年学生学习的榜样,同时也激励着他们未来在自己的职业岗位上尽职尽责,发挥自己的光和热。

家庭是人生的第一个课堂,父母是孩子的第一任老师,我们中国人历来非常重视家庭在一个人成长过程中的作用,所谓"天下之本在家"就是这个意思。家风则是一个家庭内部的精神内核,一个家庭能否做到源远流长、薪火相传,一个很关键的因素就是这个家庭的家风问题。而家风又是社会风气的重要组成部分,这些年来,虽然人们的物质生活有了很大的改善,但是家风建设却没能很好地传递,不利影响也是非常明显的。手握公权的人,缺失了勤政为民的情操,普通民众缺失了为人处世的基本规则。像上述闻一多先生家严谨、优秀的家风家教值得我们学习,只有每一个家庭都注重家庭、家教、家风,帮助孩子扣好人生的第一粒扣子,孩子未来才能真正走好自己的人生之路,为家庭、他人和社会做出贡献。

个人品德不是偶然的一个行为,而是一个人通过社会道德教育和个人自觉的道德修养所形成的稳定的心理状态和行为习惯。其实,在我们的现实生活中,社会公德、职业道德、家庭美德的状况,最终都是以每一个社会成员的道德品质为基础的,无论是社会公德建设还是职业道德和家庭美德的建设,最终都要落实到个人品德的养成上。上述资料中张玉滚、吕保民以及神秘的"顺其自然",他们的行为都不是偶然的行为,而是一个人稳定的行为习惯在某个特定时间点上自然而然的体现罢了。当代青年大学生应该学思并重、慎独自律、知行合一、积善成德,不断提升和完善自我,努力成为一个品德高尚之人。

(三)注意事项

焦点讨论要求教师选取焦点事件时要有针对性,例如,"霸座"事件之所以成为被选取的焦点,一方面是因为它是近期社会、网络热议的事件,人们都非常关注此事件,而且人人对此都有话说,把它引入思政课课堂上,青年学生也比较熟悉,而且有很多想法、观点想要表达;另一方面是因为"霸座"事件本身就是当事人自身道德素养低下的一种体现,同时也是对社会公德的践踏,在当前这个公共生活日益发达的社会环境之下,不遵守社会公德的行为带给社会的影响越来越大,也越来越受到社会公众的关注,讨论此事件能够激发青年学生的思考。

焦点讨论的过程中,经常会有一些消极的、负面的事件出现或者被提及,思政课教师应该注意。一方面,不能回避这些事件,因为回避对事件的分析,只会让有偏见和认识误区的学生更加坚信自己偏激的观点,更难改变对社会、对国家产生的不理解。另一方面,思政课教师要进行正确的分析和有效的引导,引导青年大学生意识到任何国家、社会都会出现这样那样的问题,而不仅仅是中国,不能只看到不好的一面,而选择性地忽略其好的一面,要重点引导学生通过分析不好的人和事,建立一种积极、正向、理性的认知。

　　焦点讨论只是思政课上的一个组成部分,只是课堂实践教学的一个形式,不能占据整个课堂,因此,焦点讨论要求教师控制好讨论的时间,既要让学生在焦点讨论的环节有所收获,又要合理安排好课堂的教学进程,不能让讨论占据整节课堂,因为讨论只是一个载体、途径,对道德的深入、全面的认知进而变成自己今后的行为,才是焦点讨论的教学目的。

　　焦点讨论环节要求学生遵守讨论的规则,不能有人身攻击等不文明的行为出现,同时在讨论此焦点事件的时候既要能够就事论事,分析所讨论焦点事件的原委,又要能够举一反三,思考并列举出现实生活中存在的各种不讲道德、有损公德、破坏秩序的行为,增强大家对不道德行为的直观感知和印象。

　　焦点讨论以小组为单位进行,但是要注意小组内部前期的讨论,一方面要充分发扬民主,让小组的每一个成员都有机会发言,表达自己的观点;另一方面每个小组中被推选出代表小组参加班级讨论的同学必须充分总结并代表本小组成员的观点,不能以偏概全,更不能只发表自己个人的观点而漠视其他同学的观点。

　　(四)总结思考

　　不同的时间段会有不同的社会焦点产生,这些焦点中既有积极、正向,充满正能量的事件,也有消极、颓废,挑战社会道德底线的恶性事件。思政课上焦点讨论这一实践教学环节,就是要培养学生对于某一重要的热点问题进行理性思考、分析的能力,同时在一节完整的思政课上让学生感受到课堂的焦点环节对自己启发很多,自己也收获很多,学习有获得感。

　　焦点讨论本身也是激发学生思考的一种非常好的方式,讨论意味着表达,而表达必须有思考的过程,要想表达得好,就必须有一个缜密的思考过程。因此,焦点讨论看似是对某一个热点问题、事件的讨论,实则也是对学生思考能力的培养和锻炼。

三、案例分析

　　案例分析是课堂上经常使用的一种实践教学方式,案例的选择和引入是一个非常需要谨慎、认真的事情,需要教师花费很多心血去选择、甄别,同时案例分析对于学生来说又是非常有吸引力的一种实践。因其真实性以及内容的丰富与曲折性,学生非常有兴趣去了解案主到底发生了什么,通过案例的描述去思考他为什么会这么做,他这么做有何不妥,他应该怎么做,等等,在这一系列的分析和思考过程中,学生对于某个人物、某个事件就会有更进一步的认识,甚至会对照自己生活中的行为进行思考,从而产生对事物的新的认知和行为,教学效果也会非常好。

(一)设计思路

在第二章"坚定理想信念"的教学过程当中,可以设计"案例分析"这一实践教学环节,以真实的案例来引导学生分析生活中他人的真实事件,感悟理想、信念对于一个人成长、成才的重要性。在意识到理想之重要性的基础上,使学生树立崇高的理想,并且在实现理想的过程中能够有坚定的信念,以一种坚忍不拔的意志来实现自己的人生理想,而且在实现自己人生理想的过程中能够与社会理想结合起来,达到在实现自我的同时造福社会的目的。

1. 选题目的

"坚定理想信念"这一章是要告诉学生漫漫人生路,只有激流勇进、奋力拼搏,才能实现自己的理想,然而,实现理想的道路上不可能一马平川,可能会充满了曲折、荆棘甚至很多诱惑,只有坚定的意志和信念才能实现理想,为国家和社会贡献自己的一分力量。通过课堂上的案例分析这一具体的实践,可以让青年学生认识到理想与现实之间的距离需要我们每一个人用自己的艰辛努力和坚定信念来弥补,同时在实现理想的过程中总会有干扰、诱惑出现,犹如一艘船要想到达彼岸,必须穿越重重迷雾,不断辨识自己的航向,朝着灯塔的方向航行,理想和信念缺一不可。案例分析中的案主既有正面、积极的,也有反面、消极,需要青年学生自己去辨识、分析,从而启发自己达成所愿。

2. 实践要求

案例分析不同于分享会,学生自行选择认为对自己有启迪的人和事来分享;也不同于焦点讨论,就某件近期的热点问题进行全方位的分析。案例分析是对某一个具体的案例进行分析,而且分析要结合自己当前学习的思想道德修养与法律基础第二章"坚定理想信念"这部分内容进行。为此,首先要求思政课教师的案例选择有科学性,要合理,适合用本节课所学知识进行分析;同时要求学生要用本节思政课堂上所学知识对案例进行分析,而不是像一般讨论那样天马行空般地自由分析,因为这样就容易偏离案例分析的主题而失去了案例分析这一实践教学方式的实践价值。任何一个案例,都可以从各个角度进行分析,比如一个青年学生由品学兼优到阶下囚的案例,既可以从社会学的视角分析,也可以从管理学的角度分析,还可以从心理学的视角分析,而思政课上的案例分析希望学生从理想、信念的角度来分析,进而对学生自己的未来发展有所启发、启迪。

3. 活动评价

评价主体由思政课教师和本班学生共同担任,学生评委可以由学生自荐,也可以由小组推选产生,为了保证课堂整体时间把控,最多只能有 3 名学生担任评委。主要评价的指标有:是否结合本节思政课所学内容对案例进行分析,案例分析的时间把握、案例分析过程中学生自身观点正确与否,是否对分析案例时出现的偏激观点进行了纠正,等等。

(二)参考资料

资料一:为什么而出国留学?

乐一吟 3 年前毕业于北京大学英语系。毕业后她直接去了日本。我问她去日本的缘由,她说她有一个亲戚在那里。我一下子就知道了她的留学结局一定很不幸:留学这样决定前途的大事情,如果理由是一个亲戚的话,结局一定不会好到哪里去。

乐一吟去了日本。首先要学日语。我问她为什么想学日语? 她想了想,告诉我:既然到了日本,总得学日本语言吧。对于如此重大的奋斗行为,她的回答就是这样缺少理由。日语学了一年多,她想总得读个什么学位吧。于是 24 岁的她,报考了日本一个不知名的大学,开始攻读历史学硕士。我问:你为什么要读历史学? 乐一吟无奈地说:"既然来了日本,就要在日本读下去,免得半途而废。"

3 年后,迷失在日本的乐一吟第一次回到北京。北京已经大不一样。最使她震撼的,是发生在同学身上的变化。同学有的做了电视台的主持人,有的做了客户经理……最让她无法忍受的,是他们对自己生活的自信和快乐,纷至沓来的机会使他们没有时间感到无聊、空虚。

乐一吟的悲哀在于,在日本苦读了 3 年,却突然发现完全没有必要来日本留学。她问我:"那你说怎么办呢?"

（资料来源:徐小平.图穷对话录[M].北京:光明日报出版社,2002.）

资料二:用脚插上理想的翅膀

手脚是人身上不可分割的部分,二者功能不同,也不能互相替代。如果一个人失去了自己的双手,那意味着他将失去原本属于双手去探索的很大一片领域。刘伟就是这样一个失去双手,却能用双脚为自己的理想插上翅膀的男孩。北京男孩刘伟 10 岁时因意外失去双臂,他没有因此一蹶不振,而是对命运反戈一击,不但绘制了理想的蓝图,而且用自己的双脚和坚强的意志完成了常人都难以实现的诸多梦想,用自己的亲身经历诠释了何谓理想、何谓信念。

想要成为一名足球运动员的刘伟,因为没有了双臂,万念俱灰,妈妈为了儿子能够重拾生活的信心,带着刘伟去拜访一位同样失去双臂的刘姓画家,画家娴熟的生活技巧令刘伟惊叹,叠被、写字、画画……原来脚也可以如此灵活,仿佛画家的生活从未因为失去双臂而受到什么影响。从此,刘伟开启了自己用脚演绎的精彩人生。经过一年多的艰苦练习,他已经可以用脚来吃饭、刷牙、穿衣……照顾自己的日常生活起居,慢慢地,他学会了用脚来写字、发信息、电脑打字玩游戏等,甚至比正常人电脑打字都快,这是他一年多辛苦付出的回报。热爱体育运动的刘伟还学习了游泳,并且取得了全国残疾人游泳比赛的诸多奖杯。这个对于常人来说都颇有难度的项目,对于刘伟来说是极大的挑战,没有双手,人在水中很难保持平衡,还必须换气,还得学习各种泳姿,其中的辛苦只有刘伟自己知道,但是他忍着疼痛,一直坚持下来,从未喊过苦和累。靠着自己坚忍不拔的毅力和坚定不移的信念,他获得了全国残疾人游泳锦标赛的两块金牌、一块银牌,若不是医生发出的警告——如若继续练下去可能有生命危险——他不会放弃了备战奥运的想法。

无奈放弃,对于刘伟来说是一件十分痛苦的事情,如同一个人在飞速奔跑之时突然被人喊停,茫然而不知所措。一次偶然的机会,刘伟被一段优美铿锵的琴声深深打动,他又做出一个惊人的决定:学钢琴,做用脚弹琴的"钢琴王子"! 此时,他已 19 岁。用脚弹钢琴无疑是一件极其困难的事情,钢琴前的专用椅子都是专为用手弹琴者设计的,当刘伟坐到椅子上,屏住呼吸,尝试着用腹部和腰部抬起大腿,用脚去触摸琴键时,他失去平衡,一下子摔了下来。但是这一摔反倒摔出了刘伟不认输的决心,在他过往的人生之路上凭借自己顽强的意志也从未认输过,就这样,刘伟让父母做了一个踏板放在钢琴前用来安放自己的脚跟,解决身体的重心问题。但是脚上的大拇指和手上的拇指岂能一样,脚上短而宽的大拇指总是会带动其他琴键,只有无数次的练习才能克服这个难题。

刘伟一次次的尝试、纠正、改善和提高,十根脚趾头都被磨得不成样子,终于他成功了,终于能够灵活自如地弹钢琴了。两个多月后,刘伟可以左右脚进行和声演奏。3个月后,他第一次完整而顺利地进行了乐曲《雪绒花》的演奏。6个月后,他近乎完美地弹出了达到钢琴七级水平的《梦中的婚礼》。2006年,刘伟加入北京市残疾人艺术团。他参加过北京残奥会闭幕式垫场演出,还参加过北京电视台的《唱响奥运》节目,在参加东方卫视《中国达人秀》时,23岁的刘伟说:"我的人生只有两条路,要么赶紧死,要么精彩地活着。"是的,他选择了"精彩地活着"!如今的刘伟,不仅能够弹琴,还能够作曲、编曲和填词,还开过"哥特"音乐主题酒吧。与此同时,他还创办了"拥抱朝阳公益基金"帮助那些身处困难的人们。高远的理想和坚定的信念陪伴他克服了无数困难,走出了阴霾,走出了真正属于自己的一片天空。

资料分析:

青年学生正处于人生发展的关键期,而大学时期的特殊价值与意义有两个方面,一是通过大学期间的刻苦学习与实践,为自己将来的人生和事业发展明确目标与方向;二是为自己将来步入社会、职场积累能力和奠定素养基础。两者相比较,方向和目标的选择与确定更为重要,因为确定了人生发展的方向和目标才能清楚自己未来应该储备什么样的能力与素养。从青年大学生个体来看,如若没有一个高远的理想,就会被眼前的小事、琐事分散精力,被奋斗过程中遇到的难事消磨意志;树立崇高的理想,确立明确的人生发展方向和目标,在未来的人生之路上才能做到胸有成竹,事业才能蒸蒸日上。

青年时代确立崇高、远大的理想很重要,而现实情况往往是理想很丰满、现实很骨感,理想和现实之间总是有着不小的差距,需要克服很多的困难方能实现,在这一过程中很多人就匆匆地放弃了。虽说确立正确的方向很重要,但是有了方向之后能否坚持下去则更为重要,这就需要一份坚定的信念支撑。无臂少年刘伟的事迹给当代青年学生树立了一个很好的榜样,这其中最让人钦佩的就是他的坚定信念和意志,无论遇到什么困难,他都坚信,我要精彩地活下去,而不是畏难、退缩,坚定的信念是无臂少年刘伟实现自己人生理想的重要支撑,也是当代青年学子应该向他学习的地方。

人生是一个在实践中奋斗的过程,在漫长的奋斗过程中,只有树立起崇高的理想信念,才能够解答好人生的意义和奋斗的价值。崇高的理想信念能够让青年大学生在面对各种挑战、抵御各种诱惑、突破各种局限、克服各种困难时有满满的力量,同时整个人也能够从狭隘不断走向高远,从空虚走向充实,在人生的成长过程中不断攀登、不断完善。

(三)注意事项

案例分析要求教师在选取案例上做到精挑细选,以期选取最佳的案例在课堂上与学生一起进行分析。一个案例能称得上是思政课堂上的好案例,首先它应该紧跟时代步伐,不至于使当代大学生一看到就产生过时、落伍的感觉,进而失去阅读的兴趣;其次,案例应该与本节课的教学内容紧密相关,因为案例是为教学服务的,偏离了教学目标和内容,再好的案例对于课堂来说也不是一个好案例;最后,案例应该具有典型性,让学生通过分析此案例,能够举一反三想到其他类似的人和事,同时也能激发学生对自己的反思。

案例分析要求教师在教学过程中就某一个案例进行阐述,具体来看,案例分析包括案例背景、案例描述、案例分析三个组成部分,作为一个案例呈现,教师必须将案例中事件发生的时间、地点、人物,事情的起因、经过和结果等信息有一个详细的阐述,同时为了引导学生从案例分析中真正有所思考和收获,还要设计不同数量的、彼此之间有着层层递进关系的问题进行提问,充分发挥案例分析这一实践教学形式的重要作用,而不是简单地阅读一下案例,草草分析一下了事。

案例分析要求学生必须对案例有个全面的认识,要了解事件发生的基本背景和经过以及案例中案主的性格特点等,在此基础上再对案例进行深刻的剖析。一方面培养学生获取完整、详细信息的能力,而不是断章取义,去认识一件事、一个人,另一方面培养学生剥洋葱般层层分析事件或者人物的能力,培养思维的缜密性,这样在将来面对某一问题的时候才能有缜密的思维去思考和分析。

案例分析要求学生运用思政课上所学的知识对教师课堂上所提供的案例进行分析,学会运用思政课的话语体系对案例进行分析,在分析的过程中要有自己鲜明的观点,不能含糊不清、似是而非;同时在进行案例分析的过程中要注意时间的把控,组织好自己的语言,在规定的时间内,清晰地表达自己对案例的认识。

（四）总结思考

青年学生大部分时间是在校园中度过,他们还没有真正踏入社会,缺乏对社会中的人和事的了解,更缺乏社会中的实践经验。案例分析是一个很好的课堂实践教学形式,它把发生在高校校园外的人和事在课堂上呈现,让学生通过案主的经历来了解个体,了解社会,了解人与社会之间的互动。

思政课上的案例分析如同一面镜子,因为案例都是真人真事,青年学生在分析案例中案主的言行、思维方式时也或多或少能够发现自己身上也存在着跟案主类似的缺点和不足,案例中案主如何改变,结局如何,都在给阅读、分析该案例的青年学生以启迪,这一点是思政课教师仅仅通过自己的讲述无法达到的效果。

四、角色扮演

角色扮演是以学生为中心的教学互动,是一种提高学生参与积极性的实践教学形式。作为课堂实践教学的重要形式之一,角色扮演的实践效果历来都非常显著,深得思政课教师与学生的喜爱与认可。角色扮演其最主要的目的主要有两个,一方面,要让学生用自己所扮演角色的思维去思考,去行动,去揣摩自己所扮演的角色本人是怎么想的,他应该怎么做,他为什么会这样做;另一方面,通过角色扮演,青年学生也能感受到面对他人对待自己的某种态度时自己的感受是什么样的,而这种态度恰恰是自己曾经用来对待别人的态度。角色扮演在思政课教师的精心设计之下,能够让青年学生通过扮演不同的角色来获得不同的感受,对他人、对事物有一个更为真实、全面的认知。

（一）设计思路

在第四章"明大德、守公德、严私德"的教学过程当中，职业道德、家庭美德以及社会公德是当代青年处理好与同事、家人、社会之关系的重要媒介。在单位如何与同事相处、在家庭中如何与家人互动、到社会公共场所中如何与他人交流都是既需要一定的道德涵养，又需要一定的沟通技巧，对个体的要求非常高，而这种能力的培养和获得也绝非一朝一夕之事。这其中最重要的是要作为一个个体能够换位思考，懂得去理解他人，站在他人的角度去思考问题，理解他人的不易，感受他人的需求。换位思考说起来容易，但是做起来却非常难，角色扮演就是一种能让扮演者深刻体验对方感受的实践教学方式，因此，在这一章设置此课堂实践教学环节非常有意义。

1. 选题目的

传统教学主要是以教师的讲授为重点，学生只是被动地听课和做笔记。这种教学方式对于高职院校的青年学生树立正确的从业态度、培养良好的行为、掌握实际操作技能、提高人际交流和沟通技巧等来说都存在着极大的缺陷。而角色扮演这种实践教学形式能让高职学生在模拟的场景中进行实际练习，从而能很大程度克服以上缺陷。同时，角色扮演的精髓就在于引导和启发人们进行换位思考，能够了解和体谅他人，感受他人的工作环境，体验他人此时此地的真实感受，从而对他人多一份包容和谅解，对自己多一份自律和约束，进而提高当代青年大学生以及整个社会的道德素养与水准。

2. 实践要求

角色扮演这一课堂实践教学形式通常至少需要两个及两个以上的学生参与，扮演某一事件中的双方或者多方角色，让学生体验理智与冲动者带给他人的不同感受，同时还可以结合高职学生所学的专业，将专业知识与思政课上所学知识有机结合并呈现出来，让学生在具体实践中获得真实的感受和体会。例如，以法律文秘专业为例，以某个庭审现场为基本背景，让学生进行角色扮演，感受缺乏道德与法律意识的伤人老赖对被伤害者造成的严重影响。学生们一个扮演法官，一个扮演原告，一个扮演被告，还可以有原告和被告代理律师的扮演者，他们的表演基于特定的学习目的，按设计好的剧本进行表演。而其他学生则作为观众，按照事先确定好的各种评估标准仔细观看，并开展积极的评论，最后对法官、当事人、律师等的角色扮演进行评估。尽管作为观众的学生没有参加角色扮演，但身临其境的感受对他们提高法律思维和能力，以及提升自己的道德素养都具有极大的益处。最后，教师要对此次角色扮演的教学目的是否达到、学生的表演是否到位、扮演法官角色的学生对当事人的言行及处理是否得当做出总结性的发言。

3. 活动评价

评价主体由思政课教师和本班学生共同担任，学生评委可以从进行角色扮演的学生和观众当中各选两位，让扮演者和观众分别从不同的角度对这一实践环节进行评价，并注意掌握好时间，每人 3 分钟，不能超时，以免影响整个课堂教学的进度。教师作为评价的主体，其主要评价指标是学生角色扮演得是否到位，对于人物言行的把握以及学生评价是否中肯等方面。角色扮演这一课堂实践教学环节最重要的评价依据就是学生是否在扮演和观看的过程中有所感悟和启发，对他人的处境、对社会的发展阶段有所体认，进而在未来不断更新自己的思想，修正自己的言行，努力做一个有责任、有道德、有担当的新时代的新青年。

(二) 参考资料

资料一:《变形记》感受不一样的人生境遇

湖南卫视有一档生活类角色互换节目叫作《变形记》，是一档纪录片 + 真人秀的创新节目，这档节目结合了当下的社会热点，寻找热点中的真实人物，安排他们进行互换人生体验，参与节目的双方约定互换角色七天，到对方真实的生活环境中去生活七天，体验对方的生活。节目同时全程每天24 小时跟拍，稍加剪辑之后原生态播出。

在《变形记》节目中有一集名称为《完美公式》，讲述的是一位上海家境殷实的少年和一位云南大山身处彝族贫困少年的互换生活。上海嘉定少年于沛丰，家境富裕，15 岁，曾经学习非常优秀，但是后来沉迷网络，逃学，不爱说话，整日宅在家中，对人冷漠，甚至有时还会对自己的母亲拳脚相加，成为典型的"网瘾少年"。在于沛丰眼中，他的完美公式就是"吃饭 + 睡觉 + 上网"。

而在云南大山身处的彝族贫困少年毛志良，虽然只有 15 岁，但是他特别懂事，懂得父母的辛苦与不易。毛志良的父母在当地的砖厂工作，每日靠背砖所得的微薄工资供他们两兄弟上学。因为家庭贫困，毛志良特别懂得节俭,每每用自己省吃俭用节约下来的钱,给父母买袜子,希望父母穿着自己送的袜子能一切顺利,每一步都能稳稳当当。在毛志良的眼中,他的完美公式就是"辍学打工+家庭幸福"。

第一次离开父母的于沛丰来到了条件十分艰苦的云南农村,在《变形记》开始的前两天他还以少爷自居,一碗快餐面都让他很不愉快,而接到大毛的一封信又让他非常感动,萌生很多感触,毛志良一家人善良而淳朴,为了给远道而来的于沛丰改善生活,将本来准备用来给两个孩子攒学费的小猪杀掉,只为让城市里长大的于沛丰能吃到肉。而生在上海大都市一向都不吃猪肉的"大少爷"也啃起了猪蹄。当他得知猪蹄猪肉的由来时颇为震动,思想也发生了非常大的转变。他曾经砸碎的电脑价值8 000多元,在他看来可能不是什么,但是这笔钱在当时相当于一个农村家庭好几年的年收入,于沛丰后来游历泸沽湖,在庙宇里许下愿望,希望妈妈能够多抽出些时间来陪陪他,后来他又用自己干活挣的钱给爷爷买了一盒香烟,在默默等待着毛志良回来时大家一起照个全家福,于沛丰的改变在不知不觉中,他的内心虽有诸多不适,但是却不停在成长,渐渐能够懂得他人的不易和父母的艰辛。

毛志良从未离开过家乡,这一次是他第一次走出了大山深处,来到一片繁华的大上海,感受不一样的人生。他非常细心,而且十分懂事,买来报纸给有眼疾的外公读报纸听,每天主动打扫卫生,给工作忙碌的新妈妈煮汤圆。新妈妈也十分喜欢他,带他去东方明珠电视塔,带他去游乐场,母子俩玩得特别开心,妈妈也重拾往日里的微笑。毛志良在快要离开上海前到动感101电台给新妈妈留下令人感动的肺腑之言,同时还给新妈妈演唱了一首彝族民歌《妈妈》。上海的新妈妈在得知毛志良家只能供得起一个孩子上大学时,毫不犹豫地决定只要能考上大学,她将捐助毛志良读完大学,并且在公司股东大会上发起倡议捐助毛志良学校。最后两位互换人生的主人公相见,全家都留下了美好的瞬间,两个年纪相同的15岁的少年也一起度过了庄重的彝族成人节。整个节目中两位少年互换七天生活,两个家庭有机会与别人家的孩子近距离接触七天,各自感受都非常深刻。由此可以看出,家长对待子女的完美的公式就是"温暖关心+心平气和+肯定鼓励",只有这样的亲子教育才能塑造幸福、美满的家庭。

如果没有七天互换人生的真实体验，于沛丰可能还需要很长时间才能理解父母对自己的那份炽热的爱，可能还会继续沉迷于网络游戏不能自拔，他的那份冷漠还会持续让父母感到难过和无奈。如果没有那七天互换人生的真实体验，毛志良可能还需要很长时间才能有机会走出大山深处，去见识那车水马龙、人流如织的繁华都市，去见识不一样的人生，去感受另一个生活环境中人们的生活方式和思维方式。如果没有两个孩子的互换，两个家庭也不可能有如此近距离的接触，家人也无法真实感受不同家庭孩子性格习惯的迥异，对待生活、人生的态度，家庭对于孩子的巨大影响以及各自对于幸福的诠释。

《变形记》这档节目最为重要的一点，它给当代青年一个充分换位思考的机会和环境，让参与者能够真实体会对方外在的生活环境与内在的心理感受，在今后的人生中能够懂得体谅和善待他人，珍惜现在拥有的美好生活。其实，课堂实践教学中的角色扮演，其目的就是要让青年大学生学会从他人的角度和生活环境出发去理解现实生活中的很多人、很多事，改变以往一切从自我出发，以自我为中心，以自己为尺度去认识世界的想法和做法，努力成为一个能够理解他人、懂得感恩、具备较高道德素养的人。

资料二：胡德斌的《父亲》及其现实映照

一个老者蹲在阳光里，从清早开始，他在这儿蹲了整半天了。

此刻，他正清点他半天的收获，一张张皱巴巴的票子在他的膝盖上展平，然后，小心翼翼地叠好。他是来卖油果儿的。自从儿子娶了那个女人回家，在家里他日益显得碍手碍脚了。然而，他总得谋一个生计。于是，他想出个主意，每天到对门店里揽一篮油果儿，拿到这儿来卖。行人如潮，谁也不去注意他。

一天，她背了个画夹子偶尔经过这儿，目光一下子被他吸引住了。她胸前别着枚好看的校徽。这些日子，她正为毕业作品犯愁。

她走向他，像株小白杨，"小白杨"轻轻叫了一下："老人家，我给您画张像，好吗？"

画像？他瞪起眼，脸绷得紧紧的，继而，他抬起头，眯着眼睛打量了她一会儿，嘴角狡黠地咧了一下："画吧。不过，这些油果儿你全买了。"

"嗯。"她应着。

"五毛一个,十个,拿五块吧!"他转而一想,忽然起了"敲"她几个的念头。她踌躇了一会儿,掏出钱递过去。他犹豫了片刻,将五块钱捏在手里。

他往阳光里挪了挪,背靠着一截老树。她打开画夹子,用恬静、温柔的眼睛注视他。他让她看得浑身不自在,避开她的目光,朝远处看去。远处,有些迷蒙,一位年轻的父亲牵着他的儿子,一路上蹦过来,那顶小花帽真漂亮。他叹了口气,眼底闪过一丝温情,然而,温情一瞬间便过去了。

她合上画夹子,将十个油果儿留给老人。要了他的地址和姓名,她像一朵云飘走了。

两个月后,他收到她寄来的信,信中还有一张市美术馆画展的参观券。

展览厅里,许多人围着一幅画,他也好奇地挤了进去。画面上一个苍老、寂寞的老人,蹲在一株老树下,老人的目光阴沉而悲哀,一缕阳光留恋地停在他的脸上,他的眼里透出一丝慈祥与温情。他和他对视着。他猛然间发现这个老人正是他自己,他的脸陡然羞得绯红。半天,他将目光游移出这幅画,在一张小纸片上,他吃力地读到那两个字:"父亲"。

父亲,这熟悉而遥远的名字。有那么好几次,他的儿子、儿媳妇带着孙子经过他这个卖油果儿的老头儿身边时,竟离得远远的,像躲瘟神。他痛苦地哽咽起来,浑浊的老泪像虫一样爬出眼眶……

好些日子过去了,美术馆前,有个老者总蹲在那儿,手里捏了把皱巴巴的票子,说是要给女儿的。

胡德斌的这一现实版的微型小说《父亲》虽然篇幅非常短小,但是却让人印象异常深刻,它既反映了现实生活中父亲这一角色的艰难,又反映了现实生活中种种让人感到愤慨的社会现象。《父亲》中的"父亲"是苍老而落寞的。我们相信,在现实生活中仍有很多这样的父亲,在风雨的侵蚀中日渐苍老,在爱的失落中日渐落寞。父亲作为一个男人,用他的脊梁肩负着妻儿所有的重托,生活的重荷不允许他们倒下,只能为一个千金重的"爱"字奋斗、拼搏,直至流尽他身上最后一滴血。在我们成长的同时,父亲也在逐渐苍老。我们延续了父亲的生命,却残酷地挥霍了他的青春。我们常认为父亲是最高大、最坚强的,可最高大、最坚强的男人也会脆弱。更甚的是,当有的人发现父亲那被生活压弯了的脊梁再也无法承受他成长的重量时,他就冷落了父亲甚至抛弃了父亲。

多年前在南京大学宣传板上张贴的一封"伤心父亲给大学儿子的信"曾轰动一时,而刊登于《经济日报》的农民父亲来信《儿子在大学怎没学到良心》更是震撼人心。同样辛酸的父亲声泪俱下的倾诉无不让人为之动容。父亲面朝黄土背朝天的艰辛换来的却是孩子在外的灯红酒绿,父亲的泪与汗换来的是孩子的奢与骗。这样的做法算不算是对父爱的一种挥霍和践踏呢? 羊尚有跪乳之恩,鸦且有反哺之义。兽犹如此,人何以堪? 在我们的现实生活中,有不少青年如同《父亲》一文中所描述的那样,从小到大理所应当地享受着父母、社会给予的一切美好,却不懂得尊重、善待为自己付出了所有且日益衰老的父母,啃老啃得理直气壮,更别提善待他人与社会。这种道德缺失的现象在当代青年人中时有出现,值得我们警醒,如果青年大学生能够经常换位思考,理解为人父母的不易,理解他人对自己的包容,理解社会、国家对自己的保护,我们的社会才会更和谐,更富有正气,我们的国家也才能更有希望。

资料分析:

道德是以善恶为评价方式,主要依靠社会舆论、传统习俗和内心信念来发挥作用的行为规范的总和。所谓善,既有普济天下、感怀苍生的大善,也有赠人玫瑰、手有余香的小善,无论何种善,只要尽力而为——尽力为身边的人做点力所能及的事——就是一个人善的体现,同时也是道德素养的体现。资料《变形记》中的少年虽然只是互换几天的生活,但是都能在内心激起一丝对父母、对他人的理解和体谅,懂得善待周围的人,这本身也是其善的表现,也是其道德意识觉醒的表现。

道德本身内含有对荣辱、对错的认知和践行,知荣辱、知对错可能不是非常难的事情,但难的是在现实生活中,一个人能够持之以恒地去践行对的事,凡事能够换位思考,体谅和理解他人的难处,并在此基础上真正懂得他人的需求,能够去真心实意地帮助他人。资料当中的父亲,是一个极其平凡的人,岁月的镌刻让他不再伟岸高大,日后也会变得日益羸弱,但是这不应该成为我们不体谅和孝顺他的理由。现实生活中,少数年轻人在父母日益羸弱之时非但不在膝下尽孝,反倒会有持续啃老抑或将老人扫地出门的不耻行为,让人愤怒。青年大学生学习思政课,学习道德,了解道德之由来、发展与具体内容,无疑是要真正肩负起将中华民族的传统美德传承和发扬下去的重任的。

（三）注意事项

角色扮演这一课堂实践教学的主要目的在于通过扮演不同的角色,让青年学生对自身平日的言语、情感、行为、思想能有一个反思的机会,因此对于角色扮演者的要求较高。要求扮演相应角色的学生首先要揣摩好所扮演角色的心理,其次将角色的言行逼真地表演、展现出来,最后还要紧密结合思政课堂的教学内容进行。

角色扮演对于教师的要求主要体现在对于表演现场及表演效果的把控上,因为一场精彩的表演能让所有学生的内心都有所震动和感受,而一场糟糕的表演则既浪费宝贵的课堂时间,又让学生倍感失望,进而对实践教学失去兴趣。因此,教师既要指导台上学生的表演,又要注重调动台下学生关注的反应,还要保证表演不能偏离思政课的教学内容,要与本节课教学想要表达的内容密切相关。

（四）总结思考

角色扮演主要是通过学生表演的形式让大家有所感悟、思考,因为学生的表演大都很青涩,甚至有些蹩脚,所以时不时会有让大家爆笑的情节,但是绝对不能让角色扮演这一实践教学形式沦为学生一笑而过的环节。思政课教师应该积极发掘学生扮演过程中积极的一面,闪光的一面,以引发学生整体对于某一事件的思考与讨论,将表演展现的现实与思政课教学中的具体理论内容相结合,让学生感受到思政课既富有理论性的一面,又有特别贴合实际接地气的一面。

第三节　校园实践教学

一、校内调研

校内调研是了解当前青年学生心理、思想与行为的重要渠道,也是高校思政课校园实践教学的一种重要形式。校内调研主要的调研群体为高校青年学生,调研者多为高校师生,调研的对象也多为高校学生,而调研的主要手段是问卷调查和访谈调查法,一般都是问卷调查结合深度访谈,青年学生进行校内调研的过程也是了解同学、了解学校、了解当代青年学生状态的一个重要渠道。进行校内调研首先需要在校园内进行相关数据资料的收集，这对于青年学生的表达能力、沟通交流能力就是一个非常重要的锻炼，在收集资料的基础上还需要对资料进行高效的整理和分析，这也是对学生缜密思维能力的锻炼。调研不但要调查现实情况，更为重要的是能够从调查所得的数据中发现问题，分析和寻找问题产生的原因，进而探索解决该问题的具体方法和路径。因此，校内调研是对青年学生综合能力的一个锻炼，同时也是思政课教师深入了解当代青年学生尤其是自己所教学生特点的一个非常重要的渠道。

（一）设计思路

调查研究是一个极具专业性的工作，它要求问卷的设计，数据的整理、分析都必须严谨缜密，容不得半点马虎。在进行校园实践教学中校内调研这个环节时，要求教师做好指导工作，而且调查研究应该以小组为单位进行，小组内成员分工合作共同完成。身处网络信息化时代，青年学生在进行调查研究时可以充分利用网络信息化手段，无论是在最初的数据收集、调查阶段，还是在中期的数据整理分析阶段抑或后期的成果展示阶段都可以引入信息化手段。一方面提高小组调查研究的效率，另一方面紧跟时代步伐，综合运用多种方式手段进行调查研究，同时充分发挥当前信息化手段在调研过程中的辅助作用。

校内调研是一种了解当代青年状况的重要实践活动，通过校内调研，可以了解当代大学生在学习、社会交往、婚恋、就业、社会公德、遵守法律、日常消费以及人格发展等方面的具体情况和存在的问题，在校内调研其他同学的同时也可以对照自己，发现自己在这些方面存在的问题和不足，进而加强学习，加强自律，不断提升自己、完善自己，服务社会。

在思想道德修养与法律基础的教学过程中，校内调研主要是以思想道德修养与法律基础所学理论知识为基础，青年学生在思政课教师的专业指导之下，以调研的具体方法为手段，带领学生学习进行社会调查的基本步骤，了解在调查研究过程中应该掌握的基本方法，以及调查研究过程中的注意事项，经由实际的调查研究让学生将课堂所学与生活实际相结合进行认识，透过现象，认识事物的本质和规律。

高职院校大学生从进入学校那一刻起就有着与其他一般高校不同的地方,即很强的职业性,高职院校大学生的职业意识和就业心理普遍都比较强烈。这里以高职院校大学生的就业心理调查为例,简要介绍校内调研的组织与实施的具体流程,以帮助青年学生学会运用这一方法去认识学校、认识社会。

1. 校内调研的基本流程

校内调研最基本的方法就是问卷调查法,而问卷调查绝不仅仅是学生自己坐在教室设计一份问卷,简单找一些同学填写一下、统计一下即可,而是必须遵循严密的调查步骤方能获得翔实的调查资料。此外,问卷调查只是校内调研的一个重要方法,但这一方法也不是万能的,也有其不足之处,所以要想全面了解某一个方面的情况,除了问卷调查法外还必须辅之以访谈法,通过深度访谈的方式去弥补因为问卷调查而难以获得的信息和资料,从而保证调研能够获取全方位的资料。

具体来看,进行问卷调查第一步要做的是进行探索性工作。所谓探索性工作就是通过相关文献回顾、校内实地考察、访问该领域的专家学者等步骤初步认识待研究的问题。例如,想要研究高职院校大学生的就业心理状况,需要先进行文献查阅和回顾,了解一下在此方面学者们研究成果的多与少,学者们对此问题研究到什么程度了,对此问题的认识如何。在进行高职院校大学生就业心理方面的文献回顾时,我们发现当前学者对大学生就业方面的研究较多,但是专门针对高职大学生,特别高职大学生的就业心理方面的研究并不是很多。而且,高职大学生的就业心理既包括高职大学生对自身各方面能力的评估,也包括他们对外在就业岗位、就业环境等方面的认知,还包括他们对于未来工作的态度、价值等方面,在此基础上再设计相应的调查问题。

校内调研的第二步即设计问卷初稿。设计问卷初稿是在前面进行探索性调查的基础上,通过设计相应的问题来了解被调查者在就业心理方面的真实情况。一般在设计问卷初稿时,可以采用卡片法或者框图法。卡片法就是在设计问卷时将零星的每一个问题都记录在一张卡片上,然后再对卡片进行分类,删除重复或者相近的问题,删除可有可无的问题,并对剩余问题设计给出答案,然后再将不同类型的卡片按照一定的逻辑顺序进行排序,并将问题进行编号。至此,问卷初稿完成。例如,以高职院校大学生就业心理状况调查为例,在设计问卷初稿时,学生可以先将自己想到的问题书写到卡片上;然后再对卡片进行分类,如哪些是高职大学生对于自身各方面能力的认识,哪些是对外在就业岗位、就业环境的认知,哪些是学生整体的就业态度、价值观,接下来为问题设计答案,同时答案要满足穷尽性和互斥性;最后再将这些问题进行排序。这样,关于高职大学生就业心理的初步问卷就形成了。

第三步即进行问卷试用和修改。问卷在设计完成后不宜立刻就进行大规模的调查,而是一方面要将问卷发放给少数专家、学者进行主观的评价,同时还需要在小范围进行问卷试用,如在小范围发放不超过 30 份问卷,让学生进行填答,以期得到其较为客观的评价,同时及时发现问卷在哪些地方还存在不足和需要修改的地方。如发放问卷填答的过程中,不少学生发现部分问题的答案中没有自己可选的选项,也即问题答案没有满足穷尽性,还有一些问题被调查的学生都没有进行填答,可能是因为问题的描述存在问题,导致被调查者无所适从,不知该如何作答,这类问题也需要进行修改。总体来看,在试用的基础上对问卷进行修改,主要就是对问卷的语言、提问方式、次序、问题数量、回答时间等方面进行具体的修改。

最后一步就是问卷的定稿和印制。即对已经修改好的问卷进行排版,注意版面的设计、字体、行间距、整体外观等,使得问卷整体来看整齐、醒目,有利于被调查者进行答题,最后才可以印刷问卷以备后续大规模发放使用。

2. 教师在校内调研中的职责

(1)校内调研活动的整体设计。调研活动是一个非常严谨缜密的工作,而青年学生又缺乏调研的专业训练,所以思政课教师必须根据课程教学大纲并结合青年学生的实际情况设计调研的主题,并向学生讲授调研的具体步骤和程序,为学生提供一个较为明晰的调研设计框架和技术支持。

(2)调研活动的具体组织。调研活动是一个团队协作的工作,一个人无法完成,因此需要教师指导学生组建团队,以团队或者小组为单位开展调研活动。教师需要指导团队选出自己的领导者,做好团队成员的具体分工,帮助每个团队确定自己的调研主题和调研具体方案、调研工具方法的选择等,确保调研过程的顺利进行。

（3）指导调研报告的撰写和评阅调研报告。一份调研报告有它既定的格式要求和篇章结构，很多学生往往在调研过程中很认真，但在调研报告的撰写上却比较随意，因为他们不知道调研报告的撰写格式与要求，这就要求指导教师必须对学生进行调研报告撰写的培训与指导。同时，要对学生上交的调研报告进行认真审阅与仔细修改，并进行成绩的评定，最终帮助学生不但学会如何开展具体的调研活动，而且能够撰写规范完整的调研报告。

3. 学生在校内调研中的任务

（1）认真学习领会调研活动的总体要求。调查研究有自身的具体流程和规则，在开始具体的调查研究之前，学生需要认真学习这些规则与流程，并且领会调查研究的总体要求。唯有如此，方能保证整个调查研究向着正确的方向推进。

（2）确定调查研究的主题。调查研究主题的确定非常关键，主题选取不当，可能整个过程都是徒劳，没有任何调查研究的意义和价值。一个真正反映当前青年学生学习、生活、思想、行为等各方面或者某方面情况的调研主题，或者反映当前高等职业院校相关情况的调研主题，才算是一个合格的调研主题。而且这个调研主题的确定，不应该是某个人的想法，而应该是整个小组集体智慧的结晶，同时也应该有教师的指导，这样才能真正挖掘一个有调研意义和价值的主题。

（3）开展调研，完成调研报告。从开展调查研究到最后调研报告的完成，一般限定时间为一个月。这一个月当中，7天用来进行探索性调查和调查问卷的设计与完成，7天用来进行校内实地调查，7天用来进行调查数据的整理与分析，10天用来进行调研报告的撰写。

（二）参考资料

资料一：关于高职院校大学生就业心理的调查问卷示范

高职院校大学生就业心理调查问卷

亲爱的同学：

您好！为了准确了解当前高职院校学生在就业方面的心理状况，以期为大家提供更好的就业辅导与服务，我们设计了这份问卷。调查问卷采用匿名形式填写,而且我们会对个人隐私进行严格保密,绝不外泄,请您放心。希望您能够按照自己的实际情况认真填写,非常感谢您对于我们此次调查的理解与配合。

1. 您的年级。

A. 大一　　　　　　B. 大二　　　　　　C. 大三

2. 您的性别。

A. 男　　　　　　B. 女

3. 您所学专业的类别是(　　)。

A. 法律类　　　　B. 文秘类　　　　C. 计算机类　　　　D. 安全类

4. 您选择目前所学专业的原因是(　　)。

A. 自己兴趣所在　　B. 父母亲友帮忙选择　　C. 学校调剂

D. 其他_____

5. 您现在对自己的专业有一定的了解吗?

A. 有　　B. 没有

6. 您认为您目前所学专业的就业前景如何?

A. 非常好　　B. 比较好　　C. 一般　　D. 不太好　　E. 很不好

7. 您认为提高本专业毕业生的就业竞争力的途径有哪些?

A. 加强专业学习　　B. 进行社会实践　　C. 增加实习经验

D. 提高沟通交流能力

8. 您对自己未来的就业有打算吗?

A. 有　　B. 没有

9. 您目前有没有为未来就业做过一些准备工作?

A. 有　　B. 没有

10. 您目前为就业做了哪些准备工作?

A. 认真学习专业知识　　B. 在实习岗位锻炼　　C. 参加就业指导课程

D. 向已毕业学长请教　　E. 没有任何准备

11. 您目前有没有制作过一份自己将来找工作需要用到的简历呢?

A. 有　　B. 没有

12. 您对未来就业有没有一个清晰的职业生涯规划?

A. 有　　B. 没有

13. 您对自己未来的就业前景持什么态度?

A. 非常担忧　B. 有点担忧　C. 顺其自然,不担忧　D. 没想过

14. 哪些原因导致您对未来就业比较担忧?

A. 实习经验不足　B. 对社会缺乏了解　C. 缺乏求职方法与技巧

D. 专业知识不够

15. 您毕业后会选择(　　　)。

A. 继续考研　B. 直接就业　C. 考公务员　D. 自己创业　E. 没有想过

16. 您毕业之后会选择在(　　　)就业?

A. 一线城市　B. 二线城市　C. 三四线城市　D. 没想过

17. 您未来的目标薪资是(　　　)?

A. 3 000—5 000 元　B. 5 000—8 000 元　C. 8 000—1 0000 元

D. 10 000 元以上

18. 在未来的求职过程中,您最看重的是(　　　)。

A. 薪酬待遇　B. 个人发展前景　C. 工作稳定　D. 工作时间、压力

E. 工作地点　F. 兴趣爱好

19. 毕业之后,如果工作不称心,您会如何选择?

A. 边干边找合适的工作　B. 辞职　C. 继续干　D. 努力提升自己的能力

20. 您目前在学校有没有得到就业方面的指导与服务?

A. 有　　B. 没有

21. 您认为学校应该在(　　　)方面为学生就业提供更好的服务呢?

A. 制定职业规划方面　　　　B. 制作个人简历方面

C. 提升就业指导课质量方面　D. 就业部门引进资源方面

22. 您在学校开设的就业指导课上是否有认真听讲。

A. 是　　B. 否

23. 请您具体说一说:在未来就业方面,您有什么想法或者规划?

再次感谢您对我们本次调查的支持与配合,衷心祝您学习进步、生活愉快!

资料二:高职院校大学生就业心理调查报告撰写示范
关于高职院校大学生就业心理的调查报告

一、调研背景

大学生活丰富多彩,但是面对即将要到来的就业,很多大学生的心情开始变得复杂起来,内心充满了迷茫与困惑。青年学生在几年的大学生活中得到了历练,自己无论在知识、能力还是人格发展方面都有了明显的进步和提升,有着较为强烈的就业期待和就业动机,学生们都希望能够尽快实现自己的人生价值。当前,随着科技的发展,社会和市场为青年学生提供的就业机遇越来越多,就业岗位与就业的方式也日趋多样化,青年学生在就业方面也有了比以往更大的自由度和可选择性,希望自己能够充分发挥自身特长,展现自己的才能。但是在具体的就业过程中,青年学生往往要面对很多之前自己无法预知的情况和困难,难免会出现心理上的一些矛盾与误区,了解当前大学生特别是高职院校大学生的就业心理,无论是对于高职院校学生自身的就业还是对于高职院校的就业管理工作都有着非常重要的意义,这也是开展本次调研的基本背景。

二、调研目的

了解当前高职院校大学生的就业心理状况,学生自己对未来就业的期待,自身对于未来就业是否做过相应的准备,学生对于学校在推进学生就业方面的需求等,以期为高职院校大学生未来的就业提供一个良好的心理环境和校内环境,促进当代大学生的成长与成才。

三、调查的时间与地点

本次调查历时 1 个月,其中开始的 7 天时间,主要是进行调查提纲的设计,开展探索性调查,进而完成调研问卷并定稿;接下来,就是用 7 天时间在自己的学校的校园内部按照一定样本选取办法进行实地校内调查;运用相关统计软件进行为期 7 天的调查数据的整理与分析;最后 10 天进行调研报告的撰写工作,完成调研报告并提交。

调查的地点为高职院校的校园范围内。

四、调查内容与方法

本次调查的内容主要有:(1)高职院校大学生的基本情况;(2)高职院

校大学生对职业的认知情况;(3)高职院校大学生的就业准备与职业生涯规划情况;(4)高职院校大学生的就业期待(地域、薪资、岗位等);(5)高职院校对学生就业的支持情况。

调查主要采用问卷调查法与访谈法相结合的方式展开。调查小组成员首先按照一定的比例在本校各年级、各专业、各班级中进行调查问卷的发放与回收,然后在此基础上又对30名不同年级的学生和教师进行30~60分钟不等的深度访谈,以搜集更为翔实的资料。

五、调查过程

11月1日—11月3日由×××负责制定调研方案,收集初级资料;11月4日—11月7日由×××和×××组织设计调查问卷;11月8日—11月15日由×××和×××负责调查问卷的发放与回收;11月16日—11月23日小组成员对原始资料进行汇总、整理和分析;11月24日—11月30日小组集体撰写调研报告。

六、问卷回收基本情况

问卷共计发放300份,由于得到学校师生的大力支持,300份问卷得以全部回收,问卷回收率高达100%,其中有效问卷288份,无效问卷12份,问卷有效率为96%。

七、数据与分析

(一)高职院校大学生基本情况的调研分析

问卷从性别、年级、专业类别、选择目前专业的原因四个方面展开调查。通过对回收问卷改变数据分析可以从总体上了解当前某高职院校大学生的基本情况。一方面可以看出调查选取的样本情况,另一方面也可以看出目前该高职院校不同专业学生入学时的专业选择情况。

1.性别构成

性别比例

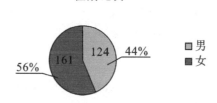

从图中可以明显看出,56%的被调查者是女生,女性所占比例明显高于男性,且占绝对多数,与所调查的文科类高职院校的性别比例现实情况相符。

2.年级结构

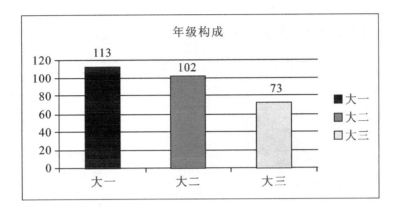

从图中可以看出,被调查者当中大一的学生较多,共有113人,大二的学生有102人,而大三的学生则明显减少,只有73人,这与高职院校学生的实际情况相符,因为有一些专业类别的学生在大学三年级时只需上够一定学时的课程即可去到实习单位进行实习,因此在调查期间留在高职院校校园内的大三学生人数本身就比较少,所以在被调查的学生中大三的学生人数也比较少,只占所调查总人数的25.3%。

3.专业类别

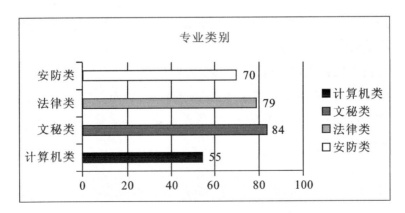

从图中可以看出,在所有被调查者当中计算机类的学生较少,只有55

人,只占调查总人数的19%,而安防类、法律类、文秘类的高职在校学生较多,合计共占调查总人数的81%,其中文秘类人数最多有84人,这一调查数据与现实情况相符。因为被调查的这所高职院校是一所偏向法律类的文科院校,法律和文秘类专业招生人数相对较多,而计算机类专业的招生人数本身不如其他专业人数多。

4.选择所学专业的原因

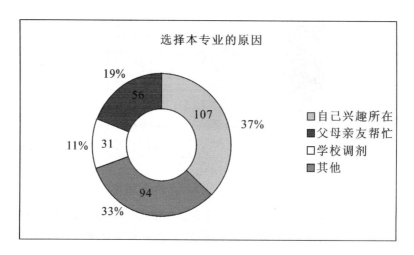

从图中可以看出,出于自身兴趣爱好而选择所学专业的被调查者有107人,占被调查总人数的37%,父母亲友帮忙选择的有94人,占被调查总人数的33%,而由于调剂或其他原因而选择目前所学专业的学生约占30%。由此可见,当前高职院校学生在选择所学专业方面,大部分还是基于个人的志向,也有三分之一是父母亲友帮忙做出的选择,总体来看,主动选择目前所学专业的学生还是占多数。

(二)高职院校大学生对职业的认知情况

高职院校比一般的本科院校更加强调职业性,而对职业的认知是提升高职大学生职业素养的首要要求,本部分主要了解当前高职院校大学生对于职业的认知程度。

5.专业了解程度

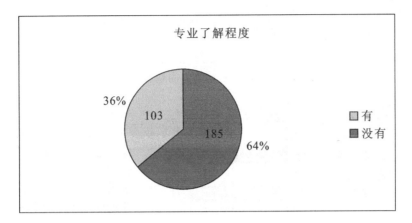

从图中可以明显看出,超过六成的被调查者对于自己所学专业有一定的了解,具体数据为185人,占被调查总人数的64%,由此可见,大部分高职学生对于自己所学专业还是有一定的了解。

6.对本专业的就业前景认知

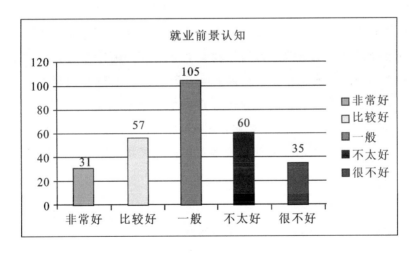

从图中可以明显看出,当前高职院校大学生对于自己所学专业未来的就业前景普遍不乐观,只有合计88位的被调查者认为所学专业的就业前景非常好或者比较好,占被调查总人数的30.5%,不到三分之一;而多达105位的被调查者认为自己所学专业的就业前景一般,还有合计95位的被调查者认为自己所学专业的就业前景不太好或者很不好,占被调查总人数的

33%。由此可以看出,当前高职院校大学生对自己所学专业的就业前景认知总体来看是不乐观的,甚至有点悲观。

7. 提高就业竞争力的途径

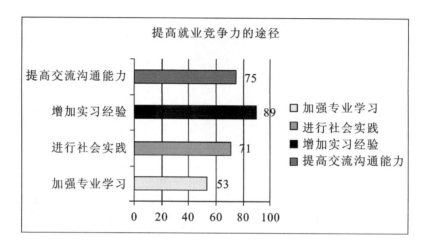

从图中可以看出,在提高自身就业竞争力的途径选择上,大部分被调查者倾向于进行实践,约占被调查总人数的81.6%。具体数据分别为,认为通过进行社会实践可以提升就业竞争力的被调查者有71人,认为可以通过增加实习经验来提升就业竞争力的被调查者有89人,认为可以通过提高交流沟通能力来提高就业竞争力的被调查者有75人,只有53位被调查者认为需要通过加强专业学习来提高自身就业竞争力,占被调查总人数的18.4%,由此可见,高职院校大学生非常看重实践,但是对专业知识的学习重视不够。

(三)高职院校大学生的就业准备与职业生涯规划情况

8. 未来就业的打算

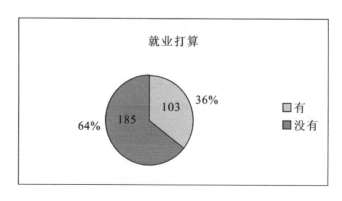

从图中可以看出,在问及对于未来就业有无打算时,竟然有185位被调查者对未来就业没有打算,占被调查总人数的64%,但在前面的关于就业前景方面的调查中又发现高职院校大学生有就业前景方面的担忧,两者相对照可以看出,当前高职院校的很多大学生是既对未来就业充满忧虑,又在思想上对未来就业没有任何打算,这是一个比较严峻的问题。

9.为未来就业做准备

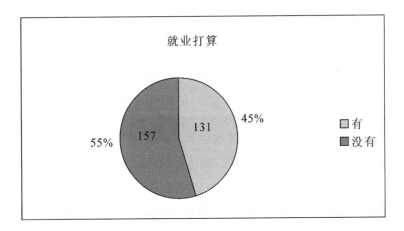

就业打算

从图中可以看出,虽然很多被调查者表示对未来就业没有打算,但是在高职院校的具体校园生活中还是有不少大学生在行动有一些表示,他们当中有131位学生在行动上为自己未来就业做了一些准备,占被调查者总人数的45%,与此同时,还有157位学生没有为自己的未来就业做出任何准备工作。

10.就业的具体准备(略)

11.简历准备情况(略)

12.职业生涯规划情况(略)

(四)高职院校大学生的就业期待

13.对就业前景的态度(略)

14.为前景担忧的原因(略)

15. 毕业后的选择

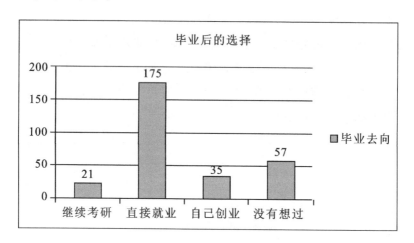

从图中可以明显看出,毕业后选择直接就业的被调查者占据绝对多数,有175人,占被调查者总人数的60.8%,有21位被调查者会选择继续考研,有35位被调查者会选择自己创业,有57位被调查者表示没有想过毕业后会做什么。从数据中可以看出,超过一半的高职院校大学生在毕业后希望直接就业,他们有着较为强烈的就业意愿,还有少数学生从未想过毕业后自己的去向,这一点必须引起学校的重视。

16. 就业地域

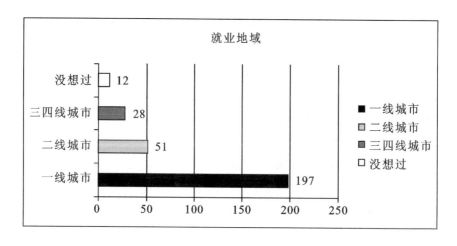

从图中可以明显看出,绝大多数被调查者希望毕业后在一线城市就业,

有197人,占被调查者总人数的68.4%,有51位被调查者希望毕业后在二线城市工作,仅有28人会选择到三四线城市就业,只有12位被调查者没有想过未来会在哪种类型的城市工作。由此也可以看出,绝大多数高职院校的学生希望未来能够在一二线城市工作,他们就业比较钟爱经济发达的大城市。

17.目标薪资

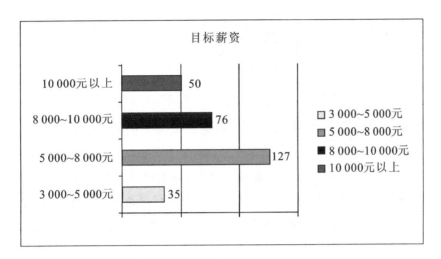

从图中可以明显看出,大部分被调查者都对未来的薪资期待很高,只有35位被调查者能够接受3 000—5 000元的工资,多数被调查者期望的薪资水平为5 000—8 000元之间,有127人,占被调查总人数的44.1%;还有一部分被调查者期望得到的薪资为8 000—10 000元,有76人;还有50位被调查者对薪资的要求较高,希望目标薪资为10 000元/每月。总体来看,当前高职院校大学生对于未来工资的薪资要求比较高,期望得到较高的工资来体现自身价值。

18.求职最重视的方面(略)

19.跳槽意向(略)

（五）高职院校对于学生就业的支持情况

20.学校的就业服务

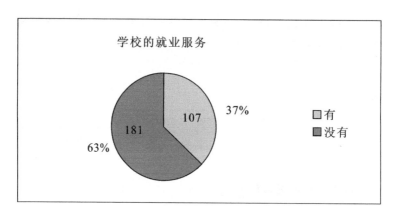

从图中可以看出,只有107位被调查者认为学校提供了就业方面的指导与服务,占被调查者总人数的37%,而剩下181位被调查者认为学校没有为其提供过就业方面的指导与服务。其实,当前高职院校都特别重视为学生提供就业方面的指导与服务,也做了很多工作,但是从这个数据反映出的现实情况是,也许目前高职院校在就业指导与服务方面的宣传还不到位,以至于很多同学不知道学校在这方面做出的服务与努力,这一点也应该引起高职院校的重视。

21.学校有待提升的就业服务(略)

22.自己在就业课上的表现(略)

23.主观题:关于就业的想法与规划(略)

八、调查存在的局限

本次调查的被调查者来自某高职院校三个年级,但是目前在读大三的被调查者只占25%,虽然是因为大三学生需要走出校园去实习单位实习的缘故,但这在某种程度上也降低了调查样本的代表性,因此,在今后的调查过程中应该考虑到这一点,尽量做到三个年级学生的比例适当,使调查样本有充分的代表性。

九、建议

（一）学校应加强对高职学生就业的精准指导

高职学生就业心理方面问题产生的原因之一在于他们对于未来就业缺

乏了解和指导,因此,从学校的层面入手,应该给予学生更多、更精准的指导方能帮助学生从迷茫中走出,使其形成一个健康良好的就业心理。第一,根据学校已有统计数据,向在校学生详细介绍该专业往届毕业生的就业情况以及未来的就业前景,避免学生在就业方面产生盲目的乐观或悲观情绪,影响就业。在校学生通过毕业生回学校的经验介绍等活动了解了学长们的去向以及具体的工作情况,会有一个对于该专业以及未来职业的发展有一个感性的体会,再加上学校的整体数据分析,更有助于其对本专业就业形成一个客观、理性的认知。第二,高职院校就业课程的设置要精准。就业课程看似简单,实际包含内容非常多,需要针对不同专业学生现状有一个科学精准的设置,如:怎样制作一份精美的简历;对本专业对应岗位群的认识,如法律文秘专业未来就业的具体岗位群有哪些;对岗位职责与任职资格的要求,想要胜任此岗位工作学生需要掌握哪些专业技能、考取哪些资格证书、习得哪些社会交往技能、参加哪些实习、实践等;如何成功应对面试,面试时的注意事项、面试时不同岗位考察的重点、面试时的谈吐举止的要求等等。第三,高职院校应该加强对学生的心理辅导,帮助学生进行心态调整。就业心理只是一个人众多心理体现的一个方面,如果一个人的心理素质不佳,可能在就业方面的心理承受力也会受到影响,因此,学校应该加强对学生心理的疏导与干预,帮助学生树立正确的就业心理,防止其因为非理性的就业心理而影响未来的就业。

(二)学生自身应加强对就业的心理与技能准备

除了学校的外在帮助与指导,在就业心态的调适方面,高职院校学生自己是内因,也是根本动力。首先,学生应该合理调整自身对未来职业的认知。过高的就业心理期待,往往是当前高校学生在就业时遇到这样那样问题的重要原因。作为一个在未来就业市场上要接受受雇单位挑选、检验与考核的青年学生,最先考量的应该是自己的能力、素质是否能够胜任目标职位,而不是自己想要什么样的职位;另外,学生自己想要的职位往往对薪酬的期待要远远超出自身的能力,多数情况会落选,这时学生的心理就会出现波动。因此,青年学生,尤其是高职学生从开始就应该对自身未来的职业有一个理性的认知。其次,提高自身心理承受压力的能力。在当前很多领域的基层职位供求情况都是供过于求的情形之下,一个学生,不管你有多么优秀,都有可能面临落选的状况,这时自身就需要一个强大的抗压系统,能够承受不同的压力。如别人不如你优秀却机缘巧合比你先就业了,而且还找到一份不错的工作,你应该坦然面对这些,而不是焦虑甚至做出一些不理性的行为。最后,高职院校的学生应该更多地参与校内外的各种专业实习与实践。如在某高职院校的校内调查数据可以发现,很多学生对未来、对就业充满了迷茫和焦虑,但是他们却没有针对未来就业做出任何准备,校内的就业指导课上没有好好学习,校外的社会实践也没有好好参与,整天在焦虑中虚度光阴。一个人心理的底气来源于其能力上的强大,所以当前高职院校的学生应该摆脱抱怨和焦虑,把更多的时间投放到能够提升自己、增强自身实力的校内外实习、实践中,只有能力真正提升了,寻找工作岗位时才能有底气,才能有一个好的心理和心态。

(三)用人单位应该为更多的高职实习学生提供更多的锻炼机会和利益保障机制

在校学生经验的积累除了在校内的各类活动以及实习中,更需要在社会中、市场中真正的实习单位进行历练,然而,当前很多用人单位对于实习生的认识和培养还缺乏一个科学的系统。不少单位把实习生当作廉价劳动力来使用,没有考量来单位实习学生的需求,只是盲目让他们做一些机械重复的劳动,而且也没有跟学生讲清楚做这一项重复的事情对于整个企业的重要性,实习学生不知道自己所做事情的重要性和价值,渐渐地对实习失去了兴趣。所以,企业或者企业用人单位应该合理考虑来单位实习的实习生的需求,将其需求与单位的具体事务结合起来,既满足单位的需求也激发学生的工作兴趣。与此同时,用人单位在工作过程中平等对待实习生,保障实习生的各项权益,真正给实习生创造一个良好的实习机会,让其在实习中有所收获。

十、附录

1. 调查问卷(略)

2. 访谈提纲(略)

第＿＿＿调研小组

组长:××

组员:××、××、××

(三)注意事项

校内调研是一个非常严谨的工作,也是一个小组成员分工配合、共同完成的工作,因此,在进行具体的校内调查过程中,对调研小组的成员有着较为严格的要求。

首先,要求小组成员严格按照进行社会调查的具体流程来进行问卷的设计、发放及数据的整理与分析等,不能有文字抄袭、数据造假的现象发生,每一步都要真实进行,不能投机取巧走捷径,因为校内调查的结果反映的是本校在此方面的真实情况,调查结果不只是思政课校内社会实践的成果,同时也是本校具体情况的真实体现。

其次,校内调研必须是小组通力合作、共同完成的任务,而非一两个同学承担起全部工作,其他同学只是搭便车,不付出任何劳动,最后在小组成员表中挂个名而已。作为思政课的校内实践活动,不仅仅考查的是调查研究本身的结果,更为重要的是考查在调查研究的过程中学生在思想、道德以及专业素养等方面的表现。

最后,校内调研的主题选取要与所在学校当前的建设或者关注重点相结合。校内调研本身是一个任务量很大、需要多方配合的工作,因此,调研不能仅仅是为了完成思政课的校内实践这一环节,而应该从更高的层面、更大的视角去思考和选择调研的具体主题,让调研的主题真正紧密与高职院校、高职学生的实际相结合,反映高职院校的某方面的具体情况,同时也为高职院校的建设和发展提供可资借鉴的数据资料与理论观点。

(四)总结思考

校内调研是一个很好的窗口,能让青年学生经由自己的调查、研究去分析和把握当前在自己所在学校或相关群体中的某个方面的真实情况,这是青年学生接触社会的一个有益通道和途径。很多学生在某方面存在一些不太理性的认知,而且还坚信自己的认知是对的,这往往对自身和团体都是无益的。而通过校内调研,学生可以跳出自己这一棵树或者自己身边这一小片树林,见到学校这个范围内的整片森林,这样有助于学生对高职院校全局、对高职学生整体有一个清晰的认识,而不是停留在自己原来比较狭隘的认识上,这也正是思政课提升青年学生思想修养的初衷。青年学生只有亲身经历了、了解了,并且通过精确的数据分析,才能对身边的大学生群体有一个全面、客观的评价,自己的思想才会更加理性,走出狭隘和偏激。

同时,校内调研也是一个在短时间内需要跟大量调查对象接触、交流的活动,能够非常锻炼参与调研的学生的人际交往能力,譬如如何跟陌生的同学初次接触,如何说服不愿意配合调查的同学,如何引导同学在填答问卷时能足够认真、说出自己最真实的想法,如何在小组内部进行合理的分工、配合等等,这些都是对参与校内调研活动的青年学生的考验。只有在这些具体的环节中认真对待、细心学习,才能不断提升自己的思想认识,约束和调整自己的行为实践,进而提升自己的综合素养。

二、图书寻访

在当前自媒体、微媒体盛行的时代,人们大都习惯碎片化的阅读,在校的青年学生也是如此,而事实上,碎片化的阅读固然有利于人们充分利用碎片化的时间,提高人们阅读的效率,但是也有其非常明显的缺点,那就是对知识的阐释和解读无法达到系统、深化,而且更多是一种快速的、瞬间记忆,纸质书籍更适合人们对某一方面的知识进行反复的研读、记录等。众多微媒介的阅读也容易分散阅读者的注意力,表面看似涉猎很广,实则阅读比较浅显,甚至读后即忘,阅读效果不佳。高职院校也是高等教育的重要组成部分,而高等教育重要的特点就在于对某一方面知识的系统了解和掌握,进而能够熟练运用、服务社会。因此,在当前微媒体盛行而且微阅读日益成为人们的阅读习惯时,想要激发或者重新唤起青年学生对于纸质书籍的兴趣并且重拾读纸媒的习惯,就必须采取一些有益的方式和手段。而高职院校开设的三门思政课程,尤其是思想道德修养与法律基础这门课,想要达到提升高职学生思想素养、道德素养和法律素养,仅仅靠教师课堂上的讲授显然是不够的,它需要青年学生广泛阅读各类书籍,真正了解某个事实、某段历史或者某个人物,而不是通过微博、微信里读到的只言片语。例如,讲到青年学生的理想、信念、责任与担当时,思政课教师总会讲到一些名人、伟人的故事,但是这些片段性质的资料很难勾勒一个鲜活的人物原形,因此它需要一个系统的知识和资料供给,以便青年学生去感受和理解。讲到习近平同志的理想、信念与责任担当,除了思政课教师的几个故事引入,还需要引导学生去认真阅读关于习近平同志的一段非常重要的成长经历的《习近平的七年知青岁月》,书中详细讲述了习近平青年时代的生活与经历,只有深入阅读这些资料,青年学生才能理解习近平同志为什么会有现在的一系列治国理政的方略,才能理解理想、信念的重要性,才能理解责任与担当沉甸甸的分量。

图书寻访可以充分利用学校图书馆的资源。在一些重点院校的图书馆可能会人满为患,而很多高职院校的图书馆往往比较冷清,很多去图书馆的同学也没有真正很好地利用图书馆的资源,思政课校内实践教学环节开设"图书寻访"可以利用实践教学激发和唤醒青年学生对于图书阅读的兴趣,增加青年学生知识,提升青年学生的思想道德和法律素养。

(一)设计思路

在第二章"坚定理想信念"和第三章"弘扬中国精神"的教学过程中,可以充分利用"图书寻访"这一实践教学环节,以"理想""信念""中国精神"为关键词,让学生到图书馆去查找相关的资料,并选取其中一本进行精读,读完之后,将自己的读书心得以书面的形式写下来,或者以 PPT 的形式图文并茂地呈现出来,同时选取几位同学在适当的时候进行读书分享。通过"图书寻访"这一环节引导学生多看书,在精心选择和精心阅读一本书之后,让学生对理想、信念、中国精神有一个系统、全面的认知和理解,懂得树立远大理想对于自身的重要性,理解坚定信念对于实现理想的重要性,明白中国精神不是一个简单的词汇,而是中华民族深厚的民族底蕴与精神的有机结合,进而真正将个人理想与社会理想相结合,在实现社会理想的过程中实现自己的个人理想。

1.选题目的

当代青年学生在思想上的一个比较大的问题就是缺乏理想,更缺乏实现理想或者某一个目标的信念,甚至有少部分青年学生缺乏青年人对于生活应有的热情和激情。当代青年学生大都自小在父母无微不至的照料中长大,每个家庭无论富有与否,都在尽全力为孩子提供一个良好的物质生活环境。这样的优渥环境之下,很多青年习惯于享受现有的一切,缺乏一种向上、向前的动力,对未来也缺乏应有的规划。显然,这种现象是很令人担心的。因此,必须通过各种途径与手段来激发学生对于未来、对于理想的再认识。在高职院校校园内开展"图书寻访",让学生通过阅读思考自己,思考未来的人生规划,未尝不是一种好的方式。

当前,我们身处实现中华民族伟大复兴的宏大背景之下,每一个当代青年都肩负此重任,如果连中国精神都不甚了解,就更不要说弘扬中国精神了。设计"图书寻访"这一校内实践环节,就是要让青年学生自己通过阅读书籍去了解、理解到底何谓中国精神,只有真正理解中国精神的内涵才能发自内心地去认同它、弘扬它,真正做一个有责任、有担当的当代新青年。

2. 实践要求

"图书寻访"表面看是学生去阅读、学习的活动,实际它并不是一个单向度的任务,在"图书寻访"的整个过程中其实是思政课教师与学生双向持续互动的过程。

第一,思政课教师要对"图书寻访"实践环节进行精心的设计与准备。在讲授思想道德修养与法律基础的第二章"坚定理想信念"与第三章"弘扬中国精神"过程中,要有针对性地安排"图书寻访"这一实践教学环节。如:开列相关书目,让学生去图书馆借阅;给出检索关键词,让学生去图书馆检索、借阅;布置读书心得的书写规范和PPT的制作要求以及分享展示的具体要求;"图书寻访"不仅仅是让每一个学生自己完成阅读,有所启发,同时还要让同学们彼此分享阅读的心得体会,让好的图书影响更多的青年学生,促进青年学生的成长成才。

第二,学生认真对待此实践教学环节,并且积极完成相关实践任务。如:选择书目要与思想道德修养与法律基础的第二章与第三章内容密切相关;认真阅读自己选择的书目,精读并做好读书笔记,而不能像阅读手机、网站上面的文章那般仅仅是走马观花、快速浏览;既要自己在阅读过程中有所感悟。同时也要将领会的思想精髓以一种完整、立体的方式呈现出来,与更多的同学分享,共同成长。

第三,图书馆馆藏图书是学校的宝贵资源,阅读时必须妥善保管,书少而借阅者众,所以必须整合利用,不能长期占据,浪费有限的图书资源。虽然不同的教师教不同的班级,但是思政课整体的教学进度是大体一致的,因此,在思政课开展"图书寻访"的实践教学期间,去到图书馆借阅书籍的学生会比较多,这就需要学生个体不但要完成具体的校内实践教学任务,阅读好的书目,而且还要注重自己在公共场合的言行,懂得保护学校的图书资源,在规定的时间内借阅,不超期,不毁损图书。同时也要求借阅的学生作为一个群体,要懂得整合资源、合理利用资源,真正让好的图书流动起来,提高图书的借阅率,让更多的同学能够阅读到,让学校的图书资源充分发挥作用和价值。

3. 活动评价

每一位同学必须完成一篇书面的阅读心得体会。如果多位同学阅读的是同一本书,可以彼此分享阅读的感受,让大家从不同的视角去看这本书,去体会作者传递给读者的信息。如果时间允许,学生可以制作 PPT,将书中的经典语段以及读书过程中自己的感受与体会融入 PPT 中,图文并茂,以更为生动、直观的形式呈现给大家,让更多同学能够了解书的思想和内容。

作为思政课的重要组成部分,学生读书撰写的心得体会切忌抄袭,一经发现,按照未完成实践环节处理。

教师根据学生阅读、分享、撰写、制作等多方面的表现,进行综合评定,最后给予此实践教学环节的成绩。

(二) 参考资料

资料一:《习近平的七年知青岁月》节选片段

1. 陕北知青生活要过的"四关"

一下子从繁华的首都来到黄土高原的山沟里,心理上很不适应。我们这些城里长大的青年,虽然在 60 年代初期也曾多次经过学军、农村劳动的锻炼,但即使是在农村参加"三夏""双抢"支农劳动,也是由学校选择条件比较好的农村生产队,劳动时间很短。因此,最初对农村的认识,完全是从书本上得到的。1969 年 1 月,当我们乘车前往陕北途中,就被沿途漫无际涯的光秃秃的黄土高坡所震撼,进入眼帘的尽是"穷山僻壤",我们无法将眼前的情景与革命圣地、与自己的未来联系起来,竟有同车人怀疑司机是不是走错路了。到了公社和生产队,看到农民惊人的贫穷,心中诧异:"新中国成立已经十几年了,怎么竟还有这么穷困的地区和农民?"那时,我心中感到非常茫然和失落。

农村过"四关",实在不易。先说"跳蚤关",我想每一位在陕北插过队的知青都有切身体会。刚到生产队的那几天,我们几名知青身上都莫名其妙起了又红又大的肿包,奇痒无比。由于不知道肿包生成的原因,我们也不知道该如何对付。后来才慢慢知道是"虼蚤"咬的,随后也听说了不少有用的或无用的应对办法,比如,"不让猪、狗等牲口回窑""喝本地黄土煮过的水",等等。我们还从文安驿买了一大包"六六六"药粉,大量撒在炕席下以求驱赶跳蚤,但效果不彰。近平身体虽然好一些,但反应仍然很大。他身上的包又红又大,再加上挠破的血和感染脓渗出,看上去很吓人。为了尽快熬过"跳蚤关",我们想了不少应对措施。首先是尽量保持窑洞里外地面的干净,尽可能经常扫地洒水,将窑里地面浮土扫干净,减少跳蚤出现的可能。另外就是在进入窑洞或上炕前抖动裤筒,把跳到身上的零星跳蚤抖掉。在窑洞里停留时尽量离开地面,减少地面上的跳蚤跳到腿上的机会。那时你如果走进我们的窑洞,常常可以见到近平、我,还有雷榕生挽起裤筒"圪蹴"(陕北方言,蹲)在各自的凳子上聊天拉话的滑稽情景,我们认为跳蚤跳得再高,也不至于从地面跳上凳子吧。此时如果梁玉明走进窑洞,会故意抖动裤腿,说自己身上有不少"虼蚤"带进窑洞,引起我们哄笑。这种情况持续了一年多。最终解决是搬到了大队为知青修造的新窑洞后,周围猪、狗等牲畜较少出现,同时我们的适应能力也得到了提高。

至于"饮食关",主要是粗粮多,我们不会粗粮细做,加上没有油水,肚子里总是感觉空空的。蔬菜很少,基本上是有什么菜下来就吃什么。那时候搞"以粮为纲",蔬菜种得很少,土豆胡萝卜当家,由于不会保存,烂的、冻坏的不少,也不能保证充足供应。农民们吃的菜,主要是酸菜。他们一般在秋后腌上两三缸酸菜,有白菜、胡萝卜、洋柿子(陕北方言,这里的洋柿子是指青西红柿)等。这些腌菜缸放在窑洞里,窑洞的空气中弥漫着一种酸菜的气味。我们由于懒,借口"不会腌菜"就不腌,于是就没得吃。有时就向关系较好的老乡,如武铁锁、薛玉斌等要点酸菜吃。梁家河后队的老乡都很同情和理解我们这些知青,也从没有拒绝给我们"挖"一碗酸菜。印象最深的一次是1970年的四五月,长期没吃到新鲜蔬菜的我们喉咙中都"燥得冒烟"。这时正好碰上房东张马有家要将前一年的酸菜倒出来腾出酸菜缸清洗,准备秋冬再腌新酸菜。张马有的婆姨(陕北方言,妻子)过来问我们要不要倒出的酸菜,给我们拿来了一大盆。我和近平感谢之后不由分说下手抓起酸菜大嚼,直到把那一盆酸菜全部消灭掉,才心满意足地舒了一口气。

再一个困难就是缺油。由于没有油，主食就吃得特别多。由于没有油水，也闹出不少笑话。近平说过一件"吃生肉"的故事，很多人向我求证，我回答确有其事，因为我也是此事的亲历者。1972年12月，福建莆田小学教师李庆霖给毛泽东写信反映一些知青生活困难问题。1973年4月，毛泽东回信李庆霖，并随信附上人民币300元，"聊补无米之炊"。1973年下半年，延安地区革委会作出决定，对当时仍在生产队劳动的知青每人补助200元人民币。于是我和近平共得到了400元生活补助。有了这些补助，窘迫的生活稍微宽裕了一些。1974年的春节，我们过了个肥年，买了大概几十斤猪肉。当时买的猪肉质量不错，感觉肉像玉雕一样整齐漂亮。我们那天包了些饺子，在准备煮饺子时近平说了个笑话，说在作家梁斌的小说《播火记》中有这样的情节，主人公之一运涛说他的愿望就是要用几斤猪肉包一个大饺子，一口咬下去，"能咬出个小小牛犊来"。我们又说笑道，国外有一种很嫩的小牛肉可以用刀片成薄片生吃。这次买的猪肉质量很好，大概也可以生吃。我们俩哄笑着，真的用刀试着将其中一块冻得微微发硬的瘦肉部分小心片下来，你一片，我一片，蘸酱油膏吃。也许是饿的时间长了，肚子里没有油水，那一块生猪肉的瘦肉部分竟让我们吃完了。生肉吃完了，我们费了两三个小时包的饺子也在20分钟内风卷残云般吃光了。

说到"劳动关"，实事求是地讲，我们刚到生产队时劳动积极性都不那么高。一是我们尚未养成劳动习惯，也不适应强度较高的劳动；二是一开始给我们评工分，一天只给6.5分。那时候队里一个强壮劳力一天的工分是10分。而知青的工分连一个婆姨都不如。如果早晨不出工，我们就只能挣5.2分。据了解，前一年（1968年）一个工（10分）分值只有1角1分。换句话说，我们劳动一天挣的5.2工分也就只值5.7分钱。一年工分1 200分，就可以保全年粮钱，也就是只值十三四元钱。所以，那个时候的劳动积极性就高不起来。当然，时间长了，近平的思想有了变化，与老乡接触多了，劳动也习惯了，养成了吃苦耐劳的精神，工分也涨到10分了。

2.在困境中实现精神升华

近平的父亲习仲勋同志受迫害、挨批斗，被下放到河南，母亲当时也过着受审查的生活；而近平本人，成分是"黑帮子弟"，这样一来，我们知青的两大出路——征兵、招工，对他来说都几乎不可能实现。所以，他要承受着比我们几个都大得多的心理压力,也面临着比我们几个大得多的困难。

我们家里给我们寄东西、寄钱,而近平家里因为这种情况,明显对他的"支援"就比较少。但是,近平这个人不愿意对我们说他自己的一些困难,也从来不跟我们诉苦,更不抱怨什么,而是把这些事情都藏在心里不说,由此可以看得出来,近平是一个多么坚强的人,他从不向困难低头。

近平也是一个非常有主心骨的人。他有了想法,有了思路,就一定要仔细研究,一定要把事情做好。后来,他当了梁家河的村支书,带领大家建沼气池,创办铁业社、缝纫社,我一点都不吃惊。因为,我在和他一起生活的时候,就发现他这个人有一股钻劲,有强烈的上进心。

我们有时也去周围几个村的知青窑串门。那时我们闲得无聊,肚子又饿,就经常一起商议到什么地方去蹭饭。我们说:"近平,走啊,咱们去梁家塌吃他们一顿!"但是,近平不去,他就坐在那里看书,他说:"我就不去了,你们弄到吃的,给我带回点来吧。"

近平一方面是不喜欢参与这些事情,另一方面他那段时间"痴迷"在阅读和学习之中。他碰到喜欢看的书,就要把书看完;遇到不懂的事情,就要仔细研究透彻。当时,我并不觉得什么,现在想起来,一个十五六岁的小伙子,同龄人都跑出去玩耍,他还能饿着肚子坐得住,能踏下心来看书、阅读、思考,这确实需要一定的定力,需要有很强的求知欲和上进心。

(资料来源:中央党校采访实录编辑室.习近平的七年知青岁月[M].北京:中共中央党校出版社,2017.)

资料二:《中国天眼:南仁东传》节选片段

在南仁东提出我国独立建造一架世界最大单口径球面望远镜方案,中科院在1999年支持启动预研究之后,南仁东就感到FAST遇到的困难逐渐复杂起来。

美国方面出现评说FAST过时的声音,这些声音传播很广,也很大。接着国内外都有呼应这些说法的声音。这期间发生的事还有,美国阿雷西博望远镜不再对外开放。南仁东去美国的申请,多次被拒签。这些事彼此是有关系还是没有关系?

"以前,他去过美国吗?"我问。

"去过呀!"张承民说。

"那为什么拒签?"

"不知道。"

张承民说他所知道的南仁东赴美被拒签,就有两次。

南仁东感到了有一种阻止建造 FAST 的力量。国内重复美国人说法的声音,比美国人说得更苛刻。也有人说这个计划是个虚假的计划,还有人说是"钓鱼计划",慢慢钓吧……这时候,南仁东有一种"内外交困"的感觉了。

他给荷兰一位天文学家发邮件,讲了自己的想法,没想到对方说:"不行。一个连汽车发动机都不会造的国家,怎么能造'大射电'!"对方不是他的敌人,而是相识多年的朋友。这句话撞击到南仁东心里,产生的实际效果与其说是刺激,莫如说是鞭策。

今天很多同事回忆说,那时候南仁东说自己:"我开始拍全世界的马屁!"这句给同事印象深刻的话,在南仁东事迹展里被改造为:"我开始到处游说,让全世界来支持我们。"事迹展介绍这个情节是这样描述的:

在南仁东提出建设 FAST 时,FAST 项目独特的设计理念在早期并不能被很多人理解。国际上的一些天文学家对中国有偏见。为了获得更多人的支持,无论在国内还是国外,无论大会还是小会,南仁东逢人就讲大射电项目。他满怀激情、不厌其烦地向不同的人解释 FAST 的每一个创新概念。用他的话来说就是:"我开始到处游说,让全世界来支持我们。"他曾说,FAST的作用,有一种是能探索宇宙中的暗物质、暗能量。现在,他感到地球上有一种暗势力在阻止中国建造 FAST 的时候,这个从来不求人的人,就像豁出去了,到处讲大射电,请求支持 FAST。中央电视台邀请他到《百家讲坛》讲世界上有关探测地球以外理性生命的内容,起初南仁东一口就回绝了。因为他一贯不愿意抛头露面,而且极端舍不得时间。但考虑到可以利用这个大讲坛介绍大射电望远镜,他又答应了。于是,2004 年 5 月 6 日,他在央视《百家讲坛》讲述《寻找地外生命》。

有人说,FAST 代表了中国科技的长征。

为什么? 因为我们每走到一个地方,都在宣传 FAST 对中国科技创新、文化教育、产业升级、经济发展的意义;因为我们一直在凝聚中国科技界、产业界顶尖的团队加入联手建造"大射电"的队伍中来。

不要问这是谁说的,你就看像不像。

从 1993 年得知国际 LT 计划开始,南仁东就自掏路费,从东北到东南再到西北,一家单位一家单位去谈,先后联络了全国二十多所高校和科研院所参与;万山深处选址,贵州省的支持与合作,汇聚无数农民积极参与;开工后,参与进来的各路劲旅就更多了;竣工后当地建起中国最好的天文馆,每年前往接受熏陶的青少年从数十万到百万计……FAST 工程的艰辛挺进,像不像中国新科技时代的宣言书、宣传队、播种机!

但是,2005 年,主持 FAST 的南仁东还在非常的困境中。

FAST 尚在母腹,已经遭到国内外人士的攻击。

南仁东感觉到了这胎儿有被扼杀在未出生之时的危险。

他像个捍卫胎儿的孕妇,不断地跟各种人士说,这孩子将来是很有出息的。他说通俗地讲,大望远镜像猫头鹰的眼睛,那种很多小望远镜组成的阵列像蜻蜓的眼睛,各有千秋。蜻蜓是世界上眼睛最多的昆虫,具有空间分辨率高的优点。FAST 类似猫头鹰的眼睛,对微弱信号的探测,灵敏度极高,理论上是目前能探测到最远天体的望远镜。做这个世界最大的射电望远镜,对综合条件的要求也是最高最难的。

他不仅在国内奔走,还去国外奔走。

在国内奔走的时候,坐在绿皮火车里,有人问他:"你是不是搞推销的?"他笑了笑,回答说:"是的。"

去国外走,负责买机票、与他同行的经常是张承民。南仁东带的香烟多,还有东北的土烟,在国外过安检时常被拦住,开箱开包检查。他把箱子和包都交给张承民。张承民提着南仁东的箱子和包过安检没事。可是,南仁东空手过了安检,那狗还追着南仁东不停地嗅。

南仁东一向不要别人照顾,但跟他出差的张承民已经感到自己要照顾他。张承民发现他吃安眠药,不吃就睡不着。吃少了还睡不着。为了节省,他们经常是同住一间。早晨闹钟响了,他发现南仁东没有动静。

"南老师——"他小声叫道。

没有动静。

闹钟继续响着,南仁东还是没有动静。

闹钟叫不醒他。张承民起来把南老师叫醒。

有的国家不允许两个男的住一间房,他们就得开两间房。第二天早上,他去叫南仁东,叫不醒就敲门,还敲不醒就把服务员叫来,把门打开进去。

跟南老师出国的日子里,张承民已经感到南老师每天都靠一种精神、一股劲,支撑着身体。他生怕哪天早晨南老师醒不来,那怎么办? 他说自己"每天都提心吊胆的"。

"在国内出差,你们也跟南仁东同住一个标间吗?"我问。

"那有什么奇怪。"张承民说,"我还跟南老师两人睡一张大床,盖一床被子,我跟彭勃也盖过一床被子。我们有床铺睡,算是条件好的,学生们睡在房间的地上。"

2005 年春的一天,在去科技部的途中,南仁东突然在车里坐不住了,在后座歪着躺了下去。

"胸部很难受。"他说。

南仁东从不叫苦叫累,有非常地忍受痛苦的坚韧。现在他说"很难受",坐在前座的张承民立刻意识到不是小事,马上对司机说:"去医院。"

平日,张承民也跟南仁东建议过上医院看看。"没时间。"南仁东总这样说。现在张承民"去医院"三字脱口而出,不容商量。司机叫宋喜良,是台里的老司机,也非常了解南仁东,立马就往就近的中关村医院去。

中关村是我国科学家最多的地方。1953 年,国家选址中关村建"中关村科学城",一大批科研院所和大专院校相继迁入中关村。中关村医院位于海淀区中关村南路 12 号,建于 1957 年。那时中关村周围都是大片农地,当初建这所医院主要就是为科教人员服务的。今天它是一所二级甲等综合性医院,是个较小的医院,患者不很多,一般去了就能看上病。

到医院,医生开单去拍片、抽血化验,检查了一圈,然后得到一堆化验单和报告单,有的结果还没出来。

"没发现情况,是吗?"我问。

"发现了,认为有情况,但不能做结论,需要专家会诊。"

"那就请专家会诊呀!"

"那得交一笔钱,然后请大医院的专家来会诊。"

既然这样,那还不如直接上大医院。于是司机宋喜良开车就直接去了大医院,宋喜良和张承民两人都不容南仁东说"算了",都坚持去,这就去了北医三院。

······

张承民说自己陪南仁东去医院去过两次，都是车走在半路上，南仁东觉得不行了，顺道就拉他去的医院，最后都因为没有时间等，没有看成。

"我后来回想，"张承民说，"南老师生病不是在2015年查出肺癌的时候，他至少2005年就有情况了。FAST是个有挑战性、冲击性、超越性的项目，他承担着巨大的压力。他是长期疲惫不堪，积劳成疾的。他自己其实有感觉，他怕一旦查出大问题，那FAST怎么办？他能躲就躲，每次都是肺特别难受，痛得喘不过气来，感到过不去了，才同意上医院。可是缓过气来，还没轮到他看病，就又走了，不看了。"

他在告诉我这些的时候，我能感觉到他满眼都是当时的南仁东，所谓"历历在目"。他还说，"有些事，只有我看到了，我也不知道该不该给你说"。我说你尽管说吧，至少让我了解。

FAST虽然还没有正式立项，但在中科院的支持下，在一批前辈和中青年学者的努力中，它如同穿着草鞋跋涉的长征，早已启程。这个注定会写进中国科学史的伟大工程，它的预研究，正是我国这一时期大科学工程探索道路的阶段。南仁东"既是司令也是兵"，一直冲锋在最前线。然而如此赞扬是不够的。它的辉煌是因为有泪也有血，滴在那跋涉的脚印上。

（资料来源：王宏甲. 中国天眼：南仁东传［M］. 北京：北京联合出版公司，2019.）

资料分析：

理想因其远大而为理想，但它绝对不是毫无现实依据的空想。理想是处在特定历史条件下的人们对社会实践活动理性认识的结晶，它在实践中产生，在实践中发展。同样，理想都是一定时代的产物，带着特定历史时代的烙印。习近平同志对于农村发展、农民扶贫工作的关注，源于其在基层工作的实践，也正是因为经历过这段特定的历史，铸就了习近平同志对于中国发展之路的远大理想。当代青年大学生应该珍惜自己的每一段经历，在具体的实践过程中不断提升自己，不断向着自己的理想奋进。

漫漫人生路，唯有坚定理想、信念，方能搏击长空，有所建树。七年知青岁月，是习近平同志人生道路上最重要的一个阶段，这个阶段对他以后的成长、成熟、成功，起到了至关重要的作用。在农村七年，他感受和体会到了中国农村人们生活的困顿,也深刻意识到发展经济的重要性,逐渐建立起了自己的人生理想,那就是立志办大事,为老百姓办实事,养成了胸怀为民谋福利的信念与抱负。当代青年大学生虽然没有太多的生活经历,但是可以通过阅读的方式,了解习近平同志的知青生活经历及其远大的理想、坚定信念的由来,了解更多像习近平同志一样胸怀天下苍生,敢想敢干的榜样人物,相信对于自己未来的人生思考会有新的认识。

中国天眼的成功建设已经超出了科技工程本身的意义,它是一个民族物质家园与精神家园的双重构建,它代表着中国科学和中国文化的自信,见证的是以民族精神和时代精神为核心的中国精神。在当代青年学生中,可能有些同学知道中国天眼,知道南仁东,但是很少有同学知道以南仁东为代表的中国科学家在建造中国天眼过程中的种种艰辛,中国天眼建造过程中的难忘画面生动地揭示了中国人民在物质创造的过程中所承载的精神雕刻与塑造,朴素地诠释了一个伟大的道理——"一个国家、一个民族不能没有灵魂"。当代大学生担当着民族复兴的重任和时代使命,要努力用自己的行动展现中国精神的精髓。仔细阅读有关南仁东先生的这本传记能够帮助青年学生深刻认识南仁东其人,认识建设中国天眼的意义和价值,理解中国精神,这是思政课教师在课堂上的只言片语难以达到的,也正是"图书寻访"这一校园实践教学环节的重要性所在。

（三）注意事项

"图书寻访"实践教学环节的设置目的要把广大青年学生从碎片化的阅读中解放出来,以实践教学这一必修环节要求学生认认真真阅读一本书,重拾阅读的习惯,体会阅读的乐趣。要求青年大学生不但要阅读,而且还要通过阅读真正有所感悟和体会。

教师一定要注意把握好开列书目的质量,确保开列书目是当代大学生比较感兴趣的,是真正对学生有益的,同时也是与学生目前所学思修课的教学内容紧密结合的,思政课教师还要让学生明了开展为什么要阅读这本书,知其然知其所以然,使学生的阅读更具目的性,而不是盲目地阅读,或者为了完成阅读而阅读。

对于那些未选择教师开列书目中的图书而是自行选择图书阅读的同学,负责指导的思政课教师应该及时与学生沟通,了解学生所选阅读书目的内容,防止出现选书不当的现象,或者引导学生从某一个或几个视角来阅读该书,真正让学生的阅读有所收获。

要想让学生有深入细致的阅读,必须给学生足够的阅读时间。同时,思政课实践教学环节的"图书寻访"因为涉及第二章和第三章两个章节,因此,一般教师会给学生留出一个月的时间来认真阅读、精细阅读,以保证阅读的质量。

（四）总结思考

"图书寻访",一方面是为了引导学生在抖音、小视频等微媒体、碎片化阅读的时代能够就某一个方面或者领域进行深入、系统的阅读;另一方面是为了充分利用高校丰富的图书馆资源。最为重要的是让青年学生经由细致的阅读,能够真正在内心有所触动、反思,学会思考自己的人生规划、社会的未来发展、国家的强大、民族的复兴等,逐渐走出泛娱乐化的困境,勇于进行自我反思,勇于担当时代重任。

在进行"图书寻访"这一环节时,时不时会发现有学生并没有认真、完整地去阅读某一本书,而是粗略看了一下,然后在网络上搜索一些关于此书的书评或者读书笔记来完成自己的读书心得体会,这是非常不好的一种现象,也是一种不诚信的表现。思想道德修养与法律基础最主要的目的就是培养学生思想道德素养和法律素养,这种行为是绝对不应该出现的,一旦出现此种行为,即一票否决,实践教学环节成绩为零。如若没有惩罚措施,"图书寻访"实践教学环节的质量就会大打折扣,因此,在思政课的实践教学过程中,必要的引导、认真的指导与明确的奖惩应该有机结合的。

"图书寻访"除了教师指定学生阅读某些书目外,更为重要的是通过这一环节,让青年大学生养成彼此分享好书的习惯,学生之间本身有很多共同的兴趣和观点,分享的图书也容易引起其他同学的兴趣。此外,优秀的图书有很多,每个人的时间和精力都是有限的,通过彼此的分享可以让学生们省去寻找和选择图书的时间,有更多的时间去细细品味和阅读图书,丰富自己的思想,提升自己的品位。

三、校园文化节

大学校园不但是青年学生学习知识、增长才干的地方,也是其提升文化道德修养与综合素质的重要场域,三年校园生活的浸染,三年校园文化的熏陶,在潜移默化中改变和影响着大学校园内的每一位学子。校园文化节是高校校园内一项非常重要的活动,它能将校园内很多不同的部门调动起来,同时也能给青年学生提供很多展示自己、学习他人、团结互助的机会。校园文化节可以一年举办一次,也可以一年举办几次,既有某一主题的系列活动,也有不同主题的活动。总之,无论是哪类活动,都是在我国社会主义核心价值观的指引下,在广泛收集青年学生意愿的基础上开展的,旨在通过一系列的校园文化活动激发学生的参与热情,提升学生的文化素养。

作为思政课校园实践教学环节的重要组成部分之一,校园文化节往往紧密结合本校的实际、本校学生的实际以及思政课实践教学的主旨展开。例如,很多高职院校思政课校园实践教学环节的校园文化节都曾经选择弘扬传统文化、弘扬传统美德作为主题,在这一主题的指引下,青年学生从不同角度来诠释、演绎传统文化,让更多的人对传统文化有更新的认识、更深刻的体会,如学习法律专业的学生,从中国法律的历史渊源出发,以生动的方式展现不同时代的法律沿革与演进,让很多非法律专业的学生对中国法律有了新的认识;而学习电脑艺术设计专业的学生则利用自己的专业特长,将中国许多优秀的传统文化知识,如孝文化,以动画或者其他艺术设计的方式展现出来,既形象又生动;还有很多青年学生以经典诵读、歌舞、器乐演奏等方式来向其他同学展示中国传统文化、传统道德的魅力。校园文化节以一种轻松愉悦、青年学生喜闻乐见的方式将思政课上想要传递给学生的思想、理念于春风化雨之中渗透到学生的心里,意义非凡。

（一）设计思路

思想道德修养与法律基础中的第五章"明大德、守公德、严私德"是一个涵盖面非常广的章节,既涉及个人品德,又涉及家庭美德、职业道德,还涉及社会公德,而这些正是一个人立身之本,一个国家社会安定之本。这一章的重要性自然不言而喻,仅仅通过课堂讲授或者课堂上的某些实践教学环节显然还不能真正将第五章的内容完全且深刻地印到学生的头脑当中。校园文化节以校园为载体,以文化为内涵,通过多种形式的活动参与,引导学生在参与校园文化活动的过程中深刻感受中华传统文化的博大精深,感受中华传统美德的无穷魅力,进而在传统美德的引领下懂得感受和体会美德固然重要,但是身体力行去践行传统美德才是真谛,在今后的生活、工作中真正去践行和弘扬中华传统美德。

1. 主题确定

校园文化节的主题直接决定着整个文化节筹备、运营方向以及人员、场地、设施的安排,基于思想道德修养与法律基础中的第五章"明大德、守公德、严私德"的学习内容,可以选择一期校园文化节的主题为"弘扬中华传统美德"。主题的确定就意味着这一期校园文化节都是紧紧围绕中华传统美德展开的,旨在通过各种类型的文化活动让大学校园内的青年学生从不同角度感受、理解中华传统美德,用自己的行动去弘扬中华传统美德,进而在现实生活中深刻践行中华传统美德。

2. 内容确定

中华传统美德的内涵极为丰富,既然选择了弘扬中华传统美德作为校园文化节的主题,就应该在文化节的活动内容中尽可能涵盖多的传统美德内容,如传统孝文化、传统礼仪、传统家庭美德、传统职业道德、优良个人品德等。校园文化节中以不同的活动形式将上述内容呈现出来,如经典诵读、传统歌舞、器乐演奏、舞台表演、书法绘画展等等,彰显传统美德持久的生命力和无限魅力,让更多的青年大学生了解中华传统文化,弘扬中华传统美德。

3. 部门职责分工

校园文化节是一个大型的、综合性活动,仅仅依靠思政课的几位教师是无法完成的,需要高校多部门的通力协作,学生处、校团委、各个院系、学生社团等都是整个校园文化节有序进行的坚强保障。由于活动是以"弘扬中华传统美德"为主题,所以要求思政课教师能够先对中华传统美德的大概内容进行框定,如将传统美德分为几个组成部分,这样各个相关部门、社团可以根据自身的特点和特长选取其中之一进行筹备和组织。

(二)参考资料

资料:弘扬传统美德,展示青春风采——××学校第×届校园文化节策划方案

1. 活动目的

为了切实引导和帮助当代大学生将中华传统美德内化于心、外化于行,进一步丰富我校师生的文化生活,促进校园精神文明建设,为青年学生搭建参与和体验中华优秀传统文化，感悟中华传统美德的平台，全员参与，充分利用各项活动提升青年大学生的综合素养。

2. 活动主题

活动主题：弘扬传统美德，展示青春风采

"弘扬传统美德，展示青春风采"第×届校园文化节开幕式

3. 活动时间

活动时间：2019 年 5 月 6 日—2019 年 6 月 16 日

4. 活动组委会

组长：××

组员：××、××、××、××

5. 活动内容

1）开幕式（负责人：××）（5 月 6 日下午）

2）主要活动

★宣传类（负责人：××）

社团优秀文化成果展（以展板的方式展示，充分展示第二课堂成果）

最美社团人风采展示（以展板的方式展示，充分展现优秀社团学子的风采）

★活动类（负责人：××）

传统经典诵读活动（5.7—5.23）

中国传统器乐演奏活动（5.24—5.31）

书法与绘画爱好者交流活动（5.24—5.31）

★评比类（负责人：××）

最美社团人评比活动（6.1—6.7）

孝善之星评比活动（6.8—6.15）

"传承美德，展示风采"院系文化墙评比活动（6.1—6.15）

3）闭幕式（负责人：××）（6 月 16 日下午）

6. 活动要求

（1）思政课教师、各班班主任要积极宣传、有序组织，做好相关工作；

（2）各班班主任要充分调动学生参与校园文化节的积极性，有序组织并认真指导本班学生认真开展文化节期间的各类活动，主动参与，为文化节增

光添彩；

（3）各位教师，尤其是思政课教师要积极参与文化节的各项活动；

（4）各部门应积极支持校园文化节各项工作的开展；

（5）各评委老师要准时到场，认真负责，公平、公开、公正进行评选；

（6）4月15日下午召开文化节活动碰头会，确定文化节的大体方案；

（7）各活动负责人请于4月22日前将活动策划方案最后确定；

（8）4月25日下午前各活动负责人将文化节活动定稿发至各班级；

（9）各活动负责人必须严格按既定时间开展活动，活动精彩照片、新闻稿件要及时提供，以便及时报道。

7. 评奖办法

为鼓励各班级及个人积极参加文化节活动，表彰文化节期间表现突出的班级及个人，学校决定给予奖励，由学生处统一统计汇总并公示，具体奖项设置及评比办法如下：

★个人奖项

☆校园之星奖（5名）

授予本届文化节参加三项以上活动、总分前3名的参赛选手为本届校园文化节"校园之星"荣誉称号。

☆优秀组织指导奖（4名）

授予班主任3名，思政课教师1名。

本人应该积极动员学生参与活动，认真组织学生有序参与各项活动，工作扎实有成效。

★集体奖项

优秀班级奖（5名）

班级同学参与热情高，个人和集体在文化节活动过程中表现突出，参加的项目种类多，参与人数多，获得奖项多，按照综合评分的前后顺序奖励前五名。

（三）注意事项

校园文化节是一个整体性活动，是各个部门、团体组织共同协作的结果，因此，整个校园文化节从预先筹备到具体的活动组织再到奖项的设置与评选都需要团队的协作，不能单纯依靠一个人或者几个人来完成。

校园文化节中有一部分评比活动,评比的过程中评委务必要做到公平、公正、公开,真正创造一个公平透明的竞争环境,让青年学生不但能够享受比赛的乐趣,更能深刻感知和体会公平带来的乐趣。

除去个人展示、评比的活动,班级应该是校园文化节参与的基本单位,以弘扬传统美德为主题的校园文化节更应该是班级团结协作、凝聚力量的最佳展示平台。与此同时,在参与校园文化节的活动过程中,让班级学生感受团队协作的力量与重要性,让学生体会个人与集体之间密不可分的关系。

校园文化节是一个展示学生才艺、促进学生发展的平台和载体,学校及其相关部门作为校园文化节的组织者应该设计更多的环节,让有不同特长的学生都有展示自己的机会,同时也能有机会向其他人学习,增长自己的才干,提升自己的审美情趣,做一个真正有文化之人。

(四)总结思考

校园文化节的主题应该贯穿于整个活动的过程中,让参与活动的青年学生随时随地、每时每刻都能感受到校园文化节所要传递的信息,让青年学生在轻松愉悦中感受校园文化的魅力,不断融入到校园文化之中,真正成为优秀校园文化的践行者和代言人。

校园文化节是一个考验学校各部门之间以及师生间团结协作的大型活动,不仅需要学校教师的努力,而且需要教师与教师、教师与学生、学生与学生之间的通力协作。校园文化节既是展示校园特有文化的平台,也是不断创造新的校园文化、发挥校园文化凝聚力的平台,还是将校园文化渗透到青年学生头脑、行为的重要载体,因此,不能把校园文化节狭隘地理解为某个时间段的具体活动,而应该是持久校园文化的阶段性展现,让高校青年学生能够持久浸润于良好的文化氛围中,不断充实自己、提升自己。

"文化"二字不仅仅是知识层面的外在表现,更是根植于内心的修养,无须提醒的自觉和为他人着想的善良,校园文化节更深层次的目的在于,经由持续、经常性的文化活动,让青年大学生接近传统文化、传统美德,做一个真正的文化人、品德高尚的人。

第四节　校外实践教学

一、基地实践

思政课校外实践教学能够有效弥补课堂实践教学与校内实践教学的不足,校外基地实践教学给高校青年大学生提供了近距离接触社会、了解社会的机会,同时也有助于锻炼和提升其职业技能。更为重要的是,它能够在真正的实践中修正学生的思想、理念和行为。

基地实践不仅是思政课实践教学的必要组成部分,也是当前高职院校增强学生职业技能与素养的必要途径。基地实践从职业道德素养的角度看,能够通过真实的职业环境、职业生活让学生对职业有更为全面、立体的认识,同时体验职业生活的严谨,对职业产生敬畏之心,提升职业道德与职业素养。从思想道德素养的角度看,可以让学生对生活、对社会有真实的体验,懂得生活的不易,懂得父母每日工作养家的不易,懂得正确看待每一份职业及其从业者,树立一种积极向上的人生态度,进而建立正确的人生观与价值观。

(一)设计思路

以法律文秘专业学生为例。法律文秘专业对应的岗位群多是法院、检察院的书记员和检察官助理等,通常高职院校的法律文秘专业学生都以高校所在地的法院和检察院为校外实践基地,此类实践基地可谓"一举两得"。这种类型的校外实践基地既是专业技能的实践基地,也是思政课校外实践教学基地。在设计具体的实践教学活动时可以结合思想道德修养与法律基础的第一章"人生的青春之问"和第五章"明大德、守公德、严私德"的相关内容展开,具体活动设计思路如下。

1.实践方案的制订

校外实践是高职院校与实习单位为共同培养学生成长而建立的一种合作关系,通常高职院校与校外实践基地都有长期合作的关系,双方一般都签有合作协议,协议明确了双方的权利和义务。学生应该严格遵守学校的实习规定,认真完成实习单位布置的工作,遵守实习单位的工作纪律;实习单位应该给学生在本单位实习提供支持与便利,高职院校与实习单位都希望学生在有限的实习时间段内能够学有所思、学有所获。与此同时,学生进行校外实践必须应该严格按照实践方案进行。一般来说,实践方案包括了学生实习的时间、地点、内容、注意事项以及成绩的评定、学分认定等。实践方案是校外实践的基本指引,因此,必须在校外实践进行前制定一个完整的、贴合具体实践情况的校外实践教学方案。

2. 校外实践前的准备工作

凡事预则立,不预则废。作为思政课的校外实践教学,思政课教师必须在校外实践教学活动进行前就对此次实践教学所要达成的目的有一个清醒的认识,而实践目的的达成与思政课上所学的内容是密切相关的。以法律文秘专业所到的检察院、法院等实习基地为例,实践之前必须明确此次实践教学的目的,不但要让学生通过参与证据采集、庭审现场等活动,感受不同人的人生轨迹、人生目的、人生态度和人生价值,而且还要真实感受作为一名司法工作者对待工作应做到有敬畏、严谨与缜密。简言之,从案件当事人身上看到不同人的人生观、价值观,从司法工作者身上看到职业道德。

3. 校外实践过程中的指导

校外实践过程中,学生离开学校,进入实践单位,而单位不同于学校,有行业和单位固有的工作规范,参与校外实践的学生必须遵守。这一点,校外实践的指导教师必须给参加实践的学生以清晰的指导,如在司法系统实践的学生指导教师必须明确指出违反工作操作规定可能造成的严重影响,一个很小的失误,既会给当事人造成严重影响,也会影响司法判决的公正性。此外,如果高职学生去到红色教育基地做讲解员,指导教师应该要求学生首先全面了解教育基地的历史及概况,同时能够准确、熟练向他人讲述教育基地的相关情况,讲红色故事,传递红色精神,做红色传人,不做有损基地和学校声誉的事情,不做违反基地规定的事情。总之,虽然学生走出校园,但是教师的指导不能缺位。

4. 校外实践后的交流分享

校外实践之前思政课教师给学生布置了一些实践过程中需要注意观察和思考的问题,实践过程中每一个青年大学生面对当事人和法官、检察官都不一样,每一个学生观察到的内容不同,每个人的体会和感悟也各不相同。实践之后的交流分享环节可以让学生们分享自己的所见、所闻、所感。一方面分享实践过程中的经历,感受干好一份职业的严谨与不易;另一方面,学生之间可以经由分享在思想上产生激烈的碰撞,对自己的人生有一个新的认识,修正自己的人生目的、态度和价值观,对职业心怀敬畏之心,理解职业道德对于个人发展与社会和谐的重要性。

5. 成绩评定

校外实践教学虽然教学的场域和形式发生了变化,但始终是思政课教学的重要组成部分,而且是必修环节,因此必须有一个严格而完善的考核环节。校外实践教学环节成绩的评定主要由三个部分组成:一是实习单位指导教师的评价,二是校内指导教师的评价,三是实践报告的撰写与实践后的分享交流。这三个部分可以较为全面地反映一个学生在校外实践期间的综合表现。

(二)参考资料

资料一:抗日战争纪念馆

抗日战争纪念馆的全称是中国人民抗日战争纪念馆。位于北京西南宛平城内,馆址为原宛平县政府驻地。1987 年 7 月 7 日纪念馆对外开放,为 80 年代北京十大建筑之一。占地面积 3 万余平方米,总建筑面积近 2 万平方米。主体建筑分为主馆、资料中心、南北四合院 3 个部分。

中国人民抗日战争纪念馆是全国唯一一座全面反映中国人民伟大抗日战争历史的大型综合性专题纪念馆,属国家一级博物馆、全国优秀爱国主义教育示范基地、全国国防教育基地、全国首批廉政教育基地、全国百家红色旅游经典景区,全国首批国家级抗战纪念设施、遗址,是国际二战博物馆协会、中国抗日战争史学会秘书处所在地。纪念馆有抗日战争历史综合馆(3 个展馆)、日军暴行馆、人民战争馆、抗日英烈馆 6 个主馆展厅、1 个半景画馆和 2 个四合院临时展室。

(1)综合馆

用照片、文物、油画、巨幅灯箱、文字材料展示 1931 年 9 月至 1945 年 8 月中国人民抗日斗争的史实。展馆一厅,以浮雕"用我们的血肉筑成我们新的长城"和巨幅灯箱"保卫长城""保卫黄河"展示平型关大捷、台儿庄大捷和百团大战中八路军攻克娘子关的战斗场面,以及敌后抗日根据地的建设、敌后战场的开辟状况。展馆二厅,以灯箱、照片展示抗战中期世界人民支援中国抗战,正面战场抗击日军的有限攻势和敌后战场的扩大,抗日游击战争发展的情况,以及麻雀战、村落战、地道战、围困战等战例。巨幅灯箱展示的内容为大生产运动。展馆三厅,以巨幅灯箱、图片、实物、景观展示抗战后期的国际形势,正面战场后期作战,远征军缅北滇西反攻的抗日战争的最后胜利。展厅中"攻克松山",描述了中国远征军在缅北、滇西的反攻作战中攻克松山、收复龙陵的场面。展厅以题为"胜利"的大屏幕资料片展示了日本无条件投降的场景,大幅灯箱"中国对世界反法西斯战争的贡献示意图",展示了中国对反法西斯战争胜利做出的贡献。展厅最后一组图片为1972年9月27日毛泽东在中南海会见时任日本首相田中角荣时的情景,反映了战后中日两国人民友好往来的情况。

(2)日军暴行馆

纪念馆基本陈列之一。从轰炸、抢掠、屠杀、焚烧、制造"无人区"、摧残妇孺、设立"慰安所"、虐杀劳工、实施细菌战及毒气战等方面,揭露日军在中国土地上犯下的滔天罪行,以历史照片和文件等再现历史。时间跨度从1931年"九一八"事变到1945年8月。该馆辅以大量的声、光、电等现代化陈列手段,整个陈列逼真、生动、形象,使观众如身临其境。

(3)人民战争馆

展示抗战时期根据地军民灵活多样的武装斗争形式,运用现代科技手段,通过复制景观,再现历史。①地道战景观。地道战创始于华北平原地区。陈列采用特制的轻型仿砖材料复制出农家房屋、居室、磨盘、辘轳水井,在这些建筑下面,挖掘了构造简单的地窖,作为秘密的战斗基点。展厅内的地道战景观取材于河北冉庄。主要复制河北冉庄人民开展地道战的村落及地道。全长70米,引申到地下,设有瞭望、射击、暗堡等设施。为参观方便与安全,仅有10米左右完全与当时的地道相同。②地雷战景观。地雷战是一种群众性的游击战法。敌后战场的群众就地取材,自制各种地雷,在公路、铁路、村口、家门口等处布下地雷。在陈列表现手法上,采取实物与景观相结合的方法,让观众充分了解当时的战斗场面。③水上游击队景观。水上游击战是一种利用河湖港汊海湾等有利于作战的自然条件的游击战法。

在陈列表现手法上,采用电脑喷绘的"白洋淀"大型油画与当年游击队用过的木船组成"水上游击战"场景,用多媒体投影技术表现湖中船只的划动形态,配有音乐和解说词。

(4)抗日英烈馆

在抗日英烈馆厅门内侧的西墙壁上,镶嵌着毛泽东"成千成万的先烈,为着人民的利益,在我们的前头英勇地牺牲了,让我们高举起他们的旗帜,踏着他们的血迹前进吧!"的题词。南北两侧的墙壁上有4组浮雕:两组为抗战时期牺牲的抗日将领、爱国军人和广大人民群众的群雕;另外两组反映的是抗战时期的具体场景。馆厅东半部为半圆形的环状墙壁,由14块红色大理石碑组成。碑上镌刻着抗日战争中牺牲的296位旅级以上烈士名录,名录石碑的下面摆放着14块汉白玉书状石刻,其上镌刻着1 228名团级烈士的英名。所有石刻文字均为阴刻填金。主题雕塑"无名英雄"位于英烈馆正中。台阶上的献花台是供参观者祭奠、瞻仰英烈的地方。

(5)半景画馆

以半景画、模型和实物相结合,真实而艺术地再现了卢沟桥抗战的历史画面。在半景画前面设置了模型和实物,利用人视觉上的误差,巧妙地使模型、实物与画面融为一体。画馆后有声光控制室。半景画厅在中国是首创,整个半景画的建筑、陈列设计、制作均为中国自行完成。

(6)专题展馆

包括"抗战时期的香港"和"台湾同胞抗日斗争史实展"两个展馆,分布在一层主馆的左、右两侧。"抗战时期的香港"展馆,以20世纪40年代处于英国殖民统治下的香港遭受日本军国主义的蹂躏为背景,介绍了香港3年零8个月的日占时期生活及艰苦抗争;"台湾同胞抗日斗争史实展"展馆,以历史图片资料和实物再现台湾同胞抗击侵略的光辉历史和不朽业绩。

资料二:北京市禁毒教育基地

说到毒品,大部分人都会谈毒色变,因为毒品不仅会给个人的身心带来巨大的伤害,也往往会造成无数个家庭的支离破碎!当前,随着互联网的高速发展,新型毒品网络犯罪也与日俱增,而且毒品侵蚀的魔爪正在伸向越来越多的年轻人。2017年《毒品易感人群搜索大数据分析报告》指出,根据百度搜索后台数据,年轻人对吸毒相关话题关注度较高,尤其00后、90后、80

后群体,占比近80%。而其关注的主要话题包括明星吸毒、新型毒品类、吸毒减肥、如何自制冰毒等。毒品不但伤害人的身体,还会摧毁人的意志,造成家庭破裂,增加社会不稳定因素,必须引起青年人的注意。

北京市禁毒教育基地于2007年6月26日国际禁毒日落成,是面对全国青少年和普通市民进行免费禁毒教育的政府公益性事业单位,隶属于共青团北京市委员会。基地包括北京禁毒教育展、影视中心、北京禁毒在线网站、国际交流中心,是集教育、工作和交流培训三位一体的复合型专业禁毒教育机构。

北京市禁毒教育基地管理中心(北京青少年服务中心)内设办公室、青少年文化发展部、青少年法律维权部、禁毒教育培训部、禁毒社会活动部和综合信息部,主要承担为青少年提供服务,开展青少年问题研究和禁毒教育、基地管理职能两大职能。

北京市禁毒教育基地拥有学生毒品预防教育和社会普及宣传两大职能,通过参观禁毒展览、观看禁毒影片、开展禁毒主题活动等手段面向全社会进行禁毒知识普及和毒品预防教育。如禁毒基地大门入口处的左手边,几幅拼接在一起的黑白巨幅抽象派绘画夺人眼球,最上面是一幅饱满的红色罂粟果画,茎下是开裂的土地、狰狞的罂粟叶和很多充满痛苦的骷髅头。这幅画寓意毒品给人类带来的灾难和痛苦,让前来参观的人们印象极为深刻。

与此同时,北京市禁毒教育基地还将编辑制作平面及多媒体宣传品;与电视台、电台、网络和报刊媒体合办禁毒教育栏目,扩大禁毒教育的社会覆盖面,实现禁毒与法制的社会公益教育职能,为北京市民提供文化服务;为社会公益活动提供平台;为青少年提供维权帮助。以12355青少年心理与法律服务热线为依托,整合青少年服务志愿者团队,成立未成年犯罪帮扶社会工作服务站。

北京市禁毒教育基地拥有良好的软硬件教育资源,为市民与广大学生提供有针对性的服务。

1. 硬件教育资源

(1)禁毒教育展:北京市禁毒教育展是面对全国青少年和普通市民进行免费禁毒教育的政府公益性单位。展厅分为"船""蛇""剑""路"及"心"五个部分,展览面积3 000 平方米,展现长度为1 100 米,参观平均时间为45 分钟,年接待参观者6 万人次。展览通过科学性、知识性、趣味性相结合的禁毒展览内容和参与互动的形式,普及毒品知识,反映毒品危害,变警示性的禁毒教育为体验式的教育,潜移默化中使参观者经历"参观者—参与者—志愿者—捍卫者"的角色转变过程。

(2)摄影棚:北京市禁毒教育基地影视中心建有400 平方米中国最大的、三讯道的专业禁毒教育摄影棚、专业语录室、高标清摄录设备及专业的后期编辑机房,可以单独制作出专业水准的禁毒宣传节目,教学片、宣传片以及资料片。

2.从软件教育资源(人力资源、可挖掘的教育资源、课程资源等)

(1)教学工具。①手机 App:禁毒宣传教育多功能应用程序"毒控";②软件:北京禁毒教育数字展馆;③视频:微电影、动漫、公益广告、教学短片;④资源包:毒品预防教育教学资源包(中学版)。

(2)社会大课堂活动。①小学生毒品预防教育一堂课;②中学生毒品预防教育一堂课。

(3)禁毒教育展。①参观禁毒教育展厅;②体验禁毒游戏;③学习禁毒手语;④观看禁毒教育影片。

禁毒教育基地内展示的真实而又残酷的案例与资料,让每一个参观的青年学生都深刻感受到"珍爱生命,远离毒品"不应只是一句口号,而应是警醒世人的一剂良方。

资料分析:

青年大学生在实践基地进行与专业对口的基地实践,能够提前接触到专业,了解未来所从事职业的任职资格与工作职责,更加明确自己在学校学习的目的与内容。与此同时,深刻体会做好一份职业必不可少的职业道德,在真实的基地实践过程中感知个人与他人、个人与社会的关系,让学生真实感受到个人与社会是对立统一的关系,两者相互依存、相互制约又相互促进,个人理想的实现离不开社会环境的支持,社会理想的实现离不开每一个个体的努力。

禁毒教育基地、抗日战争纪念馆或者其他红色教育基地都以实物、实景、实例、实事为载体,可以帮助青年大学生在与真实事件、红色人物的对话中,不断进行触及思想、深入灵魂的反思和感悟。同时,教育基地主题鲜明、特色突出、感染力强,能够让思想政治教育变得更加具象化。青年大学生在基地实践时的现场讲解本身也是一种现场教学,它具有情景体验、生动直观的鲜明特点,其最大的优势就在于"体验式",而这种"体验式"的带入感很强,能够实现理论与现实的结合、思想与情感的交流、内容与形式的统一,真正发挥思想政治教育的导向和育人功能。

(三)注意事项

不管是与提升职业技能的专业实习相结合的思政课校外实践教学还是单纯的思政课校外实践教学,其目的都是为了让青年大学生能够通过亲身参与社会实践,对人生、对职业、对生活、对社会能有一个更为深刻、理性的认识。在基地实践活动结束之后,要让学生撰写接触专业的感知,通过撰写专业感知促进青年大学生对基地实践的再思考。例如法律文秘专业学生去到司法机关的校外实践,要求学生在实践中注意观察和分析司法工作者与案件当事人的言行举止,分析作为一名司法工作者应该具有哪些职业素养和职业道德,分析作为案件的当事人在案件发生、发展过程中存在哪些需要改进的地方,思考自己在司法机关实践的过程中与司法工作者、与案件当事人的交流沟通过程是否顺畅,有哪些做得不到位的地方等等。

而去到中国抗日战争纪念馆和禁毒教育基地进行实践,尤其是很多学生在实践过程中经过培训成为纪念馆或教育基地的讲解员负责为前来参观的人员进行讲解,这种单纯的思政课校外实践实践教学要求学生带着这些问题去实践:一个人的人生到底应该怎么过? 自己应该以一种什么样的态度去面对未来的人生? 个人的价值应该通过什么样的方式去实现? 个人与社会的关系到底应该是什么样的? 只有结合自己的亲身实践,结合自己对于抗日英烈的近距离了解,结合自己对于吸毒人员的近距离接触,才能对上述关于人生目的、态度、价值等问题有一个比较清晰、深刻的认知。

实践教学除了学生的实践,教师的指导也必不可少,当学生在实践过程中遇到困惑、难题时,教师应该及时给予解答,消除学生的困惑,帮助学生建立正确的思考方式和正确的价值理念;学生在撰写实践报告的过程中遇到的问题,教师也应该及时加以指导和解答。

基地实践过程中学生都身处校园之外,个人自身安全是最为重要的,指导教师必须将安全方面的注意事项及时传达给学生,并要求学生认真执行,确保基地实践期间的人身安全。

(四)总结思考

实践的目的在于深刻理解课堂上所学的理论,经由实践去验证理论的正确性。人生应该怎样度过,以一种什么样的态度去面对人生,什么样的人生才是真正有价值的人生,这些问题对于那些涉世未深的青年大学生,仅仅依靠课堂上的讲解,他们也只是一知半解,甚至会对思政课教师讲述的内容不以为然。只有他们自己亲眼看过、亲身体验过才能真正对教师课上所讲内容有一个较为理性的认识。禁毒教育基地的实践,不仅仅是要告诉青年学生不能靠近毒品,更应该通过他们每天给他人讲述的一个个活生生的案例,让他们深刻感受到一旦沾染毒品他们的一生就会如同案例中当事人那般家破人亡、妻离子散,身体每况愈下,更何谈人生发展、人生价值。

当代大学生的权利意识日益觉醒且强烈,他们习惯从消费者、纳税人的视角去审视别人,对他人的要求也比较高,而对自己的要求和约束相比之下却要差一些,在司法机关的校外实践,让他们看到了做一名司法工作者的不易,职业道德看似基本要求,真要做到也非常不易。自己未来也将是司法系统的一员,也要遵守并严格执行职业职责与职业道德。同时,也要让青年大学生反思,如若司法系统的工作人员有违职业道德、徇私枉法,那么社会将会面临怎样的危险,进而懂得道德在不同领域的重要性,懂得个人品德、家庭美德、职业道德、社会公德对于社会、国家及对于每个人的重要性。

二、发现生活

人的思想源自生活,思想的改变也源自生活改变,生活给予了我们很多,现代人总在抱怨自己太忙,总在抱怨上天给予自己的太少,总在抱怨他人对自己不够好,总在抱怨这个社会世风日下,甚至有人会说这个社会戾气太重,凡此种种,都让人感觉生活灰暗,没有阳光。然而,真正的生活却并非只有令人感到沮丧、灰暗的一面,它还有明亮、憧憬和艰难中体味到的欢乐和幸福,还有丰富多彩的一面,还有很多令人感到温暖与期待的瞬间,发现生活就是要通过青年学生的亲身实践,让他们去寻找、体会和感受生活中积极美好,让人感动温暖和幸福的一面。通过这一个实践环节,让更多的青年学生学会换一个角度去看待生活、看待社会、看待国家,建立一种积极正向的思维,建立对社会主义核心价值观的认同,并能在生活中真正践行社会主义核心价值观,为社会、国家传递正能量。

(一)设计思路

第四章"践行社会主义核心价值观"是思想道德修养与法律基础课程中理论性比较强的一章,如果思政课教师单纯只是以理论讲授的方式进行教学,很可能会让学生感到枯燥乏味,但实际上这一章又是整个思想道德修养与法律基础中最为重要的一章。因为在这个多元价值、多元文化的时代,如果没有一个能够凝聚和统领大众的共识,那么国家、社会很有可能成为一盘散沙,这是极其危险的。在校外实践教学环节设计"发现生活"就是要引导青年学生从自己的生活中或者实习单位中去发现真善美,发现积极且富有正能量的人和事,引导青年在这个价值多元且时有冲突的社会中寻找和发现能够凝聚大众思想、整合大众力量的价值观,努力成为培育和弘扬社会主义核心价值观最积极、最活跃、最充分的青年先进代表,为社会的和谐、繁荣贡献自己的一分力量。

1. 主题确定

活动的主题是整个实践活动的方向和指引,确定主题是首要环节。"发现生活"是思政课校外实践教学环节的某一个环节的总称,需要进一步加以明确,为学生的校外实践提供更为具体的指引。

确定主题为"发现生活——践行社会主义核心价值观之典范",明确指出青年学生要发现的是社会主义核心价值观的践行典范,应该是积极正向的,是对国人、对青年大学生有影响、示范和指引作用的人和事。

2. 实践目的

通过现实生活中的观察与寻找,发现社会主义核心价值观的积极践行者,分析这些社会主义核心价值观的践行典范所处的环境背景、所做出的事迹以及自身所具有的鲜明特征,对照自身,发现自己存在的不足,进而严格要求自我,努力提升自我,向先进看齐,认真学习和理解社会主义核心价值观的基本内容,并身体力行、自觉践行社会主义核心价值观,做新时代的合格大学生。

3.任务要求

(1)必须从自己生活的现实环境中去寻找和发现社会主义核心价值观的践行典范,个人或者集体均可;

(2)认真观察并记录社会主义核心价值观之践行典范的思想、行为与优秀事迹;

(3)在寻找和观察过程中必须保存相关的图片或视频资料;

(4)对照自身,分析自己对于社会主义核心价值观的认识是否到位,自己在践行社会主义核心价值观的过程中存在哪些不足;

(5)思考并规划自己在未来应该如何更好地践行社会主义核心价值观。

4.具体实施

(1)×月×日,发布本期"发现生活"的主题及任务要求;

(2)×月×日—×月×日(20天),学生去观察和发现典范,并认真记录其思想、行为与事迹;

(3)×月×日—×月×日(5天),学生对照自身,分析并发现自己的不足;

(4)×月×日—×月×日(5天),制定未来践行社会主义核心价值观的计划并提交。

5.成绩评定

指导教师根据学生的观察记录、典范资料、自身规划三者的完成质量来进行学生校外实践的成绩评定。

(二)参考资料

资料一:著名核潜艇专家黄旭华:中华民族必定如日出东方一般崛起(节选)

黄旭华,男,汉族,1924年2月出生,广东汕尾人。1949年毕业于上海交通大学造船系,中共党员,中国工程院院士,中国第一代攻击型核潜艇和战略导弹核潜艇总设计师。1958年起参加核潜艇研制工作,为我国核潜艇事业奉献了毕生心血。

要想不再受欺负,中国得强起来。

问:您曾说:"我的人生,就是在日本飞机的轰炸声里决定的。"可否分享一下您弃医从研、科学报国的经历?

黄旭华:我本是想学医的,因为父母都是医生,后来事情逐步发生了改变。我小学毕业时抗战爆发,学校基本都停办了。当地的爱国青年组织了一个抗日救国宣传队,我们就跟着一起搞宣传,演了一部话剧《不堪回首望平津》。当时来的人很多,密密麻麻,广场上都挤满了。我们在台上演抓汉奸,底下喊"杀""杀",那时我就想大家对日本人恨死了,长大了一定要为国家尽点力。后来我到桂林念书,日本人炸桂林,那是满城狼藉、一片废墟。每次警报一响,就得出城躲进防空洞。如果早上发警报,晚上还没解除,就得在山沟里挨一天饿。每次我跟着大家从城里往外跑就一腔怒火,有三个问题始终在心里浮现:为什么日本人这么疯狂,想登陆就登陆,想屠杀就屠杀? 为什么中国人就不能安居,一定要到处逃亡? 国土那么大,我们跑来跑去,连一个安安静静读书的地方都没有,这是什么道理? 我请教我的老师柳无垢,她给我的答复很简单,就是中国太弱了,弱国就要受人家宰割。于是我将原名"绍强"留给二哥使用,给自己起名"旭华",意思是中华民族必定如旭日东升一般崛起,我要为中华民族的强大做贡献。后来我到重庆考大学,和国民党空军航校的一位朋友交流了很多,这个时候我就彻底改变了。我认识到,要想不再受欺负,中国得强起来。我不学医了,我要学航空学造船,将来制造飞机保卫我们的蓝天,制造军舰抵御外国侵略。后来我考上了上海交通大学造船系。

……

问:中国为什么必须要有自己的核潜艇?

黄旭华:居里有一句话:"要反对原子弹,自己就应该先拥有原子弹。"我加了一句:"自己有了原子弹,你必须要有执行第二次核打击的手段,这就是核潜艇。"为什么? 有了原子弹,你声明不首先使用原子弹,那你把原子弹摆在地上让人家打也不行。必须拥有核潜艇,把原子弹埋在水底下。

讲到潜艇,两次世界大战,潜艇的威力是非常惊人的。因为它潜入水底,隐蔽性强,给敌人的军舰和海上运输造成很大的威胁。据统计,一战中被潜艇击沉的海上运输船队占总损失的87%。一战结束后,大家对潜艇重视了,防潜的技术开始出现,潜艇在水下的隐蔽性大打折扣。就算这样,二战中被潜艇击沉的海上运输船队仍占总数的 67%，交战双方被潜艇击沉的航空母舰达 17 艘。那个时候潜艇在水下靠蓄电池航行，而蓄电池能量有限，功率也不大，在水下速度很慢，全功率航行大概只能维持一小时，慢慢走可以维持一到两天，一到晚上它要浮起来，有一个通气管，启动柴油机，一边低速航行，一边给蓄电池充电。

二战结束后，大家逐步研究，终于找到了一个不需要空气的动力能源，这就是核动力。有了核动力，潜艇就有了这么几个特点：第一，它不需要空气，能长时间埋伏在水下；第二，反应堆功率大，航速大大提高；第三，反应堆一次装载核燃料，全功率燃烧的周期是一周年，现在已经发展到跟潜艇的寿命同周期，也就是说装一次燃料就再也不用装了，这也就大大提高了潜艇的续航里程。美国 1954 年把反应堆用到潜艇，成功建造了第一条核动力潜艇，在世界上引起轰动。这个核动力潜艇，是海军作战的撒手锏。如果装上了巡航导弹，它就是航空母舰和大型军舰的克星。如果装上了洲际导弹，那它的打击面可以覆盖世界上任何一个国家。在敌人首先对我进行核攻击的情况下，我可以保存自己，给他致命的核反击，叫作第二次核打击。和平时期有了它，就可以遏制敌人的核讹诈，保卫国家，维护世界和平。所以毛主席讲"核潜艇，一万年也要搞出来"。第一，我们中国需要核潜艇；第二，核潜艇技术困难，不是一下子就能搞出来；第三，表示我们的决心，非搞出来不可。

……

问：核潜艇是否具有战斗力，极限深潜试验是关键。1988 年，64 岁的您亲自登艇参与深潜试验，您为何要以身试险？

黄旭华：所有的潜艇研制完成后，都有一道严峻考验，这就是进行极限深潜试验。1963 年，美国某王牌核潜艇深潜试验还未到 200 米就沉入海底，艇上 100 多人无人生还。这艘由里到外全由中国人白手起家研制的核潜艇，能否顺利闯过中国核潜艇研制史上第一次深潜试验大关，参试人员心中无底。个别人给家里写信，说万一回不来，有这样那样未了的事，请家里代为料理，其实就是遗书，宿舍里有人在唱《血染的风采》。带着沉重的思想包袱去执行深潜试验，那是非常危险的。

我决定同他们对话。我说，随时随地准备为国家的尊严和安全献身，这是战士的崇高品质。但这次深潜试验绝不是要我们去光荣，而是把试验数据一个不漏拿回来。我们在设计上留有足够的安全余量，试验程序是由浅到深逐步进行，下潜绝不蛮干。在万无一失情况下，也可能存在意外危险，比如我们工作中有一丝疏忽，或者存在超出个人知识范围之外的潜在危险。说句实话，我既有充分的信心，又十分地担心。怎么办？我决定跟你们一道下去，共同完成深潜试验。好心人劝我，说艇上不需要你亲自操作，你的岗位是坐镇水面，何必冒险下去？我说我下去不仅可以稳定人心，更重要的是在深潜过程中万一出现不正常的情况，可以协助艇上及时采取措施，避免事故扩大。我是总设计师，我不仅要为这条艇的安全负责，更要为艇上 170 多个参试人员的生命安全负责到底。听了我的决定，艇长说，总师 60 多岁了，能和我们一道进行深潜试验，那不是夸海口的。

……

自力更生、艰苦奋斗、大力协同、无私奉献，我们把这四句话归纳为核潜艇精神

问：我们为何能在一穷二白的基础上把核潜艇这个尖端做成？

黄旭华：我国当时的科学技术和工业生产能力，比美、苏、英、法等拥有核潜艇的国家大概落后了半个世纪，但在艇的外形、反应堆功率、航速、下潜深度、潜一次能走多长时间等方面，我们的第一条核潜艇比美国的第一条要好。举个例子。美国核潜艇在水下密闭空间能维持多久？他们原计划 120 天，最后做到 83 天 10 小时，我们说它是 84 天，回来时有几个官兵是用担架抬出来的。我们原想，我们技术没有美国先进，艇员的身体素质也比不上美国人，美国最多是 83 天 10 小时，我们能达到 80 天就不错了。我们是多少？我们真正做到了 90 天。所以当时我很兴奋，到码头去接他们。船到码头，我们跟艇上通话："估计你们现在比较困难，为了保证体能、安全靠岸，我们另派一批艇员来接你们，这样安全有保证。"艇上就说："谢谢你们，我们保证能安全靠岸，不需要你们接。"那个情形确实激动人心，一个个雄赳赳、气昂昂跑出来，没有一个需要担架。我当时特别高兴，我说："好啊，我们拿到金牌了！"

总结我们的工作经验，叫"自力更生、艰苦奋斗、大力协同、无私奉献"，我们把这四句话归纳为核潜艇精神。中华民族是了不起的民族。只要有坚

强的领导,只要下定了决心,要干什么事情,一定能够干成。两弹一星、核潜艇,哪一个不是这样!所以钱学森讲过一句话:"外国人能干的,中国人为什么不能干。"毛主席讲了一句话:"还可能比人家干得更好!"

……

问:请谈谈父母的言传身教对您的影响。您和女儿们聚少离多,在对她们的教育上又有什么心得?

黄旭华:当年,我的父亲母亲在基督教会办的医院跟英国医生学医,学完后在汕尾海丰找了一个最穷最需要医生的地方工作。他们的医德,老百姓有三句话,叫作爱心、耐心、责任心……

我在工作当中,如果有一点成绩,除了党的教育培养,都是受父亲母亲影响。所以我从小就培养孩子们独立生活的能力,培养他们吃苦耐劳的毅力。我常常告诫他们,自己的路要靠自己去闯,不要人家扶。母亲没有想到,被家人误解为忘记养育自己亲生父母的不孝儿子,原来在为国家做这个事。

问:您离家研制核潜艇,才刚刚30岁出头;等到您回家见到亲人,已是60多岁的白发老人。30年中,您和父母的联系只剩下一个海军信箱,这是怎样一种考验?

黄旭华:……

我母亲再三想了解我在干什么事情,都没有得到答复,那么长时间母亲也不再问了……

1985年,《解放军报》发表了一篇报道《骑鲸蹈海赖神将》,这是中国研制新潜艇第一次见报,当时还没有提核潜艇。我当时意识到,保密的门在放开,应该找机会回趟家了。1986年11月,我到大亚湾核电站出差,回了趟老家。这是我30年后第一次回家。母亲见面后,她再也不问我在干什么了。母亲蛮有修养的,她认为不该问了,也问不出来。

直到1987年,作家祖慰在《文汇月刊》第二期发表长篇报告文学《赫赫而无名的人生》,讲述了一位核潜艇总设计师为中国核潜艇事业隐姓埋名30年的事迹。我把这期《文汇月刊》寄给母亲,文章全篇没提"黄旭华"三个字,但写了"他的妻子李世英"。她没想到,被家人误解为忘记养育自己亲生父母的不孝儿子,原来是在为国家做这个事。虽然她也相信自己的儿子不可能不要家,但对他三十年不回家难免也有一点埋怨。她蛮激动的,她把子女们找过来,讲了这么一句话:"三哥的事情,大家要理解。"这个事传到我这里,我哭了。我很感谢母亲弟妹们对我的理解。1956年离家时母亲跟我讲,你少小离家,受尽了苦,那时候战乱你回不了家,现在解放了,父母也老了,希望你常回家看看,我是流着泪满口答应的,但是没想到这一别就是三十年。我常常想,虽然我没有履行我在父母面前承诺的常回家看看的诺言,但我恪守了保守组织机密的誓言。好多人问我,忠孝不能两全,你是怎么理解的?我说对国家的忠就是对母亲最大的孝!

自己是中华民族的儿女,此生属于祖国,此生属于事业,此生属于核潜艇,此生无怨无悔。

……

（资料来源:著名核潜艇专家黄旭华:中华民族必定如日出东方一般崛起[EB/OL].（2019 - 01 - 18). http://baijiahao. baidu. com/s? id = 16229915
99219020563&wfr = spider&for = pc. ）

资料二:面朝大海,春暖花开:6个主题词读懂王继才夫妇的守岛人生

飞机南翔,高铁北上。夜宿孤岛,晓行渔港。

连日来,寻访王继才、王仕花事迹的人们舟车辗转,奔赴开山岛,像潮水一样,来了又走了。震撼之余,疑问也像海浪在人们心头起伏——

芸芸众生,守过海岛的人极少,更不要说坚守小岛32年。一对与大多数人经验、阅历几乎没有交集的平凡夫妻,为什么能赢得如此多的崇敬?网络时代,各种刷屏信息极多,走心励志的故事也车载斗量。发生在大陆一角、黄海一隅开山岛上的那些事情,为什么持久地吸引人们关注的目光?

主题词之一:选择

逆行的背后,是一种担当。

1986 年,王继才、王仕花登上开山岛。这一年,中国发生了什么? 这一年,新华社宣布,十一届三中全会以来,已经安排 5 500 万城镇人口就业;这一年,国务院发布《关于鼓励外商投资的规定》……

就在两年前,灌云县所属的连云港市,已经被列为中国第一批对外开放城市,成为欧亚大陆桥的"桥头堡"。到城里去,到外企去,到赚钱多的地方去……当时代的机遇之门訇然打开,祖祖辈辈在这块土地上种田糊口、耕海牧渔的人们,发现了改变命运的无限可能。就在这一年,王继才和王仕花选择了"逆行",登上了这个看得见岸上红尘喧嚣,又与世隔绝的开山岛。当多彩成为时代的天幕,当选择成为人们的时尚,两位平凡的农民,在许许多多容易让人眼花缭乱、轻易取舍的抉择面前,表现出坚定的取向和非凡的定力。逆行! 尽管王继才和王仕花登上开山岛的年代,还没有这个网络热词,如今的人们,依然愿意去追问:如果他们不去守岛,会过什么样的生活?

"单凭一身力气,王继才也能发家。"一名船老大回忆,刚上岛时,膀大腰圆的王继才"嘿"地一声,把偌大一筐鱼一下子就端到船下。船老大惊讶地说:"你守什么岛啊? 跟我干吧!"是啊,"龙王只翻一个身,海水倒退三万丈",灌河入海口百里滩涂,芦荡茫茫,水鸟翔集,鱼肥虾美,是个聚宝盆。灌河也被称为"中国的莱茵河""苏北的黄浦江",是个流银淌金的好地方。记者在燕尾港镇寻访和王继才年纪相仿的人,有人做水产养殖生意,有人开饭店,有人当老板,日子过得富足安逸。很多人家的儿女到了大城市,就连王继才家也有两个儿女在省城安家,而他们夫妻仍然守在岛上。鲜有人知,开山岛名称的由来居然与金钱有关。传说,远古一天,一只装满铜钱的大船遇到风浪,船员们把铜钱搬进岛上的山洞藏了起来。从此,人们渴望打开山洞,获取财富,就将这座小岛叫作开山岛。让人唏嘘感叹的是,就在这个连名字都"藏着铜钱"的小岛上,王继才和王仕花一辈子都在和贫困抗争。被誉为"王开山"的王继才,一辈子也没有发财。"一个国家,总要有人去做一些大事、难事。我们做了,大多数人就不必做。"解读这对夫妻的故事,我们相信,逆行的背后是一种担当。

……

主题词之五:家园

高天厚土,吾国吾家。黄海近海,海水浑黄。

环绕着开山岛的这片海水,是黄河染黄的,悬浮着中华腹地、黄土高坡的泥沙。

开山岛,连着中南海。得知王继才牺牲的消息,习近平主席作出批示:王继才同志守岛卫国 32 年,用无怨无悔的坚守和付出,在平凡的岗位上书写了不平凡的人生华章。我们要大力倡导这种爱国奉献精神,使之成为新时代奋斗者的价值追求。"家是玉麦,国是中国"。去年,习主席还给父女两代戍边的西藏隆子县玉麦乡牧民卓嘎、央宗姐妹回信,深情勉励牧民群众像格桑花一样扎根在雪域边陲,做神圣国土的守护者、幸福家园的建设者。连续两年,习主席关注着一对守岛夫妻、两名戍边姐妹,关注着这些坚守平凡、创造非凡的可爱而普通的中国人。华东向东,黄海前哨的开山岛很小,小到不足两个足球场大。西南偏南,喜马拉雅山下玉麦乡很大,大到堪比一些国家的面积。

无论开山岛,还是玉麦乡,都是祖国版图雄鸡千万羽毛的一根,是 960 万平方公里土地的一隅。无论汉族的王继才、王仕花夫妻,还是藏族的卓嘎、央宗姐妹,都是祖国大家庭的一员。他们对祖国的忠诚和对家乡土地的热爱,跨越整个中华大地。

连日来,王继才、王仕花夫妻守岛 32 年的故事,也感动着更多的中国人。"日落满江红,精忠报国八千里;云浮孤岛碧,大义离家三十年"。江苏泰州网友徐兰燕,写了一幅"赞守岛英模王继才"的挽联。"一玉口中国,一瓦顶成家。都说国很大,其实一个家。一心装满国,一手撑起家。家是最小国,国是千万家……"在缅怀王继才的日子里,再唱这首《国家》,很多人对家国情怀也有了更深的感悟。

王仕花回忆说:"最难的一段日子,老王还是说,这个岛啊,我们来守别人就不用守了。你姓王,我也姓王,咱们就替咱们老王家守,还不行吗?"开山岛夫妻哨、玉麦乡两姐妹……我们相信,在中国,这样的人不是极少数,而是大多数。正因为如此,我们这个国家面对种种风浪屹立不倒,面对种种险阻奋勇前行。他们用一种难以替代的方式,履行了砥柱中流的责任。家家能够屹立不倒,人人可以砥柱中流。这就是我们的新时代,这就是我们的大中华。

主题词之六:关爱

别等明天,从今天做起。

原南京军区《人民前线》报记者丁勇告诉记者,王继才有个笔记本,专门记载帮助过自己的人。生前他曾说:"我们守岛有寂寞但不孤独,身后有千千万万个好人。"记者在采访中,也被这样的故事所感动——

2005 年高考前夕,王继才的儿子王志国不小心肩膀锁骨断裂,王继才着急了。灌云县杨集镇武装部原部长万道军将王志国接到家中悉心照料,王志国很快康复,被南京航空航天大学录取。重情重义的王继才提着礼物登门道谢,万道军死活不肯收:"你为国守岛几十年,我为你照顾儿子几十天算什么呀!"女儿王帆 3 岁时,从岛上峭壁摔下,昏迷不醒,王继才夫妇高声求救。正在附近打鱼的 7 条渔船立即收网,迅速向码头靠拢。马力最大的那条船接上王帆,船老大一边开船,一边联系陆地医院做好抢救准备。医生说:"晚送到半小时,孩子就没救了。"

2005 年,岸上的老屋实在太旧了,王继才打算修建,又困难重重。县人武部领导帮助协调办齐手续,又安排 3 个民兵来帮工。镇上的街坊邻居有的拖来一车砖,有的抬来一筐瓦,个把月时间,房屋就修建好了。小岛缺水缺电,却从不缺爱。在燕尾港镇,码头装卸货物都是要给钱的,但王继才一家例外;王继才 3 个孩子,从小是吃着百家饭长大的,孩子们缺什么不管敲谁家的门,乡邻们都会接济一把……

这样的事情,多多益善。不要再让"王继才们"流血流汗又流泪,不要再让他们孤独地登场、寂寞地守望、悲壮地谢幕,我们还能做些什么? 在奋斗的征程上,我们应该如何寻找和把握光荣与牺牲、奉献与代价的平衡点? ……

习主席指出,对像王继才同志那样长期在艰苦岗位甘于奉献的同志,各级组织要积极主动帮助他们解决实际困难,在思想、工作和生活上给予更多关心爱护。既然每个人心中都有一座"开山岛",守卫"开山岛"的人也应该被惦记在每个人的心坎上。"从明天起,做一个幸福的人……"这首诗经久流传,拨动了无数人的心弦。那么,就让"王继才们"先成为幸福的人吧,让他们守望的每一条河、每一座山都有一个温暖的名字。更好地关爱奉献者,不需要从明天做起,应该从现在开始。

让我们面朝大海,迎接心中的春暖花开!

（资料来源:面朝大海,春暖花开:6个主题词读懂王继才夫妇的守岛人生[N].解放军报,2018 - 09 - 16(01、02).)

资料分析:

中国核潜艇之父黄旭华院士目睹祖国山河破碎,毅然弃医从工,立志科学报国,肩负核报复和核平衡的国之重器,一干就是六十年,真正用行动诠释了只有爱国才能承担时代赋予的使命,敬业才能创造更大的人生价值,诚信才能赢得良好的发展环境,友善才能形成和谐的人际关系。这是我们每一个公民都应当遵守的道德规范,也是我们每一个公民共同的价值追求。

守岛卫士王继才、王仕花夫妇克服重重困难,默默坚守海岛32年,用无怨无悔的坚守和付出,在平凡的岗位上书写了不平凡的人生华章。奋斗在国之重器的研发之路上的科研工作者是社会主义核心价值观的忠实践行者,像王继才、王仕花夫妇一样兢兢业业、默默无闻地坚守在祖国各条战线上的普通工作者们也用自身行动诠释着爱国。只有胸怀爱国之心,才能在平凡而又普通甚至近乎枯燥的工作岗位上干出不一样的成绩,为国家和社会的发展做出卓越的贡献。

无论是中国核潜艇之父黄旭华院士还是寂寂无闻的守岛卫士王继才、王仕花夫妇,几十年来都是默默无闻地在为祖国安定与发展奉献着自己的青春,他们无欲无求,只为做好自己分内的事情。日常生活中的诚信、友善自不待言,他们对于工作的那份热情与责任感,对国家的热爱与忠诚都深深刻地在了平日里的行动中,他们用自己的行动诠释了社会主义核心价值观。

核心价值观,承载着一个民族、一个国家的精神追求,体现着一个社会评判是非曲直的价值标准,但社会主义核心价值观并不是空洞说教和理论,而是由一个个鲜活的人与感人的事所组成。当前青年学子应该少一些吐槽、抱怨,多一份身体力行,多多深入社会、深入生活之中去观察和发现那些如黄旭华、王继才这类默默践行社会主义核心价值观的楷模与典范——其实,他们并不遥远,他们就在我们的身边。

(三)注意事项

在发现生活中的社会主义核心价值观的践行典范这一实践活动中,青年学生应该以一个发现者、记录者、学习者和践行者的身份或者角色去完成这一实践任务,发现和记录的目的是为了更好地学习和践行社会主义核心价值观的基本要求,而非仅仅为了记录,这一点是青年学生必须明确和注意的。

此外,生活中有很多榜样人物值得我们学习,他们往往是自力更生、坚忍不拔、艰苦卓绝奋斗在某个领域的普通人,他们有很多我们要学习的地方,同时也有很多不为人知的苦楚、孤寂与辛酸。这就需要学生们在近距离接触这些"最可爱的人"时要注意自己的交流、沟通的方式方法,要保护好他们的"伤口",不要因为自己实践过程中的访谈和交流而又一次伤害到他们。

社会主义核心价值观是一个有机的整体,从个人到社会到国家,被发现和记录的生活中的优秀践行者虽然只是个体,但是从这一个个单个的个体身上,我们能够感受到抑或想象到无数个这样的个体所组成的社会、国家将会是怎样的。因此,虽然本期"发现生活"的主题——发现社会主义核心价值观的践行典范发现的多为个体,但是,每个人都时刻应该意识到社会主义核心价值观是一个有机的整体,个人、社会、国家三个层次之间并不是割裂的,而是有机结合在一起的,青年学生应该把个体的践行与国家、社会整体层面的要求、标准紧密结合起来,有全局意识,在整体思维的指导下去看待和践行我们的社会主义核心价值观。

（四）总结思考

"发现生活"是一个让青年学生贴近生活、观察生活、记录生活,进而学习优秀的人和事情的一个实践教学环节,因其实践性符合当代青年学生乐于探索实践的特点,所以在一定程度上能够把学生从网游、手游中解放出来,让他们从虚拟的游戏世界走出来,去观察和了解真实的世界,去发现真实世界中令人敬仰和感动的人和事,这是发现生活这一实践教学环节最为重要的一点,也是其值得长期持续开展下去的重要原因。

"发现生活"这一实践教学环节的设置不仅仅是为了让社会主义核心价值观进入当代青年大学生的头脑里、行为中,而且还为了让思想道德修养与法律基础课程当中的人生观、价值观、中国精神、优秀传统道德、法律意识等通过更接地气的方式进入到学生的头脑中,让他们发自内心、主动地去认同榜样们的思想,主动地去学习榜样们的行为,最终达到提升自我的目的。

思政课教师作为学生校外实践的指导教师,自身应该站在更高的角度去看待校外实践及其对于学生的意义,而不是完全局限于某个很小的限定的主题,只要学生能够经由生活、经由实践有自己对人对事的认识,自身能力也能得到提升,这本身就是实践教学所要达成的目的。

三、公益活动

公益,顾名思义就是社会公众的福祉和利益,公益活动是公民参与精神的重要表征,也是增加公众社会福祉的重要途径,在组织公益活动时,既要遵循公德、符合公众的意愿,更要营造一种全民参与的良好氛围。当今时代交通、通讯、社交媒体异常发达,青年大学生参与公益活动的媒介和平台也非常多,参加公益活动也有非常多的选择,既可以选择参与的方式,如线上或线下,也可以选择帮助的对象,如孤寡老人、残障人士等等,还可以选择自己参与的途径,如学校组织或个体参与。无论是参加哪种形式的公益活动,都应该始终牢记"公益"二字的含义,坚持用最实在的行动诠释公益精神,让更多的人感受到公益的力量,融入公益活动中,进而在全社会营造一种全民热心公益、积极参与公益、持续弘扬公益精神的良好氛围。

(一)设计思路

作为思政课实践教学的重要方式之一,公益活动历来都非常受青年大学生的欢迎,学生们走出校园,走入社会,在帮助他人、启发公众的同时升华自我,这是一种集学习、实践于一体的非常有助于大学生历练、成长的活动。青年大学生可以参与的公益活动有很多,形式也是多种多样,结合思想道德修养与法律基础第六章"尊法学法守法用法"的相关内容来设计公益活动。公益活动的主题与内容应该紧紧围绕第六章的法律展开,在当前我国全面推进依法治国,加快建设社会主义法治国家的基本背景之下,开展有关法律的公益活动既有助于学生对课堂所学有关法律素养与法律基础知识的理解,也有助于激发学生们学习的动力,用自己课堂所学的知识去服务公众,服务有需要的人,通过自己的行动与努力来唤醒或提升公众的法律意识,推动中国法治化的进程。

1. 主题确定

公益活动是面向公众开展的活动,因其公益的性质,辐射面越广,影响到的人越多,受益的人数越多,公益活动的意义和公益精神才能真正得到彰显。因此,公益活动不但要有一个具有感召力的主题,而且要有一个响亮的、让人印象深刻的口号,以便更好地宣传此次公益活动,让更多的人知晓此次公益活动,进而有意愿加入到公益的队伍当中来。

活动主题:深入开展法治宣传教育,全面推进法治北京建设。

活动口号:共筑中国梦,同铸法治魂。

2. 实践目的

通过青年大学生们深入基层进行法治宣传教育,一方面让更多的人知法、懂法、守法、用法,唤醒公众的法治意识,提升公众的法治素养,推动我国的法治化进程;另一方面以此活动为契机,让学生了解当前我国推进依法治国所面临的基本国情,激发学生学习思想道德修养与法律基础第六章内容的动力与热情,让学生有学习的紧迫感和责任感,只有自己真正理解了、掌握了第六章法律的基础知识,才能有底气去对公众进行法治方面的宣传与教育工作。

3.任务要求

（1）以班级为单位开展法治宣传教育活动；

（2）班级之内分为若干个小组，每个小组负责不同的法治宣传内容，小组内部分工明确，有学生负责法治宣传内容的整理，有学生负责宣传版面的设计，有学生负责发放宣传品，有学生负责现场法律知识讲解；

（3）认真进行宣传教育活动，并记录自己每天进行宣教的过程与效果；

（4）保存活动期间的相关资料与照片；

（5）活动结束后，以小组为单位进行宣教活动情况汇报，一方面汇报本小组的法制宣教的具体情况，一方面分享本小组成员在参加公益活动过程中的体会与收获。

4.具体实施

（1）×月×日，发布本次"公益活动"的主题及任务要求；

（2）×月×日—×月×日，学生深入基层社区进行法治宣传教育活动；

（3）×月×日，小组汇报宣教活动的情况与体会收获。

5.成绩评定

指导教师根据学生的出勤情况、宣教现场表现以及小组汇报的内容三个方面的完成质量来进行参加公益活动这一校外实践环节的成绩评定。

（二）参考资料

资料一：规则意识亟待培养

近年来，由于公众规则意识缺失而导致的人员伤亡事件时有发生，值得人们深思。这其中让人们印象最深刻的莫过于野生动物园内老虎伤人案件的发生，先有 2009 年 3 名男子爬完长城，为抄近路下山，翻过 3 道护网，误入八达岭野生动物园，导致一名男子当场被老虎咬死；再有 2016 年北京延庆，一名自驾游女游客在八达岭野生动物园猛兽区下车后遭老虎袭击，同伴在施救过程中造成 1 死 1 伤；后有 2017 年宁波雅戈尔动物园内，游客未购票翻墙入园，进入到老虎散放区，被老虎咬伤，后虽经全力抢救，但仍不幸身亡的事件。除此之外，还有诸如济南救护车在进小区抢救交通事故中的孕妇时，发现小区的消防通道竟被改为了收费停车场，而且还设置了石礅挡路，170 米的距离，救护车竟然走了 10 分钟；重庆万州，公交车坐过站，乘客与公交车司机发生争吵并互殴，导致公交车坠江，14 人死亡;高铁上"霸座"、飞机上"晒脚"……大到造成多人伤亡的事件,小到平日里凑够一拨人的闯红灯、过马路,都折射出当前国人规则意识的淡薄。有人说,规则意识的缺乏在于违法成本低,这同时也反映出当前国人的法治意识也有待增强。频繁的不守规则的行为不禁让人思考,到底规则是什么。其实,制定规则的首要目的不是要束缚人们的行为,而是为了更好地保护人们。这就意味着,绝大多数规则,一旦逾越甚至践踏它,人们的安全就会受到不同程度的威胁。

资料二:法治意识亟待增强

随着我国依法治国进程的不断推进,法律不再遥不可及,而是离我们越来越近,在我们的生活中也发挥着越来越重要的作用。以人们不太熟悉的"寻衅滋事罪"为例,以往人们都认为寻衅滋事大体应该是一群人或者很多人公然扰乱公共秩序、破坏国家和集体财产的行为才叫作寻衅滋事,然而,随着网络的普及以及人类通信技术的日益发达,法律对于寻衅滋事也有了新的界定,很多人因为法治意识的缺失,触犯了这项法律却浑然不知。2018年北京市丰台区右安门外大街,一辆机动车进入非机动车道,与一骑电动车男子发生纠纷,并对对方进行辱骂,因其辱骂中使用了北京人"傻""穷×"等字眼,一经网络传播,引起北京市民广泛关注,激化了北京人与外地人之间的矛盾,造成了恶劣的社会影响,被警方以寻衅滋事罪刑事拘留。同样,山东某男子也因在其朋友圈里辱骂郯城人而被警方以寻衅滋事罪刑事拘留。"骂街"这个曾经被大家认为是个人品德缺乏或者不遵守社会公德的行为,在当前这个网络发达的时代因其造成的恶劣影响而成为触犯法律的行为,这一点需要人们引起重视。

此外,网络虽是虚拟空间,但在这个法治化的时代,人们也应该注意自己的言行,不能肆意妄为,寻衅滋事罪同样适用于网络虚拟空间中发生的人和事。2018年,四川仁寿县公安局富加派出所发生一起个人极端案件,导致2名民警重伤牺牲。事情发生后,仁寿县内一片哀伤,人们都在沉痛悼念牺牲民警。而在微信平台上,一位网民却在"和谐中铁"的微信群内发布"杀人者英雄好汉,警察是拿了证的土匪"等侮辱警察的言论,其发布的辱警言论造成了极其恶劣的影响,该网民被以寻衅滋事罪刑拘。此外,灾情发生时在网络上幸灾乐祸者、伤害民族感情者因其影响范围都有可能构成寻衅滋事罪。寻衅滋事罪最新立案标准的出台,意味着法治时代作为一位普通公民也必须增强法治意识,不能做有违法律之事。

资料三:人民日报评论部:涵养全社会的法治意识——如何提升我们的社会文明②

时至今日,法治不仅是一种社会信仰,也是一种生活刚需,构成了美好生活的一部分。重庆公交坠江悲剧发生后,许多人也在悲痛之中追问:面对流动社会,公共安全该如何保障? 在道德教化之外,怎么做才能惩前毖后? 对此,近日辽宁省沈阳高新技术产业开发区法院用法槌作出回应:法治。在3起与之类似的拉拽公交司机案件中,被告人均构成以危险方法危害公共安全罪。这一结果,让密切关注公共安全的人们感到宽慰。

本系列评论第一篇《构建匹配时代的精神文明》刊出后,引发网友热烈反响。正如网友在留言中写到的,"文明靠法治""不以规矩不成方圆,法律应该与社会发展齐头并进"。法治,是这个时代的共识。不文明行为之所以更为刺目刺耳,除了社交媒体这个放大器,很大一个原因也在于,信奉法治者越来越多,公众法治意识在稳步提升。这能从一系列公共话题的探讨中得到印证。面对侮辱烈士名誉事件,鼓励"骂回去"的少了,呼吁为英雄烈士人格利益权立法者多了;看到因延误而大闹机场,一道起哄者少了,认可"黑名单"制度者多了;对于警察执法,更多人能站在公允立场,支持"既不能粗暴也不能宽松软"。对热点话题,公众的探讨越来越不局限在事实浅表,而逐渐向法治层面深入,这是法治意识不断提升的体现,也构成了全面依法治国的坚实基础。

当然在现实生活中,诸如开车逆行、违法占道停车等"目中无法"的现象依然不少见。究其原因,还是因为存在一个"文明的剪刀差":权利意识不断高涨,但法治意识还没跟上。一些人越来越懂得如何保护自身权益,却常常对法律规范表现出无知或冷漠,以致每每"严于律人,宽以待己"。事实上,珍视自己言论自由,不等于可以随意上网谩骂;希望医生重视自己的诊疗机会,不等于一言不合就挥拳伤医。权利如果不能正确行使,不仅不能成为法治进程的铺路石,反而可能变成诱发争端的导火索。正如法律格言说的那样:"在一个多少算得上是文明的社会里,一个人所能够拥有的一切权利,其唯一的来由是法律。"换句话说,不侵犯他人的合法权利,自身权益才能被保障,彼此权利都能被维护,社会的福利才能最大化。

习近平总书记在党的十九大报告中提出,坚持全面依法治国,要"提高全民族法治素养"。涵养法治意识,呵护的正是社会文明。醉驾入刑后,喝酒开车者大为减少。人们从一开始的"忌惮严查"到后来"自觉遵守",再后来,同桌都来劝着"开车别喝酒"。一个法条改变的不仅是路上的文明,更有饭桌上的风气,是行为更是思维。也许有人会问:这样的法治会不会显得人情淡漠?应该说,法治社会之治,确实迥异于熟人社会,但它并不意味着冷漠无情,也从不排斥人间真情。我们有理由相信,在电子商务法的保障下,键对键的网络交易,可以比面对面的传统交易更安全;有法律保障的"常回家看看",不仅在强调个人的尽孝义务,也在保障今后被孝顺的权利。那些因为遵纪守法而付出的"代价",兜兜转转,最终能得到整个社会的文明回报。

法治社会不能仅仅寄希望于"君子慎独",而应该有赖于制度化的约束。这也意味着,涵养法治意识,离不开一以贯之的落实。正如飞机、高铁上对吸烟的"零容忍",让烟瘾再大的烟民也能在旅途中安分守己。制度的刚性,不仅树立了稳定的法治预期,也助推了文明的"提速"。正因如此,当"高铁霸座"连续刷屏,绝大多数人倾向于要亮剑、要刚性执法。保持权利边界的清晰可见,避免不文明对文明的挤出效应,以严格执法捍卫守法者的权益,是一个法治社会的应有之义。

时至今日,法治不仅是一种社会信仰,也是一种生活刚需。党的十九大报告写道,"我国社会主要矛盾已经转化为人民日益增长的美好生活需要和不平衡不充分的发展之间的矛盾"。而法治,正是美好生活需要的内涵之一。在这个意义上,每个人的法治意识与法治素养,不仅构成了全面依法治国的基石,也构成了美好生活的一部分。在法治这趟列车上,没有一个人在车窗外,大家彼此关切且彼此成就。

(资料来源:人民日报评论部.涵养全社会的法治意识——如何提升我们的社会文明②[EB/OL].(2018-11-13).http://opinion.people.com.cn/n1/2018/1113/c1003-30396450.html.)

资料分析:

惨痛的代价给公众上了一堂普法课,让人们深刻意识到规则不可逾越,规则意识不可丢。许多时候,不遵守规则似乎也遇不上什么麻烦:虽然知道遵守交通规则有利于保障行人安全,依然有人图一时方便将其抛诸脑后;虽然有人知道保护文物古迹的重要性,依然会在所到之处"不失时机"地刻上"到此一游"。这些破坏规则的行为如此寻常可见,一方面可能是因为许多人的确缺少必要的规则观念,另一方面则与违反规则的成本过低有关。习惯成自然,不少人就这样任性地将"方便主义"带到了猛禽区。回顾一起起事件,地点变了,人物也变了,当事人对规则的漠视甚至无视却始终未变。规则,是在社会群体活动中大家共同形成、公认并由群体共同遵守认可的行为要求,更多的时候,它是得到社会公民的一致承认与接受的,而这种行为要求都是有利于社会一种秩序正常进行的,而对于这种行为要求的遵守,必然使得每个人对自己不符合该要求的进行约束,进行自我矫正,它会在每个人行为发生时发挥自身的作用,因而每个人都必须有规则意识,时时遵守社会的各项规则。每个公民作为社会群体的一分子,只要进入社会环境,就要牢固树立规则意识,深知规则的作用和意义,处处遵守社会的各项规则,养成自觉遵守规则的良好习惯,按规则要求去做好自己,任何人不能违反规则,更不能挑战规则,只有这样才能防范和减少因违反规则所付出的惨痛代价,减少自身和社会的损失。

　　法治是现代文明的制度基石,法治兴则国家兴,法治衰则国家乱,建设法治国家离不开每一个公民的参与和推动。法治听起来很高大上,其实也非常简单,就是一种规则。法治这个规则是人类社会经过几千年发展后找到的一条维护人类社会秩序稳定、促进社会文明进步的唯一一条道路。当今世界,无论何种社会形态,这个规则都是适用的。法治规则的要求说起来也很简单,即要求每个人、单位、组织、政党、政府、国家及其成员都必须按照法律规则办事。如果违反这个规则,导致的后果与违反自然规律一样会受到惩罚,这种惩罚对于个人、组织变现形式虽然不一样,但是实质完全是一样的。个人违反法治精神会受到法律制裁,社会国家违反法治受到的惩罚是国家秩序的混乱和已经建立起来的制度的崩溃。身处互联网、新媒体迅速发展的时代,做一个法治国家的公民,我们应该培养法治思维,维护法律权威,做法律忠诚的捍卫者,而不应该如上述资料所述人等已经违背法律而自己却浑然不知。

坚持全面依法治国,就要提高全民族的法治素养。习近平总书记在十九大报告中明确提出这一观点,意味着全面依法治国,不仅仅是法律工作者要制定更有科学的法律法条,更为公平、公正地执行法律,秉公办事,而且意味着作为一名普通公民也应该培养法治素养,建立法律思维,维护法律权威。与此同时,依法治国和以德治国是相辅相成的,对于国家和社会治理而言,法治和德治都非常重要,不可或缺,法治是治国理政的基本方式,依法治国是基本方略,法治具有根本性、决定性和统一性,它强调对任何人都一律平等,任何人都必须遵守法律。德治是治国理政的重要方式,以德治国就是通过在全社会培育、弘扬社会主义核心价值观和社会主义道德,对不同人群提出有针对性的道德要求。面对高铁"霸座"、公交"互殴"等事件,人民日报社在撰文评论时用的四个系列标题是:构建匹配时代的精神文明、涵养全社会的法治意识、培养深入人心的规则意识和守护人人有责的社会公德,这其中既提到了法治,也提到了道德、文明。由此可见,法律和道德虽然使用的领域、发挥作用的途径等各不相同,但都指向一个共同的目标即社会文明,都是为了提升社会的文明程度,都是为了给国人构建一个和谐、友善的社会环境,让我们的国家民族能够繁荣兴盛。

(三)注意事项

随着时代的发展,青年大学生参与公益活动的方式、内容和对象也越来越多样化,但是不管方式、内容如何变化,公益活动的服务对象除了一般公众,更为主要的是各类"困难群体"。所谓"困难群体",不只是传统意义上的经济贫困人群、孤寡老人、残障人士,还包括经济上并不困难但在精神方面、社会关系方面陷入困境者,这些身处困境,需要被关注和帮助的人群,也是一个极其脆弱的群体。公益活动是为了他们或者公众福祉、利益而开展的活动,因此,一定要保护好这类困难群体的利益与隐私,不能伤害到他们。

青年大学生参与公益活动是一个展示当代大学生社会责任与精神风貌的窗口与平台,在参与公益活动的过程中,青年学生一定要注意自身的言行举止,不能做出有损当代大学生形象的事情,要时刻牢记自己参加此次活动的目的是为公众服务,在遇到突发事件时应该展现大学生积极向上、有责任有担当的精神面貌。

作为思政课校外实践教学的环节之一，公益活动是有组织的集体活动，学生参与集体活动就应该严格遵守活动的纪律要求，遵从公益服务的宗旨，按照学校和公益活动主办方的基本要求行事，不得私自行动，或者做出有违公益价值伦理的事情。

（四）总结思考

青年大学生参加公益活动，其目的就在于通过接触公众，了解公众，体会民情，感悟民生，进而陶冶其情操，启迪其智慧。因此，公益活动最为重要的两点就在于公益活动过程中学生的行为表现和公益活动后学生的感悟与体会。很多时候，作为实践教学方式之一，思政课教师或者学校对于学生具体参加公益的实践过程要求非常严格，一方面确保师生与服务对象的安全，另一方面确保公益服务的质量，很多时候对参加公益服务之后青年学生的心理感受与体会不够重视，这一点需要引起我们的注意。

接触公众，感受民生，很多时候青年大学生在参加完公益活动后，会有一种失落和沮丧的感觉，同时还有一种深深的无力感，感到自己对于改变困难群体现状是那么无力和无奈，进而对现存的国家制度、政策、体制产生不满和怀疑。这时候就特别需要思政课教师对其进行一个合理、理性的引导，引导青年学生走出消极、偏激的思想阴霾，对当前的社会、政治制度、政策、法律等进行一个理性的分析，帮助青年学生使用理性思维去思考和分析社会现象、社会群体。培养学生从建设性的角度去看待问题、解决问题，而不仅仅是哀怨和批判现状。

学生参加公益活动只是单个的活动，而公益活动、公益服务是一个长期持续的过程，只有长期持久的公益服务才能在社会中体现出公益的力量和公益对于社会的影响。因此，作为思政课实践教学方式之一的公益活动要让学生通过参与公益，意识到公益是一个长期的事业，需要公众一起来努力，建立公益制度，搭建公益平台，丰富公益载体，在全社会培育一种公益氛围和公益文化，唯有如此才是真的公益，才能真正将公益精神及其价值体现出来。

开展法律知识宣教公益活动除了公益本身的意义和价值之外，思政课教师还应该让青年大学生意识到法治与德治从来都不是割裂开来的，两者始终以不同的方式在维护着国家和社会的稳定。作为当代大学生，在日常生活中,可以通过各种途径学习法律知识,掌握法律方法,参与法律实践,养成法律习惯,守住法律底线,在学习和生活中逐渐提高法治思维能力,培养法治思维习惯。与此同时,也要不断提升自己的道德素养,做一名道德高尚、行为规范的时代新人。

思考题

1. 你如何看待影像展播这一课堂实践教学环节?
2. 分享会这一实践教学环节对你的影响如何?

第四章　毛泽东思想和中国特色社会主义理论体系概论实践教学

　　毛泽东思想和中国特色社会主义理论体系概论是与党和国家的路线、方针、政策紧密结合的一门课程,虽然都是高等院校思政课的重要组成部分,但是它前面讲到的与思想道德修养与法律基础又有着明显的区别,两门课程培养青年大学生的侧重点各不相同。思想道德修养与法律基础旨在通过人生、社会、法治等方面理论的讲授,让青年学生明确人生方向,树立远大志向,坚定理想信念,提升自身的思想、道德与法律素养。而毛泽东思想和中国特色社会主义理论体系概论旨在让大学生对马克思主义中国化进程中形成的理论成果有更加准确的把握;对中国共产党领导人民进行的革命、建设、改革的历史进程、历史变革、历史成就有更加深刻的认识;对中国共产党在新时代坚持的基本理论、基本路线、基本方略有更加透彻的理解;对运用马克思主义立场、观点和方法认识问题、分析问题和解决问题能力的提升有更加切实的帮助。

　　当代青年大学生身在高校,接触社会较少,也没有经历中国的革命战争时期,要想真正让青年学生学会运用马克思主义的立场、观点、方法认识和分析问题,必须真正做到理论联系实际,在实践中对理论有更深刻的认识。因此,"毛泽东思想和中国特色社会主义理论体系概论"课的实践教学环节就是要通过现实的具体实践让学生对中国革命、建设和改革的进程、成就有一个更加深刻的认识,真正学会用马克思主义的立场、观点和方法去认识问题。

第一节　实践教学设计

　　毛泽东思想和中国特色社会主义理论体系概论的精髓在于学会运用理

论联系实际方法来认识、分析当前中国的实际,提出符合中国实际的解决问题的方法,开阔学生的视野格局,培养学生的大局意识和责任担当。毛泽东思想和中国特色社会主义理论体系概论作为高职院校思政课的重要组成部分,其实践教学环节同样离不开课堂实践教学、校园实践教学和校外实践教学这三个环节,这三个实践教学形式有助于加深高职院校青年学生对于党和国家在革命、建设和改革等不同时期的路线、方针、政策的认识与理解,提升其判断、分析和解决问题的能力。

表4-1　毛泽东思想和中国特色社会主义理论体系概论课实践教学设计一览表

章节	内容	实践教学要求	实践教学形式
1	毛泽东思想及其历史地位	通过实践教学,使学生了解毛泽东其人及其思想的形成、发展及其主要内容,引导学生培养实事求是、群众路线与独立自主的理念和作风	课堂实践: 1.学生讲坛(从毛泽东的诗词书画中感受其革命情怀) 2.焦点讨论(毛泽东的功与过) 3.影像展播(纪录片《毛泽东》) 校园实践: 图书寻访(《毛泽东传》) 校外实践: 校外参观(毛主席纪念堂)
2	新民主主义革命理论	通过实践教学,使学生了解新民主主义革命理论的内容,懂得统一战线、武装斗争和党的建设对于中国共产党的重要性	课堂实践: 1.角色扮演(新民主主义革命的动力分析) 2.影像展播(纪录片《正道沧桑——社会主义500年》第二十五集"开天辟地"片段) 校园实践: 图书寻访(《星星之火,可以燎原》等) 社会实践: 校外参观(李大钊故居)

续表

章节	内容	实践教学要求	实践教学形式
3	社会主义改造理论	通过实践教学,使学生了解社会主义改造的内容及其历史经验,并能结合当前实际准确理解不同时期我党对于非公有制经济的不同认识与政策嬗变	课堂实践: 1.影像展播(《走出西柏坡》片段) 2.专题讲座("新中国成立以来中国共产党关于非公有制经济认识的嬗变") 校园实践: 图书寻访(图书馆查阅有关新民主主义革命的书籍,如《新民主主义革命简史》《中国新民主主义革命史》)
4	社会主义建设道路初步探索的理论成果	通过实践教学,使学生了解社会主义建设道路初步探索的相关理论,理解初步探索过程中的经验与教训,学会运用理论联系实际的方法来认识和分析当前中国社会的主要矛盾	课堂实践: 影像展播(纪录片《我们走在大路上》第七集"艰辛探索"片段) 校园实践: 课外作业(新中国成立以来我国社会主要矛盾的嬗变)
5	邓小平理论	通过实践教学,使学生了解邓小平其人,理解邓小平理论的形成及其主要内容,引导其确立解放思想、实事求是的理念与作风,真正做到理论与实践相结合、知行合一	课堂实践: 1.课堂辩论(改革开放带来的物质影响大还是精神影响大?) 2.影像展播(纪录片《正道沧桑——社会主义500年》第三十九集"南方讲话"片段) 校园实践: 1.图书寻访(《我的父亲邓小平》) 2.课外作业(我眼中的邓小平)
6	"三个代表"重要思想	通过实践教学,使学生了解"三个代表"重要思想的形成过程,理解"三个代表"重要思想的核心观点,真正意识到党的建设的重要性	课堂实践: 1.案例分析(东欧剧变) 2.影像展播(纪录片《居安思危——苏共亡党的历史教训》片段) 校园实践: 图书寻访(《他改变了中国——江泽民传》)

续表

章节	内容	实践教学要求	实践教学形式
7	科学发展观	通过实践教学,使学生了解科学发展观的形成过程,理解科学发展观的科学内涵与主要内容,培养学生运用科学发展的观点来认识社会,看待发展	课堂实践: 影像展播(纪录片《正道沧桑——社会主义500年》第四十四集"发展新篇"片段) 校园实践: 图书寻访(图书馆查阅《科学发展观的历史演进和时代意蕴》一书)
8	习近平新时代中国特色社会主义思想及其历史地位	通过实践教学,使学生了解习近平其人,准确理解中国特色社会主义进入新时代的含义,掌握新时代中国特色社会主义思想的主要内容,建立新时代青年大学生的责任与担当	课堂实践: 影像展播(纪录片《习近平治国方略:中国这五年》片段) 校园实践: 1.图书寻访(《习近平的七年知青岁月》) 2.课外作业(我眼中的习近平)
9	坚持和发展中国特色社会主义的总任务	通过实践教学,使学生了解何谓中国梦,理解中国梦的科学内涵,把握新时代中国特色社会主义发展的战略安排,勇于承担自己的时代重任	课堂实践: 影像展播(纪录片《正道沧桑——社会主义500年》第四十八集"复兴之梦"片段) 校园实践: 1.图书寻访(《习近平的七年知青岁月》) 2.微电影制作(《中国梦 我的梦》)
10	"五位一体"总体布局	通过实践教学,使学生了解"五位一体"总体布局的内容,理解当前中国在经济、政治、文化、社会和生态文明建设方面存在的问题与面临的挑战,引导学生树立大局意识	课堂实践: 1.影像展播(纪录片《地球公民》《垃圾围城》片段) 2.专题讲座("五位一体"总体布局之生态文明建设) 校园实践: 1.图书寻访(图书馆查阅有关"五位一体"五个方面内容的书籍,如《寂静的春天》《文明的冲突与世界秩序的重建》《分享经济》等)

续表

章节	内容	实践教学要求	实践教学形式
11	"四个全面"战略布局	通过实践教学,使学生了解全面建成小康社会的内涵,理解全面深化改革、全面依法治国、全面从严治党的内容,引导学生以战略的眼光看待和解决当前中国存在的问题	课堂实践: 1.影像展播(纪录片《这里是中国》《法治中国》片段) 2.专题讲座(精准扶贫) 校园实践: 知识竞答(改革开放四十周年知识竞赛)
12	全面推进国防和军队现代化	通过实践教学,使学生了解习近平同志的强军思想,理解坚持党对人民军队的绝对领导和推动军民融合,引导学生积极入伍报效祖国,引导学生建立爱军拥军思想,积极推进军民融合	课堂实践: 影像展播(纪录片《强军》片段) 校园实践: 1.课外作业(我眼中的中国海军、陆军、空军、火箭军) 2.社会调查(当代青年参军入伍意愿调查)
13	中国特色大国外交	通过实践教学,使学生了解中国坚持的和平发展道路,理解中国推动建立的新型国际关系,引导学生树立和践行人类命运共同体的思想	课堂实践: 1.影像展播(纪录片《大国外交》片段) 2.专题讲座(新中国外交七十年) 校园实践: 主题演讲(厉害了我的国)
14	坚持和加强党的领导	通过实践教学,使学生理解中华民族伟大复兴的关键在于党的领导,引导学生坚定党对一切工作的领导的信念,并在具体工作中服从党的领导,维护党的权威	课堂实践: 影像展播(纪录片《面向世界的中国共产党》片段) 校园实践: 课外作业(我眼中的共产党员)

第二节　课堂实践教学

一、学生讲坛

学生讲坛是一个展示和锻炼学生综合能力的平台,同时也是帮助青年大学生对思政课上某一个知识点加深认识的重要渠道,它让学生变被动听为积极查找、主动学习、认真准备、大胆讲授的过程。因为是青年大学生自己要在课堂上为大家讲授一个主题或者知识点,所以它能够激发青年大学生的学习热情,也能够培养学生严谨缜密的学习和工作作风,每一位同学都力求自己讲授的论据能够支撑自己的观点或者证明自己讲的知识点,所以每一个小细节都会认真、细致地去求证,容不得半点马虎。台下很长时间的准备是为了登上讲台为大家讲授之时能够获得全班同学及教师的认可,这对于学生的语言表达能力又是一个锻炼和考验,也正因为如此,学生讲坛是思政课堂上非常重要的一个实践教学形式。

(一)设计思路

在第一章"毛泽东思想及其历史地位"的教学过程中,学生讲坛这一课堂实践教学环节就非常有必要。因为"00 后"的青年大学生身处娱乐速食文化的时代之中,他们是网游、微媒体的忠实爱好者,他们课堂之外读书的数量在不断减少,尤其是高职院校的学生,对于领袖毛泽东的认知也仅仅停留在中学历史和政治课本上学到的层面,这显然不能满足进入大学时期,尤其在上"毛泽东思想及其历史地位"这节课对于青年大学生知识上的要求。设计学生讲坛"从毛泽东的诗词书画中感受其革命情怀"这一环节,就是为了让学生对毛泽东及其思想有一个自发的了解和认识过程,了解毛泽东的个人特点才能对其不同时代的思想转变以及以其为领导核心的中国共产党革命思想、道路的转变有进一步的认识和理解。

1. 选题目的

对毛泽东诗词书画的欣赏和分析比直接学习毛泽东思想让青年学生感觉更为轻松一些,更有意思一些,更能激发他们的学习和参与热情。通过分析毛泽东笔下的诗词书画,学生对领袖毛泽东的认识和理解也能够更为立体、全面、真实,而不是停留在原有的、刻板的书本描述之中。毛泽东不同时期的诗词书画都是其当时处境、心情与理想、情怀的一种真实展现,所以,引导青年大学生去查找、分析毛泽东的诗词书画,一方面有助于对领袖毛泽东有一个立体、全面的认识,另一方面也有助于提高青年大学生的诗词鉴赏与文化素养,还能有效锻炼学生的团队协作能力。最为重要的是,能够对不同时期毛泽东思想的内容有一个深刻的认识和理解。

2. 实践要求

"从毛泽东的诗词书画中感受其革命情怀"看似简单,实则工作量很大,对青年大学生的要求也比较高。

首先,学生讲坛必须是以小组为单位进行,分工合作,充分发挥小组当中每一位同学的优势和特长。有人负责收集并选择毛泽东的诗词书画,有人负责分析诗词书画的内容与其所体现的毛泽东当时的处境与心情,有人负责将小组分析整理的资料与内容用最简捷、最有说服力的方式展示给全班同学。

其次,学生讲授应该紧密结合学生讲坛的主题,既赏析毛泽东的诗词书画,又对其中蕴含的时代背景、革命情怀进行剖析,而不能将思政课上的学生讲坛变成纯粹的诗词赏析,如若这样,学生讲坛作为思政课的实践教学方式,其作用和效果就无法得到体现。

再次,不同小组在选择毛泽东诗词书画作品时尽量做到不重复,作品的时间段也尽量不要有交叉,这样可以确保通过学生讲坛这个环节,让全班同学感受毛泽东不同时期的历史境遇、革命情怀,将课堂实践教学环节的作用充分发挥出来。

接着,学生在台上进行讲授时必须有相应的 PPT 支持,图文并茂地呈现,这样有助于其他同学对本组同学的介绍有一个具体的感知,对其所要表述的某个特定时期的毛泽东思想有形象的认识。

最后,台上同学进行相关内容讲授之时,台下的其他同学应认真听讲,不得扰乱课堂秩序,影响他人听讲,同时如有互动环节,台下同学也应该积极配合、互动,共同完成学生讲坛这一活动。

3. 活动评价

评价主体由本小组成员、思政课教师和本班其他小组同学共同组成,主要的评价指标有资料选取的恰当与否,对诗词所涉及历史事件的分析的准确性、课堂讲授时的媒体技术支持与语言表达、讲授对同学的启发性、讲授过程中是否存在明显的错误等。

（二）参考资料

资料一:"从毛泽东的诗词书画中感受其革命情怀"

忆秦娥·娄山关

毛泽东

一九三五年二月

西风烈,

长空雁叫霜晨月。

霜晨月,

马蹄声碎,

喇叭声咽。

雄关漫道真如铁,

而今迈步从头越。

从头越,

苍山如海,

残阳如血。

创作背景:

1934 年 10 月,中央红军开始战略性的大转移——长征。长征初期,王明等"左"倾机会主义者惊慌失措、仓促行事,既不作必要的政治动员,也未作一定的军事准备,在行动上搞大搬家,实行退却中的逃跑主义,在军事上盲人瞎马,遇敌硬打硬拼,使红军处于被动挨打的局面,陷入极其危险的境地。因此,当红军突破蒋军的第四道防线,渡过湘江时,历时仅仅两个月,即损过半。

1935 年 1 月,红军强渡乌江,攻占遵义。1 月 15 日至 17 日,在这里召开了中国革命史上具有转折意义的中共中央政治局扩大会议,即著名的遵义会议。遵义会议开了三天,会上,纠正了"左"倾机会主义在组织上和军事上的错误,改组了书记处和军委,结束了"左"倾路线在党内的统治,确立了毛泽东在全党全军的领导地位。从此,红军改变了以往的被动局面,在战略上转入主动的态势。

1月中旬,红军离开遵义,过娄山关。娄山关在贵州省遵义城北娄山的最高峰上,是防守贵州北部重镇遵义的要冲。后经桐梓,渡赤水,准备从川南的宜宾和泸州之间渡过长江,与张国焘的红四方面军会合。2月5日,在一个叫"鸡鸣三省"(四川、贵州、云南)的村庄,博古把军事指挥权正式移交给毛泽东。

上任伊始的毛泽东求胜心切,敌情未明而猛攻四川土城。没料到四川兵十分能打,红军折兵数千,败下阵来。此时蒋介石集结重兵,封锁长江,严守川黔边境,毛泽东当机立断,决定放弃和张国焘会合的这一长征初始目标,挥师东进,再渡赤水,回贵州攻打战斗力薄弱的黔军。这是长征途中的最重大的战略转折。

贵州军阀王家烈手忙脚乱,急调两个师企图凭娄山关天险力阻红军。彭德怀亲自带兵以急行军25日凌晨借着月色向娄山关挺进,与黔军在红花园遭遇,敌军仓皇应战,败退关口。红军沿盘山道向关口猛烈攻击,又在点灯山一带的山梁上与敌激烈拼搏,经过反复争夺,终于占领点灯山高地,牢牢控制了关口,这时已近黄昏。中央红军在夕阳映照下,迅疾通过娄山关。26日,击溃了向娄山关反扑之敌;27日在遵义以北粉碎敌三个团的阻击;28日,红军乘胜追击再取遵义。

这次战役,歼敌两个师又八个团,俘敌近3 000人,取得了自从惨败湘江、损失一半人马以来的长征途上的第一个大胜仗,也是遵义会议后的第一个大胜利。

词作赏析:

毛泽东这首《忆秦娥·娄山关》是他所有词作中较为出色的作品,此词慷慨悲烈,写景状物、抒发胸臆,堪当精品。这首词最早发表在《诗刊》1957年1月号。忆秦娥是词牌名,源于李白的词句"秦娥梦断秦楼月"。娄山关是本词题目,也是本词的写作地点。

娄山关,在贵州省遵义城北娄山的最高峰上,建立在险峻的山峰之间,是贵州北部进入四川的重要隘口,离遵义城约60公里。关上竖有一块石碑,上面刻着"娄山关"三个大字。娄山关地势极为险要,《贵州通志》说它"万峰插天,中通一线"。

1935年1月7日,红军占领遵义。1月10日,红军第一次攻克娄山关。1月15至17日,党中央在遵义召开了中央政治局扩大会议,肯定了毛泽东的正确路线。19日,红军离开遵义。20日,翻越了娄山关,进军川南,计划与在川西北的红四方面军会师,创立根据地。28日,根据毛泽东的提议,红军发起了土城战役。由于情报失误,红军未能实现预期的作战目的。博古讥讽说:看起来,狭隘经验论者指挥也不成。毛泽东认真总结了土城战役的教训,亲自指挥了他一生最为得意的四渡赤水行动。红军二渡赤水后,于2月25日再克娄山关,2月28日重新占领遵义,歼灭贵州军阀王家烈两个师,取得长征以来最大的一次胜利。

当日,毛泽东随中央军委纵队登上娄山关,极目四望,欣然作笔,写下该词。娄山关战斗虽然胜利了,革命却暂时受阻,所以全词明显有些悲壮。

首先,让我们来看一下诗人自己对这首诗的解释:毛主席在1962年5月9日读了郭沫若对这首诗的赏析后,将郭沫若对本词的解析内容全部删去,并以郭沫若的语气写了一段对这首诗的注释性文字:"我对于《娄山关》这首词作过一番研究,初以为是写一天的,后来又觉得不对,是在写两次的事,头一阕一次,第二阕一次,我曾在广州文艺座谈会上发表了意见,主张后者(写两次的事),而否定前者(写一天),可是我错了。这是作者告诉我的。"

"1935年1月党的遵义会议以后,红军第一次打娄山关,胜利了,企图经过川南,渡江北上,进入川西,直取成都,击灭刘湘,在川西建立根据地。但是事与愿违,遇到了川军的重重阻力。红军由娄山关一直向西,经过古蔺古宋诸县打到了川滇黔三省交界的一个地方,叫作'鸡鸣三省',突然遇到了云南军队的强大阻力,无法前进。中央政治局开了一个会,立即决定循原路反攻遵义,出敌不意打回马枪,这是当年2月。在接近娄山关几十华里的地点,清晨出发,还有月亮,午后二三时到达娄山关,一战攻克,消灭敌军一个师,这时已近黄昏了。乘胜直追,夜战遵义,又消灭敌军一个师。此役共消灭敌军两个师,重占遵义。词是后来追写的,那天走了一百多华里,指挥作战,哪有时间去哼词呢?南方有好多个省,冬天无雪,或多年无雪,而只下霜,长空有雁,晓月不甚寒,正像北方的深秋,云贵川诸省。"

本词写于娄山关激战之后,以娄山关之战为题材,虽然写的是翻越娄山关的行军情景,写的是胜利后的所见所闻所感,但运用的是高度综合法、侧面描写法,把两天的战斗历程浓缩为一天,通过严肃、紧张的行军气氛,透露出激战的先兆,通过猛烈的西风声、凄厉的雁叫声、细碎急促的马蹄声和时断时续、悲咽带涩的喇叭声,暗示战斗紧张激烈,通过描写海涛般起伏的苍山、如鲜血般殷红的残阳,借以表现浴血奋战、英勇牺牲的激战情景。全词不长,上下两阕,通篇只有四十六个字,但雄奇悲壮,气势如虹,寥寥数笔,像一幅出自大师手笔的简笔画,笔简而意无穷,为我们勾勒出一幅雄浑壮阔的冬夜行军图,表现了作者面对失利和困难从容不迫的气度和博大胸怀。

资料二:外国人看毛泽东:令人极感兴趣而高深莫测的人

1. 埃德加·斯诺:毛泽东是一个令人极感兴趣而复杂的人

美国作家和记者埃德加·斯诺1936年6月,从北平出发,经西安赴陕甘宁边区,是第一个在红色区域进行采访的西方记者。斯诺记录了毛泽东给他留下的印象:"面容瘦削,看上去很像林肯的人物,个子高出一般的中国人,背有些驼,一头浓密的黑发留得很长,双眼炯炯有神,鼻梁很高,颧骨突出。"他觉得在毛泽东身上有一种"实实在在的根本活力",在"这个人身上不论有什么异乎寻常的地方,都是产生于他对中国人民大众,特别是农民——这些占中国人口绝大多数的贫穷饥饿、受剥削、不识字,但又宽厚大度、勇敢无畏、如今还敢于造反的人们——的迫切要求做了综合和表达,达到了不可思议的程度"。斯诺形容毛泽东"是一个令人极感兴趣而复杂的人"。"有着中国农民的质朴纯真的性格,颇有幽默感,喜欢憨笑。""说话平易,生活简朴,有些人可能以为他有点粗俗。"

在延安的采访活动中,斯诺知道毛泽东还是"一个精通中国旧学的有成就的学者,他博览群书,对哲学和历史有深入的研究,他有演讲和写作的才能,记忆力异乎常人,专心致志的能力不同寻常,个人习惯和外表落拓不羁,但是对于工作却事无巨细都一丝不苟,他精力过人,不知疲倦,是一个颇有天才的军事和政治战略家"。1972年埃德加·斯诺在日内瓦逝世,弥留之际还说"我热爱中国"。

2. 斯特朗:毛主席的一针见血的语句,渊博的知识,敏锐的分析和诗人的想象力,使他的谈话成为我一生中听到的最有启发性的谈话

1946 年 8 月 6 日，在雨后初晴的延安杨家岭，毛泽东接受了美国记者斯特朗的采访。为了表示礼貌，毛泽东特意穿了件稍好的蓝布衣服。他们坐在窑洞前苹果树下的一张石桌周围，娓娓而谈。

毛泽东先向斯特朗询问了许多美国国内的情况，然后同她就国际国内形势作了重要讲话，其中心点就是"一切反动派都是纸老虎"。毛泽东通过列举俄国沙皇、德国希特勒、意大利墨索里尼和日本帝国主义的例子，说明"一切反动派都是纸老虎。看起来，反动派的样子是可怕的，但是实际上并没有什么了不起的力量。从长远的观点看问题，真正强大的力量不是属于反动派，而是属于人民"。斯特朗问到如何看待美国使用原子弹时，毛泽东回答："原子弹是美国反动派用来吓人的一只纸老虎，看样子可怕，实际上并不可怕。当然，原子弹是一种大规模屠杀的武器，但是决定战争胜败的是人民，而不是一两件新式武器。"最后谈到蒋介石发动的这场大规模内战的前景，毛泽东充满信心地说："拿中国的情形来说，我们所依靠的不过是小米加步枪，但历史最后将证明，这小米加步枪比蒋介石的飞机加坦克还要强些。虽然在中国人民面前还存在着许多困难，中国人民在美国帝国主义和中国反动派的联合进攻之下，将要受到长时间的苦难，但是这些反动派总有一天要失败，我们总有一天要胜利。这原因不是别的，就在于反动派代表反动，而我们代表进步。"……

1960 年，斯特朗在《一个现时代的伟大真理》一文中，回忆起这次谈话说："毛主席是十四年前在延安时说帝国主义和一切反动派都是纸老虎的。现在这已成为有历史意义的历史名言了。""毛主席的一针见血的语句，渊博的知识，敏锐的分析和诗人的想象力，使他的谈话成为我一生中听到的最有启发性的谈话。"

3. 蒙哥马利：在这个国家里，威望最高、能指挥所有人的人只有毛泽东

20 世纪 60 年代初，蒙哥马利曾以私人名义两次访问中国，先后受到毛泽东等党和国家领导人的接见。蒙哥马利通过在中国的亲历亲闻，真正了解到中国的内外政策和社会现实生活。同时，也意识到中国在未来的世界舞台上必将发挥重要作用。1961 年夏天，蒙哥马利再次访问中国，周恩来要求熊向晖以外交部办公厅副主任的名义参加陪同，结合实地参观访问，并对蒙哥马利做些工作，帮助他从本质上认识中国的内外政策，进一步了解英国

上层人物对国际局势的观点和对中国的看法。从 9 月 9 日开始,蒙哥马利对包头、太原、延安、西安、三门峡、洛阳、郑州、武汉进行了参观访问。在此之前,这些中国内陆城市不曾向西方政要开放过。

在延安访问期间,蒙哥马利曾来到街上的小吃摊上,指着用棍子串起来的油饼问摊主:"这东西多少钱一个?"摊主通过翻译告诉他:"5 分钱一个。"他拿起油饼仔细端详了好一阵子又问道:"这有多重?"摊主称了后,告诉他有 3 两多。过了一会,蒙哥马利说:"这价钱不贵。"从市场回来的路上,蒙哥马利途经一个公共浴室,他便问熊向晖说:"我可以进去吗?"熊向晖回答说:"男部可以,女部不行。"说完,蒙哥马利径直走进了男浴室。浴池里多是中青年人,也有几个少年,他们见到一个高鼻子、蓝眼睛的外国人走进浴室,并同自己打起招呼来,便有些害羞地躲开了。而蒙哥马利却沿着浴池走了一圈,仔细审视着浴室内每一个人的裸体。当他走出浴室后,即对陪同人员说:"来以前,有人说中国正在闹大饥荒,饿死了几十万人……中国每个城市都饿殍遍地。说中国闹大饥荒是没有理由的。这里人的肌肉很好,丝毫看不出饥荒的迹象。"

蒙哥马利在访问过程中,特别注意到了这样一个现象:所有被接受访问的人,一开口总会有一句非常普遍的口头禅———"毛主席说……"有一次,蒙哥马利在郑州宾馆里,忽然向服务员提出一个看似莫名其妙的问题,他说:"在当今中国的领导人当中,你最拥护谁? 最听谁的指挥?"几名服务员不约而同地回答道:"毛主席!"蒙哥马利又问:"除了毛主席之外,你们还听谁的?"这几名服务员说:"刘少奇、周恩来。"蒙哥马利在天津杨村参观某步兵师的新兵打靶时,向战士提出了同样的问题,得到的回答同样是"毛主席!"由此,蒙哥马利认为:在这个国家里,威望最高、能指挥所有人的人只有毛泽东。

9 月 21 日凌晨 2 时许,熊向晖向周恩来汇报了蒙哥马利到各地参观、访问的情况。最后,周恩来问:"你看,他脑子里对我们还有什么疑问? 他还可能提什么战略性的问题?"熊向晖回答说:"他对毛主席十分钦佩,但似乎想探询毛主席的继承人是谁,他没有直接提出这个问题,我是从一些迹象揣测出来的。"周恩来问:"有哪些迹象?"熊向晖回答说:"蒙哥马利很愿同群众谈话,问这问那。在包头和太原,他总是在不同场合分别向工人、农民、学生或服务员提问:你最拥护谁,你最听谁的指挥?他好像是在做'抽样调查'。而且说过,中国古代的帝王很聪明,在位的时候就确定了继承人,虽然有的不成功,但多数是成功的,这就可以保持稳定。他还说,以前英国常为争夺王位而打仗,后来,有了王位继承法也就平静了。也许是从中国学来的。现在许多国家的政治领袖不像中国古代帝王那样聪明,没有远见,没有足够的勇气和权威确定自己的继承人,这是不幸的。在郑州,他还对我说:斯大林是一位有权威的政治领袖,但缺少远见,生前没有明确指定自己的继承人,死后出现了'三驾马车'的混乱局势。贝利亚被杀掉,结果让只会用皮鞋敲桌子的赫鲁晓夫取得权力,他的统治是不会长久的。"熊向晖说完,周恩来又问,你说了些什么?熊向晖回答说:我什么也没说,也不好说,只是听,然后把话题岔开……

4.施密特:在驱除日本侵略者、解放中国方面,毛泽东的确功不可没

在毛泽东去世30周年之时,记者赴汉堡访问了德国前总理施密特。他是唯一与毛泽东见过面的德国总理。

德国之声:您于1975年访问中国,并曾与毛泽东长谈。请问,他给您留下了怎样的印象?

施密特:毛泽东见我时的第一句话就是,您是康德学派的人,而我则是一位马克思主义者。我们谈了3个小时。当时他周围有3位女性,她们都是英语翻译。毛泽东讲中文,翻译把他的话译成英语,有时她们也不明白他的意思,就彼此商量,有时她们会把他的话写在纸条上,问您说的是这个意思吗?毛泽东点头或亲自修改纸条上的文字。

德国之声:毛泽东去世已30年,中国和世界都发生了很大变化。以今天的眼光,您如何评价毛泽东的历史地位,如何看待他对中国及西方甚至世界的影响?

施密特:在驱除日本侵略者、解放中国方面,他的确功不可没。说到他当年的对外关系,有一点值得称赞,那就是他没有发动战争。毛泽东曾认为,苏联和中国之间会爆发战争。但他没有挑起这场战争,战争也没爆发。在朝鲜战争期间,他的态度一直比较审慎,直到美军北上直逼中国边境,他才决定出手。在外交政策上,他的立场令人惊讶得非常克制和温和,包括对台湾。

德国之声：您认为，中国的崛起会对世界起到哪些作用？

施密特：30年前，全世界没人会料到中国经济会这样快速发展，15年前也没人会想到中国有望成为第三大国民经济体。目前，德国的国民生产总值还居世界第三，排在美日后面。但几年后，中国将超过我们。最晚在15年也许20年后，中国将超过日本。中国的发展的确是个奇迹，这样的现象在整个世界历史上任何地方都找不到先例。

这是件非同寻常的事，对外部世界而言，其意义现在还难以估量。最近几年，中国对石油和原材料等的需求把世界市场价格推到高峰。同时，中国的出口对美欧某些工业领域意味着一个新竞争者的登场。于是有些人对中国表示不满，但我认为这是不对的。中国的发展令西方感到不安。但从道德上来讲，这种不安是没有道理的。

资料分析：

毛泽东思想是马克思主义中国化的第一个重大理论成果，是马克思主义在中国的运用和发展，虽然毛泽东思想形成和发展的历史条件与我们今天面临的形势和任务有很大的不同，但这丝毫没有减弱和降低毛泽东思想的科学价值。毛泽东同志在不同历史时期的诗词就是当时革命形势和毛泽东同志内心思想和信念的外在体现，分析毛泽东同志在不同历史时期的作品有助于青年大学生更直观地理解当时的革命形势以及当时以毛泽东同志为领导核心的中国共产党的历史决策。此外，毛泽东同志在中国共产党内部的领导地位不是自动生成的，而是毛泽东同志在与"左"倾冒险主义、右倾机会主义等不同派系进行艰苦斗争的结果，毛泽东同志从中国共产党第一次代表大会中的一个书记员一直成长为中国共产党的领导核心、中华人民共和国的缔造者和伟大领袖，这是一个漫长而且充满艰辛的过程。毛泽东同志的诗词作品正是他在成长过程中所遇、所闻、所感的集中体现，同时也是毛泽东同志思想不断升华的体现。

正确认识毛泽东思想的历史地位和指导意义，就有一个怎样科学评价毛泽东和毛泽东思想的问题。因为这个问题关系到怎样看待党和国家过去几十年奋斗和前进的历史，关系到党的团结、国家的安定，也关系到党和国家未来的发展前途，不仅有重要的历史意义，而且有重要的现实意义。正确认识毛泽东同志本人及其思想，就需要从不同的视角去看、去感知，国外学者与政要眼中的毛泽东与中国人眼中的毛泽东肯定会有诸多不同,因为两者看待毛泽东的视角不同。与此同时,外国人在看待和研究毛泽东同志时可以避免出现国内民众对于毛泽东盲目崇拜或全盘否定的偏激现象,他们作为外国人,对毛泽东的认识和评价也会较为客观。上述资料中,四位国外学者或政要从不同的角度对毛泽东的特点进行较为细致的描述,有学者更是长期以来一直不间断地在采访和研究毛泽东,最后他们得出的对毛泽东的评价中却有着诸多的共同点,即毛泽东在中国革命历程中功不可没。由此可见,虽然毛泽东在后期严峻的国内外形势之下做出过某些错误的决策,但从整体来看,毛泽东的功绩是第一位的,应该将毛泽东晚年的错误同经过长期历史检验形成科学理论的毛泽东思想区别开来,我们应该珍视这一马克思列宁主义与中国革命实践相结合而形成的科学理论成果,而不能随意去否定它。

(三)注意事项

学生讲坛要求学生提前两周进行准备,准备内容包括小组的组建、组员的分工、讲坛主题的确定、资料收集等,教师对于准备阶段的严格要求在于让学生不仅要通过学生讲坛这一课堂实践教学环节对毛泽东思想及其历史地位有一个立体、深刻的认识,而且要借助此实践教学环节达到锻炼学生团队分工、协作共同完成任务的能力的目的,这一点是思政课教师在组织此类课堂实践教学环节必须谨记的。

学生讲坛要求学生要讲给大家听,而不是照着稿子上讲台读给大家听。对于这一点,思政课教师在布置任务时要反复强调。读和讲是两个不同的行为,读仅仅是机械地诵读,而讲则要充分调动学生身体的各个部分来协助其表达,试图达到让别人听懂的目的。而一个人要能很好地将一件事讲给别人听,必须是自己对这件事非常熟悉,有着深刻的认识,而且能够分析听众的兴趣点与需要,用听众能接受且喜欢的方式去讲,这对于一个人或者承担此次学生讲坛的小组成员来说,是一个综合的考验,也是思政课实践教学的重要目的。

学生讲坛要求在讲台下听讲的学生必须严格遵守课堂纪律,不得出现喧哗等不尊重台上正在讲授同学的行为,要求台上讲授的同学认真准备,努力将本小组的最佳状态呈现给同学。对纪律的要求在于,让青年大学生感受教师在台上讲课时的不易,同时自己也亲身体验台下同学的不守纪律的行为是对台上精心准备的同学劳动的不尊重。

（四）总结思考

学生讲坛这一课堂实践教学形式是对思政课教师课上教学的一种有益的补充和帮助,毛泽东思想及其历史地位既需要思政课教师给学生进行正确的讲授和引导,也需要鼓励学生自己去深入探究。教师讲授毛泽东及其思想,学生只是被动地接受,甚至还会因为时代久远,以及学生认知偏差等方面的原因对毛泽东及其思想有错误的认识,而通过学生自己的资料查找、收集与分析,学生对于毛泽东及其思想会产生一种新的认识。例如因为要向全班同学公开分析、讲授毛泽东的诗词及其革命情怀,学生需要对毛泽东本人有所了解,而学生在收集有关毛泽东生平的相关资料时,发现原来毛泽东家族中为革命牺牲的就有六位英烈,毛泽东在革命历程中也遭受了种种磨难,也正是这些经历以及当时国家的境遇铸就了毛泽东强烈的革命情怀,基于对毛泽东了解的加深,不少原来对毛泽东心存偏见的学生,也开始重新审视毛泽东的一生,不再用昔日偏激、错误的观点来评价毛泽东及其思想。学生经由学生讲坛对某个历史人物、事件有了新的、客观的认识,改变了以往绝对的、偏激的认识,这本身也是思政课实践教学的目的所在。

在学习中,时不时会出现学生对于毛泽东、毛泽东思想抑或其他革命人物、历史事件的有失偏颇的认识和看法,思政课教师应该以此为契机,就某个具体的人物、事件或者知识点进行深入剖析,带着学生一起去寻找和发现问题之所在,真正让学生学会用毛泽东思想中的实事求是、一切从实际出发、具体问题具体分析等方法来发现问题、分析问题和解决问题,这也是青年大学生在思政课上学习毛泽东思想的真正精髓所在。学习毛泽东思想不是简单了解或者能够背诵毛泽东思想的内容,而是要真正理解并学会用毛泽东思想中的核心思想与方法去解决问题。

二、影像展播

影像资料具有很强的视觉冲击力,能够给人以单纯口头讲授无法达到的感官冲击,这一点对于青年大学生能够产生较为强烈的吸引力。影像资料的这一特点能够激发他们观看影像资料、思考影像中所反映的现象和问题的兴趣,思政课教师带着这些学生的疑虑和想要进一步了解的问题进行课堂教学,无疑能够紧紧抓住青年大学生的课堂注意力,将毛泽东思想和中国特色社会主义理论体系概论课程中学生认为枯燥的理论和知识通过一种生动的方式展现出来。影像展播是毛泽东思想和中国特色社会主义理论体系概论课程中经常被用到的一种课堂实践教学形式,它将离当代青年大学生比较久远的历史事件与人物通过具体的影像资料呈现在青年大学生面前,无疑增强了该门课程的吸引力和学生对于所学知识点的关注度,同时也有助于提升该门课的教学效果。

(一)设计思路

在第二章"新民主主义革命理论"、第三章"社会主义改造理论"以及后续其他章节的教学过程中,影像展播是一个非常必要且作用明显的实践教学环节。新民主主义革命是身处半殖民地半封建社会泥沼中的中国人民发现资产阶级民主革命在中国行不通,进而寻求新的救亡图存道路的一种选择,其中艰险及其对于中国社会发展的重要意义自不待言,但是其背后各个阶层的努力、抗争与探索过程需要我们铭记,需要当代青年大学生深刻理解和领会,并能从各阶层的抗争与探寻过程中得到启发,为中国社会未来的发展提取有益的、可资借鉴的宝贵经验。可以说,影像展播这一实践教学形式具有其他实践教学形式无可比拟的优势。

1. 选题目的

通过影像资料将新民主主义革命过程中各个社会阶层为中华民族的救亡图存所做的努力一一呈现,通过直观的视觉画面,让当代青年大学生感受当时国家羸弱、人民贫困的艰难处境,领略中国共产党领导无产阶级是如何在极其恶劣的环境之下探求中国未来的生存和发展之路的。一方面在情感上激起青年大学生对于中国革命道路艰险的情感共鸣,另一方面激发青年大学生去思考今后我们国家的发展路径与方向在哪里,帮助青年大学生对中国革命道路的认识从感性认识上升到理性认识,能够从思政课的学科角度去看待和思考问题,做到理论联系实际。

2. 实践要求

影像资料的选取必须严格围绕毛泽东思想和中国特色社会主义理论体系概论的具体章节内容进行,而且要以能够准确、真实反映历史事实的纪录片为主,向青年大学生准确呈现某特定历史背景下的中国现状,禁止不加判断地随意选取视频资料在课堂上播放,造成青年大学生的错误认知。如第二章新民主主义革命理论部分,在影像资料的选取上应该选取能够真实反映当时社会各阶层为救亡图存而奔走呼号的艰辛抗争、求索的过程,而不是单纯讲授该历史时期的事件。

影像资料的使用必须跟课程的授课课时相结合。课堂实践教学是思政课教学的一种有益补充,是为了帮助青年大学生对某个相对久远、陌生时代的人和事有一个客观的、理性的认知。更为重要的是要以影像资料作为一个兴趣点,激发和引导学生积极,主动地去收集和分析相关资料,认真倾听思政课教师讲解,对新民主主义革命及其理论有一个全面的、客观的认识。为此,思政课教师要把握好影像资料在课堂上的放映时间,禁止只放影像资料而不加引导和分析,思政课教师在放映影像资料之前,可以通过视频剪辑的方式,将一部纪录片中多个非常重要的片段进行剪切,然后再加以合成,争取做到让学生在较短的时间内,能够对某一个历史时期的人物和事件有一个清晰的认识。

使用影像资料是为了帮助学生更好地理解某个知识点,所以,在播放影像资料之前,思政课教师要把需要学生经由影像资料思考的问题抛给学生,让学生带着这些问题去观看,即有目的地观看,并且在观看的同时思考,以加深对知识点的认识。同时,在观看完视频资料之后要及时进行课堂提问,了解学生通过视频资料对所学知识的掌握程度。

3. 活动评价

评价主体由思政课教师和 3 名本班同学组成,主要的评价指标有是否认真观看、对影像资料主题的把握、对思政课教师布置问题的回答质量等。

(二)参考资料

在第二章"新民主主义革命理论"和第三章"社会主义改造理论"都讲到了民族资产阶级和非公有制经济以及两者在革命、改造和建设过程中发挥的重要作用和做出的卓越贡献,但这对于当代青年大学生来说,毕竟是发生在久远的过去,很多学生并不能很好地理解这段历史以及非公有制经济的地位和作用。而思政理论课不但要有理论性,而且要有政治性,因此可结合当前我国民营经济的发展现状以及在一段时间内甚嚣尘上的"民营经济离场论"的言论,在第二章和第三章的教学过程中,有必要引导学生了解一下不同时期我党对于非公有制经济的不同认识与政策嬗变,让广大的青年学生对中国的革命、建设道路,对非公有制经济有一个正确的、理性的认知,并且在未来选择就业时能够理性抉择,以避免因出现偏激、错误的就业理念而影响就业。

资料一:从"离场论"到"自己人"——民营经济惊心动魄的50天

2018年9月12日上午,一篇名为《私营经济已完成协助公有经济发展应逐渐离场》的署名文章开始在网上快速传播,其作者为"吴小平"。这篇文章提出的"民营经济离场论"在舆论场上掀起了波澜,先后多家媒体发表评论驳斥这一言论,紧随其后的是高层接连数次的表态。

风起于青萍之末。潜伏在这些背后的是一系列的资本、实业层面的波荡。从上半年的债务风险到下半年的股权质押风险,再到不断在民营企业身上爆出的资金链紧张、融资难等问题。一系列市场和政策的变化,在民营企业身上不断被投射。

高层的信号不断被释放。10月19日,国务院副总理刘鹤就当前经济金融热点问题接受采访时表示:那些为了所谓"个人安全"、不支持民营企业发展的行为,在政治取向上存在很大问题,必须坚决予以纠正。

11月1日,习近平在京主持召开民营企业座谈会,此次会议上,习近平表示,一段时间以来,社会上有的人发表了一些否定、怀疑民营经济的言论。比如,有的人提出所谓"民营经济离场论",说民营经济已经完成使命,要退出历史舞台;有的人提出所谓"新公私合营论",把现在的混合所有制改革曲解为新一轮"公私合营";有的人说加强企业党建和工会工作是要对民营企业进行控制;等等。这些说法是完全错误的,不符合党的大政方针。

大音定民心。至此,过去50天里,一场由民营经济话题引出的讨论和心理风波被划上休止符。那些经历了动摇、忧虑甚至怀疑的民营企业家们,再次起步。

……

在这一天稍晚一点的时候,《经济日报》新媒体号发表了一篇标题为《经济日报批驳"私营经济离场论":对这种蛊惑人心的奇葩论调应高度警惕》,这篇标题名称长达30个字的评论署名为"平言",这是《经济日报》理论评论部所共用的一个笔名。《经济日报》创刊于1984年,邓小平为该报题写了报名。作者在这篇文章中直斥"私营经济离场论"为"逆改革开放潮流而动、企图开历史倒车的危险想法"。

……

浪潮并未完全止于《经济日报》的评论,在9月下旬,舆论对于人社部有关"职工参与民营企业管理"的误读让舆论持续发酵,伴随而生的还有关于民营企业党建、工会问题的讨论,风起浪涌直至11月1日,最高层在民营企业座谈会上直指症结的"这些说法是完全错误的"回应,一锤定音。当天,习近平在座谈会上一连用三个"没有变"和一个"不能变"为所有民营企业和民营企业家吃定心丸。他说:"我要再次强调,非公有制经济在我国经济社会发展中的地位和作用没有变!我们毫不动摇鼓励、支持、引导非公有制经济发展的方针政策没有变!我们致力于为非公有制经济发展营造良好环境和提供更多机会的方针政策没有变!我国基本经济制度写入了宪法、党章,这是不会变的,也是不能变的。任何否定、怀疑、动摇我国基本经济制度的言行都不符合党和国家方针政策,都不要听、不要信!所有民营企业和民营企业家完全可以吃下定心丸、安心谋发展!"

……

6月14日,超过19只股票的闪崩让股权质押风险迅速提上议程,知情人士提供的信息显示,正是在6月,海淀区政府已经开始着手应对这一可能到来的风险。

进入10月,受到外围市场影响,A股的持续下行让这些措施最终派上了用场。"当前一些民营经济遇到的困难是现实的,甚至相当严峻,必须高度重视。同时,也要认识到,这些困难是发展中的困难、前进中的问题、成长中的烦恼,一定能在发展中得到解决。"习近平在11月1日的民营企业座谈会中表示。

……

2015—2016年是民营企业高歌猛进的一年,在去产能的大幕已经拉开的同时,一些企业却正在快速地扩张着资产规模,如在夜幕中奔跑。即使是以轻资产和高科技著称的中关村也不例外,中关村上市公司协会发布的报告显示:2015—2016年中关村上市公司净融资额上涨了79%,总资产扩大了

80%。"在那两年,能看到一些企业朋友在不断拿钱,有的是做转型、做投资,有的投向了房地产、金融",薛向东说道。而伴随资产端快速膨胀的还有企业的负债。"我国民营经济遇到的困难也有企业自身的原因。在经济高速增长时期,一部分民营企业经营比较粗放,热衷于铺摊子、上规模,负债过高,在环保、社保、质量、安全、信用等方面存在不规范、不稳健甚至不合规合法的问题,在加强监管执法的背景下必然会面临很大压力。"习近平在11月1日的民营企业座谈会中表示。

······

2017年快速推动的金融去杠杆让一些企业措手不及,在其中,民营企业的感受尤为深刻。2016年,曾有超过18个项目入选了国家一部委的示范项目名单,其中包括数家民营企业,但是在两年后,实际动工的项目只有9个,由于融资困难,入围的民营企业项目部分搁置。形成对比的是,入选的国有企业却能以约为3%的利率从政策性银行获得大量贷款。"越是信贷额度紧缩,我们越会担心风险的问题。在这种情况下,优先借钱给地方融资平台、国有企业是一种比较普遍躲避风险的选择",一位地方城商行负责人表示。

"在防范化解金融风险过程中,有的金融机构对民营企业惜贷不敢贷甚至直接抽贷断贷,造成企业流动性困难甚至停业;在'营改增'过程中,没有充分考虑规范征管给一些要求抵扣的小微企业带来的税负增加;在完善社保缴费征收过程中,没有充分考虑征管机制变化过程中企业的适应程度和带来的预期紧缩效应。对这些问题,要根据实际情况加以解决,为民营企业发展营造良好环境",习近平在11月1日的民营企业座谈会中表示。

······

从9月12日"民营经济离场论"登场,到11月1日,最高层给民营企业家吃上"民营企业和民营企业家是我们自己人"的"定心丸",这期间的50天里,中国股市出现了两次明显的大涨。第一次是在10月19日,国务院副总理刘鹤接受媒体采访,他回应所谓"国进民退"论调称:"这既是片面的,也是错误的。"当天,沪指大涨2.58%,深成指大涨2.79%,创业板大涨3.72%。第二次是11月2日,当天,沪指涨2.70%,深指涨3.96%,创业板指数涨4.82%。两市所有板块集体上涨,超3 300只股票上涨。

(资料来源:从"离场论"到"自己人"民营经济惊心动魄的50天

[EB/OL].（2018 – 11 – 02）.http://www. eeo. com. cn/2018/1102/340229. shtml？bsh_bid =2871328391.）

资料二:年底就业大调查:95 后大学生就业看重企业创新潜力,民营企业更受青睐

以"95 后"大学生为主体的校园招聘市场,近日传递出新动向。大学生的择业偏好出现了一些值得关注的新变化。23 日上午,复旦大学开始了本月第二场毕业生大型招聘会,参加招聘的 298 家用人单位,四分之一左右是智能制造、人工智能企业以及服务业,其中不乏知名的民营企业。而上周举行的生物医药行业专场招聘会,170 家招聘单位提供了 1.2 万多个岗位,其中相当一部分是民营生物制药企业。自今年就业季以来,沪上各高校阶段性统计显示,近年来智能制造、人工智能及服务业日益成为毕业生优先选择的就业目标,尤其是这些领域中具有创新潜力的民营企业,备受当今大学生青睐。

民企吸纳应届上海毕业生最多

光学技术公司、知识产权代理公司、节能环保方案提供商……这些都是复旦大学招聘会上备受学生关注的企业。虽然高校和科研院所的摊位前依然应聘者云集,但一些与现代服务业和高科技相关的民营企业也吸引了诸多学生应聘。学校就业办相关负责人称:"企业是否有创新潜力,正成为学生择业时考量的一个重要指标。"而这一点在沪上诸多高校都得到了印证。上海交通大学就业调查透露,该校毕业生就业最多的三个行业分别为制造业、卫生和社会工作以及信息传输、软件和信息技术服务业。细分不同学历学生的就业去向可以发现,硕士生到制造业就业的比例最高,尤其是智能制造,更是学生的首选;而本科生到信息传输、软件和信息技术服务业就业的比例最高。

仅以知名民企华为为例,2016 年到华为就业的上海交大毕业生有 142 人,2017 年达到了 237 人,今年人数有了进一步上升。学校相关负责人称:"华为只是中国民企的一个缩影。这些具有创新潜力的民营企业也是吸引人才的中坚力量。"日前,市人力资源社会保障局就业促进中心会同上海市学生事务中心联合发布《乐业报告》系列之《上海市 2018 届高校毕业生就业状况报告》(简称《报告》)显示,民营企业吸纳的 2018 届上海高校毕业生最多,约占26.9%;2018届上海高校毕业生初次就业平均月薪为6 024元。

"创业型就业环境"更受欢迎

从市场预期看,民营企业将继续保持蓬勃发展势头,为高校毕业生提供更多就业岗位。而另一方面,如今的高校毕业生就业心态也和过去有所不同,求稳定、可预期,不再是当下大学毕业生择业的"金标准"。

东华大学就业办负责人严军称:"现在的学生在找工作时,并不太关注企业是不是已经进入稳定成长期,他们更关注这家企业是不是自己喜欢的。"所以,人工智能、生物医药、高端制造这类战略性新兴产业领域企业,都是大学生的择业热门。比如,东华大学优势学科对应材料、纺织产业,这些领域知名高科技企业不少都是民企,包括成功生产出碳纤维的江苏某材料公司,这些企业在学校招聘时吸引了不少学生的目光。在上海理工大学,本科毕业生过去四年到民企就业的人数稳中有升。据该校最新统计,去年到民企就业的本科生约占学生总数的52%。

"国字头企业仍然是就业的香饽饽,但对很多'95后'来说,民企相对宽松的工作氛围,本身就是一种吸引力。"上海理工大学就业中心主任黄志强说,"95后"大学生群体的一大特征是较独立、有个性、爱自由。尤其是一些在城市长大的大学生,本就家境尚可,这些客观因素综合起来,都会影响他们的就业选择。据黄志强观察,比起每天坐班、准点"打卡"的稳定工作,很多"95后"更倾向于选择"创业式的就业环境"。简言之,就是更希望在团队中工作,有一个明确的工作目标,更欣赏多劳多得、承认个人价值和贡献的绩效考核方式。很明显,创新活力较足的民营企业,与"95后"大学生的这些就业诉求更匹配。

"00后"即将登场注入新活力

还有业内人士分析,民企之所以在如今的校园招聘中越来越受欢迎,一个重要原因就是招聘门槛比较灵活,"不拘一格降人才"。"坦率地说,一些热门外企或国企,从来不愁招不到人,所以岗位门槛要求比较高,比如非名校不招,等等。而不少民企在岗位设置上没有这么多'硬杠杠',一些民企在校招的时很注意打感情牌。"一位高校就业办的负责人坦言,现在一些刚创业不久的小微企业,虽然名气还不够响,但求贤若渴。为了招聘优秀人才,他们特别重视校园招聘,往往会在现场举办一些活动,让大学生感受企业独特的文化。值得注意的是,2018 届上海高校毕业生中有 17 位出生于 2000 年以后,有些已经进入本市人力资源市场,开启了自己的职业生涯。《报告》称,从我国高校毕业生进入人力资源市场的规律来看,新生代大学生通常最早从其 18 岁开始进入市场,到其 22 岁时成为高校毕业生的主体,约占当年高校毕业生总量的一半左右。

据此预计,未来五年将是"00 后"大学生陆续进入职场,并逐步成为市场主力的重要时期。与"80 后""90 后"相比,"00 后"的生活环境、成长经历和其所处的时代背景均有明显不同,他们的就业意愿、求职偏好及职业期待也将呈现新的特点,将为未来职场注入一股创新发展的新活力。

(资料来源:姜澎,樊丽萍.95 后大学生就业看重企业创新潜力[N].文汇报,2018 – 11 – 25(05).)

资料分析:

在新民主主义革命理论的学习过程中分析新民主主义革命的主要动力提到了资产阶级,这其中包括民族资产阶级;而在社会主义改造理论的部分也提到了对资本主义工商业的社会主义改造,也提到了资产阶级。很多青年大学生对此存有疑问,我们中国是社会主义国家,非公有制经济包含着私有制经济,为什么还要发展非公有制经济,加之,一段时间内所谓"民营经济离场论"甚嚣尘上,学生对于这个问题尤感兴趣。其实,学习毛泽东思想和中国特色主义理论体系概论这门课最重要的不是机械记忆某些内容,而是要学会用马克思主义的观点和方法论去分析当前的社会问题。而学生的这一疑问正好可以将历史和现实有机联系起来,一方面让学生了解非公有制经济在不同历史时期的重要作用,另一方面还能将当前国家对于发展民营经济的认识与方向进行澄清,这也是这门思政课无法回避的问题,必须正面加以回应并认真予以解答,解除学生心中的疑问。

所谓"民营经济离场"根本就是一个伪命题,属于无中生有,既非现在和将来的政策,也不符合国家的法律制度原则,更非我国经济生活中的事实。截至 2017 年底,我国个体工商户和民营企业数量合计占市场主体的 94.8%,在经济社会发展中的地位举足轻重,具有"五六七八九"的特征,即税收贡献超过 50%,国内生产总值超过 60%,高新技术企业占比超过 70%,城镇就业超过 80%,企业数量超过 90%,这些都是民营经济为当前中国经济社会发展做出的卓越贡献,不容否认。因此,任何以形势严峻为名否定民营经济的言论都是站不住脚的,其危害性不只是挑战常识、开历史倒车,更严重的是制造市场恐慌情绪,扰乱企业家群体对中国经济的稳定预期。

青年大学生的就业选择和就业的结果能够反映当前不同经济成分在市场就业方面的受欢迎程度,同时也能反映当前经济发展的形势。青年大学生作为新时代的接班人,既要对国家的经济、社会形势有个理性的认知,也要对自己未来的发展有一个准确的认知,尤其是高职院校的大学生,只有正确认识当前的经济形势,正确认识占我国企业数量超过90%的民营企业,才能在未来的择业过程中有一个正确的择业观,不盲从国企、央企,不歧视民营企业等非公有制经济成分,理性择业,顺利就业。

(三)注意事项

影像展播的目的在于让青年大学生了解中国社会各阶层在新民主主义革命和社会主义改造过程中的努力,激起学生对于革命与探索之艰辛的情感共鸣,所以展播影像资料的选择就显得尤为重要,这就要求思政课教师在影像资料的选择上要下功夫,要紧紧围绕教学内容和目标进行选择。同时还应该注意在选择影像资料时,要将严谨的纪录片和源于现实又高于现实的电视剧进行区分,纪录片的时长要通过有效的剪辑进行控制,而能够更好地吸引学生注意的电视剧片段,思政课教师要对其中的与历史和实际不相符合的地方进行解释和修正,避免造成学生认知上的错误或误区。

影像展播虽然是以影像资料的方式帮助学生加深新民主主义革命和社会主义改造相关内容的理解,但是思政课教师不能只是单纯地播放影像资料,而应该注意结合课程所学内容对影像资料进行解读,帮助学生理解,避免出现观看影像资料时感觉很好、看过资料后过目全忘的现象,以提高影像资料使用的教学效果。

影像展播虽然更具直观性,更便于学生理解某段历史时期发生的人和事,但是能够看懂影像资料中的内容,特别是纪录片中的相关内容,需要青年大学生对这段历史或者教材中的相关理论知识有一定的了解,这就需要学生做好提前预习的工作,否则,影像展播对于一些学生来说只能是了解一个梗概。而协助青年大学生做好影像资料展播前的预习工作可以通过思政课教师布置预习思考题来实现,给学生以方向性的指导,这样能够有效提高影响展播实践教学环节的教学效果。

（四）总结思考

影像展播这一课堂实践教学形式能够弥补单纯课堂讲授的很多不足，是青年大学生比较喜欢的一种实践教学方式。思政课教师在使用这一教学方式时要在影像资料激起学生情感共鸣的基础上将本章教学内容的重点与难点有机渗透到对影像资料的阐释当中，将学生对新民主主义革命和社会主义改造的认识由浅显的感性认识上升到具有理论概括和总结的理性认识层面，真正把毛泽东思想和中国特色社会主义理论体系概论的理论性体现出来。

新民主主义革命过程中我们党最重要的革命成果之一就是总结了中国革命两次胜利和两次失败的经验教训，揭示了中国革命发展的客观规律，把统一战线、武装斗争和党的建设上升为中国共产党在中国革命中胜利的三大法宝，这些都是我们区别于前人的，是毛泽东同志和我们党对于马克思主义关于无产阶级领导人民革命理论的丰富和发展。在影像展播的资料中可能不会有直接叙述，但是作为思政课教师要引导学生意识到三大法宝的存在及其在革命过程中发挥的巨大作用。

学习新民主主义革命理论和社会主义改造理论，一方面是为了了解两个不同历史时期中国共产党人在革命和建设的过程中所做的艰苦卓绝的探索和努力，另一方面是从历史和现实的对照中掌握中国共产党对于不同社会组成部分、经济成分的一贯政策、方针，能够运用马克思主义相关理论、方法去看待和解决现实中存在的具体问题，增强青年大学生发现问题、分析问题和解决问题的能力。

三、课堂辩论

辩论表面看是一个个体语言的赛场，其背后是资料收集整理、团队协作的考验。它既能展现青年大学生的思辨才华，激发他们的学习和探索兴趣，又能锻炼团队分工、协作、默契配合的能力，是一个深受青年大学生喜爱的课堂实践教学形式。在当前自媒体发达的舆论与社交环境之下，每个人都可以接收到海量的资讯，不知不觉中对某些问题形成了自己特有的认识和看法，但这其中也有一些不正确或者偏激的观点。青年大学生涉世未深，接触社会有限,三观也尚未完全定型,对问题的认识有限,很容易受到错误思想、偏激观点的诱导,在思政课的课堂上选取中国革命或建设过程中的某一个主题引导青年大学生进行辩论,可以帮助当代大学生重新检视自己的观点,从更多的视角去看问题,去倾听他人对于同一个问题的不同看法和认识,进而修正自己的观点,建立新的理性认知。结合毛泽东思想和中国特色社会主义理论体系概论的相关内容可以帮助青年大学生对某个历史时期的制度、政策和人与事有一个更为全面、立体的认知,提高思政课的教学效果。

（一）设计思路

在第五章"邓小平理论"的教学过程中,涉及改革开放、市场经济,涉及"一国两制",涉及物质文明与精神文明两手抓,这些都是人们感兴趣且经常议论的话题,人们的观点不尽相同,再加上当前自媒体、微媒体时代信息传递的飞速与便捷,每一种观点都可能会比以前影响到更多的人,这其中就不乏一些偏激、错误的观点。课堂辩论这一课堂实践教学环节在"邓小平理论"这一章就显得尤为重要,因为道理越辩越明,只有把具有争议的观点摆出来,让大家去思考、分析、辩论,我们才能有机会对这个观点、思想、政策进行全面、立体的剖析,分析正确与错误之处,而通过辩论,思政课教师也能敏锐地发现当代青年大学生所思所想,及时发现和纠正其错误的认知,因此,可以说课堂辩论是学习毛泽东思想和中国特色社会主义理论体系概论第五章内容的一个非常好的载体。

1. 选题目的

在"邓小平理论"这一章里,一个非常重要的知识点就是改革开放,改革开放是当时中国发展的重大决策,也是四十多年深刻影响中国经济、政治、文化和社会方方面面的重要战略行为。改革开放过程中,既有国外好的、优秀的思想、理念、技术、文化等方面的引入,同时也有些不好的东西夹杂而来,不同的人对改革开放的态度不同,即使是在同样认为改革开放在深刻影响中国的群体当中,也有两种不同的观点,有人认为改革开放带来的物质影响更大,有人认为改革开放带来的精神影响更大,改革开放对中国的影响到底是物质方面的还是精神层面的,抑或两者兼有？选择"改革开放带来的物质影像大还是精神影响大"这一辩题就是为了让青年大学生对改革开放这一深刻影响中国的决策和行动有一个全面、深入而且理性的认识,同时也要在对"改革开放"的认识上有一个升华,即改革开放不仅是一种具体的决策、行为、行动,更是一种精神,一种坚韧、奋发、改变、创新的精神,改革开放带给我们的不仅是物质生活上的改善,它更在精神上深刻地影响着我们、改变着我们。这既是在这一章开展课堂辩论这一实践教学形式的目的所在,也是选择这一辩题的目的所在。

2. 实践要求

(1)组建团队。辩论赛是一个需要团队协作的活动,因为各种原因,思政课都是以班为单位上课,在辩论赛的团队组建过程中,可以以班级为单位组建团队,这样一方面有助于辩论团队的组建,另一方面有助于增强班级的凝聚力。每个班级再自行选择4名同学作为辩手参加辩论。

(2)抽取辩题。思政课教师给出两道辩题,由学生根据自身兴趣选取其中一个,并由每个班级选派1名代表通过抽签决定自己的辩题方向,即确定正反双方。

(3)辩论准备。提前组建团队,根据辩题,思政课教师给双方辩手留出一周的时间进行准备。这期间,双方可以收集辩论资料、学习辩论技巧、进行辩论演练等。

(4)辩论现场。双方辩手需要高度集中注意力,随机应变,恰当表达自己、辩驳对方,同时也要注重辩论的礼仪,做到有理有节。辩论团队内部要分工合作,默契配合。思政课教师要做好辩论场现场的整体掌控工作、保证课堂和辩论的秩序。

(5)辩后总结。辩论的过程中暴露了很多青年大学生对于改革开放的有失偏颇的认识,而辩论的目的是让大家对改革开放有更全面、理性的认识,对改革开放有一个认识上的深化,因此,辩论之后的总结必不可少。思政课教师应该重视辩论本身,更应该关注辩论之后的总结,了解青年学生通过辩论对于改革开放有没有新的认知,对这一政策对于中国的影响有没有理性的认知,通过辩论是否有助于青年大学生坚定改革开放的基本制度等。与此同时,还应该详细总结参加辩论的同学的表现:是否在辩论的同时保持了应该有的辩论礼节、是否尊重对方辩友等。

3. 活动评价

评价主体由思政课教师、双方辩论队成员以及经由选举产生的学生评委共同组成,主要的评价指标有思路是否清晰、反应敏捷程度、论据是否充分、对辩题的理解和阐释程度、是否注意辩论礼仪等。

(二)参考资料

在第四章"社会主义建设道路初步探索的理论成果"和第五章"邓小平理论"的教学过程中都讲到制定关系人民生活、社会安定、国家发展的重大政策、制度时应该秉持实事求是的态度,实事求是地分析中国当时所处的历史时期和经济社会发展程度,实事求是地分析当时中国社会最主要的矛盾,这样才能少走弯路。这两章内容当中一个非常重要的知识点即中国社会的主要矛盾分析,只有正确认识和分析当时中国社会的主要矛盾,制定的制度、方案才能有针对性,才能适合中国的国情。尤其是党的十九大报告中明确提出了当前中国社会的主要矛盾已经发生了变化,已经由"人民群众日益增长的物质文化需要同落后的社会生产力之间的矛盾"转变为"人民日益增长的美好生活需要和不平衡不充分的发展之间的矛盾"。很多青年大学生虽然通过思政课教师,通过各种媒体听说了当前中国主要矛盾已经发生变化的论述,但是他们并不了解,我们党和国家对于中国社会面临的主要矛盾的分析并不是一开始就如此准确,这其中也出现过失误,也曾有过惨痛的教训,因此,有必要通过课堂讲授和实践教学环节共同来帮助当代青年大学生对这个问题有一个清晰而深刻的认识。

资料一:人民日报评论员:十九大重新定义主要矛盾意味着什么

1982年10月20日,一条简讯登上人民日报头版:"南京市一座容量为两千吨的蔬菜冷库,最近建成并投入使用。"物质匮乏、物流落后,如何吃上反季节蔬菜,举国关注。而此前一年的十一届六中全会判断,中国社会的主要矛盾是"人民日益增长的物质文化需要同落后的社会生产之间的矛盾"。这样的判断,再往前25年也曾有过:1956年党的八大上,"人民对于经济文化迅速发展的需要同当前经济文化不能满足人民需要的状况之间的矛盾",被视为当时中国国内主要矛盾的内容。

今天,人们不再冬储大白菜,中国也已换了模样,"温饱"进入历史字典,中国制造悄然升级,"走出去"步履不停……中国经济总量跃居世界第二,对世界经济增长贡献率超过30%,城镇化率接近60%,而"天眼"探空、"嫦娥"探月、"蛟龙"探海让国外媒体都惊呼"科学革命正在中国发生"。1956年至今 61 年,1981 年至今 36 年,我们如何重新认识中国社会的主要矛盾?

党的十九大开幕式上,习近平总书记做出全新判断:进入中国特色社会主义新时代,我国社会主要矛盾已经转化为"人民日益增长的美好生活需要和不平衡不充分的发展之间的矛盾"。从"物质文化需要"到"美好生活需要",从"落后的社会生产"到"不平衡不充分的发展",关注的光圈变大了,问题的对焦却更精准。这一关系全局的历史性变化,是对五年来中国发展的历史性成就和变革的深刻总结,也是对近 40 年来改革发展成果的历史回应,更是对未来中国发展方向、发展目标的精准定位。

"去问开化的大地,去问解冻的河流。"与时代同步的新判断,也与普通人的诉求吻合。1983 年,"桑塔纳"轿车刚要进入中国,今天不少城市已开始研究燃油车退出,目光聚焦环境质量;1987 年,北京市民排队两小时只为尝鲜洋快餐,今天更多人追求吃得"低脂低糖",健康安全成为首选;1997 年,62 万中国人刚刚"触网",今日已有超过 10 亿人用手机上网,网络安全比网速更重要……曾经的主要矛盾推动了一部改革史,助推人们走进新时代。而当它成为历史,也意味着中国需要以新的姿态向下一个目标进发。

与主要矛盾变化相应的,是报告中提出的"两个必须认识到"。从"变"的方面看,主要矛盾的变化对党和国家工作提出了许多新要求;而从"不变"的方面看,主要矛盾变了,但我国仍处于并将长期处于社会主义初级阶段的基本国情没有变,我国是世界最大发展中国家的国际地位没有变。

"旧过程完结了,新过程发生了。新过程又包含着新矛盾,开始它自己的矛盾发展史。"城市让生活更美好,乡村也不能不振兴;入学率再创新高,但教育均等化依然重任在肩。能不能在每一个案件中感受公平正义? 能不能在家门口看得见绿水青山? 民主、法治、公平、正义、安全、环境……哪里有问题,哪里就应该抓重点、补短板、强弱项。当新时代有了更精准的经纬度,若还守着老旧的航海图,单以增长率论英雄,以"物质文化"的标尺衡量一切,发展就会偏离航道,人民的获得感就会有欠缺。

另一方面,人口基数大,人均 GDP 仍处世界中游;还有 4 300 多万人渴望走出深度贫困;城乡之间、东西部间,发展落差仍然存在;社会矛盾与问题交织叠加,民生领域还有短板……这一切,让我们不能不牢牢把握基本国情,不能不牢牢立足最大实际,不能不牢牢坚持党的基本路线。今天我们重新定义中国社会主要矛盾,并不是说不需要发展了,而是要在美好生活需要的供给上下更大功夫,兑现"把人民对美好生活的向往作为奋斗目标"的庄严承诺。

参与翻译十九大报告的葡萄牙语专家拉法埃尔感叹:"十九大报告中,人民是被放在第一位的。"正是在这个意义上,重新定义社会主要矛盾,是对社会变迁的把握,但归根到底是对人民向往的回应。紧扣新矛盾、瞄准新目标、踏上新征程、无愧新时代,这条路注定不轻松,但坚定地走下去,就一定能迎来民族复兴的曙光。

(资料来源:人民日报评论员:十九大重新定义主要矛盾,意味着什么 [EB/OL]. (2017 – 10 – 21). http://app. peopleapp. com/Api/600/DetailApi/shareArticle? type = 0&article_id =754073.)

资料二:学习贯彻十九大精神|理解主要矛盾 读懂新时代

刚刚闭幕的党的十九大做出了中国特色社会主义进入新时代的重要判断,提出了习近平新时代中国特色社会主义思想的重大命题。作为马克思主义中国化的最新成果,习近平新时代中国特色社会主义思想已经成为中国特色社会主义理论体系的重要组成部分。引人注目的是,习近平同志在十九大报告中指出,我国社会主要矛盾已经转化为人民日益增长的美好生活需要和不平衡不充分的发展之间的矛盾。

唯物辩证法告诉我们,任何一个社会都充满各种矛盾,其中起领导和支配作用的是主要矛盾,它规定和影响着其他次要矛盾的存在和发展。只有找到主要矛盾,才能掌握解决复杂问题的金钥匙。集中精力解决主要矛盾,突出重点、兼顾一般,历来是中国共产党人世界观和方法论的体现。

从八大到十九大之前的历史时期里,除了二十世纪六七十年代走过弯路,中国共产党牢牢把握社会主要矛盾的实质,即先进的社会制度与落后的生产力之间的矛盾。1956 年党的八大关于社会主要矛盾的表述是,人民对于经济文化迅速发展的需要同当前经济文化不能满足人民需要的状况之间的矛盾。1981 年党的十一届六中全会通过的《关于建国以来党的若干历史问题的决议》指出:"我国所要解决的主要矛盾,是人民日益增长的物质文化需要同落后的社会生产之间的矛盾。"此后,历届党的代表大会都确认这一提法,十三大以后将其认定为我国社会主义初级阶段的主要矛盾。十八大报告指出,"人民日益增长的物质文化需要同落后的社会生产之间的矛盾这一社会主要矛盾没有变"。

事物是运动的,矛盾是发展的。社会主要矛盾的改变体现了中国特色社会主义新时代的特征,折射出人的全面发展和社会的全面进步。

首先看矛盾的主体。"日益增长的物质文化需要"显然已经无法包含今天人民群众的主要诉求。除了"物质"已相对丰富,人民群众如今在生态环境、公平正义、民主法制、安全稳定等方面都抱有强烈期待,而这些都远远超乎"文化"的内涵和外延。可以说,人民一般性的物质和文化需求现在基本得到满足,而"日益增长的美好生活需要"则更加真切地反映了他们的心声,更加全面地表达了他们的企盼。

其次看矛盾的客体。"落后的社会生产"也已不是时下中国的真实写照。继2010年中国以近40万亿元经济总量超越日本,成为世界第二大经济体之后,预计今年年底将实现翻番,超过80万亿元。就经济总量而言,中国现在约占全球的15%,而对全球经济增长的贡献率近年来均超过30%,居世界第一位。城镇化率接近60%。创新型国家建设成果丰硕,天宫、天眼、蛟龙、悟空、墨子、大飞机等重大科技成果相继问世。毫无疑问,再把"落后的社会生产"冠之以世界第一工业大国、第一服务业大国、第一贸易大国已不合时宜。

较之"落后的社会生产","不平衡不充分的发展"更加实事求是、恰如其分地概括了今天的中国国情。"不平衡"是就发展的领域和范围而言,"不充分"则是就发展的层级和质量而言。

"不平衡"是指民生领域还有不少短板,脱贫攻坚任务艰巨。我们仍有4 300万同胞在贫困线以下生活。较大的群体差别、城乡差别、东西部差别无时不在困扰着我们的国家和社会。改革开放以来,快速发展的经济创造了"中国奇迹",但粗放的发展方式也让我们在资源环境方面付出沉重代价,积累了大量生态环境问题。人们如饥似渴地呼唤清新空气和青山绿水。

"不充分"是指发展质量和效益不高,创新能力不强,生态文明建设任重道远;群众在就业、教育、医疗、居住、养老等方面面临不少难题;社会文明水平尚需提高;社会矛盾和问题交织叠加,全面依法治国任务依然繁重,国家治理体系和治理能力有待加强。此外,由于人口基数大,中国人均GDP仅略高于非洲的加蓬,居世界中游。正因为如此,我国仍处于并将长期处于社会主义初级阶段的基本国情没有变,我国是世界最大发展中国家的国际地位没有变。

着力解决发展不平衡、不充分问题,迅速提升发展质量和效益,更好地满足人民在经济、政治、文化、社会、生态等方面日益增长的需要,这些给党和国家的工作提出了新要求,也带来了新挑战。正如十九大报告所指出的,人民对美好生活的向往就是中国共产党人的奋斗目标。

社会主要矛盾转化是一种动态的客观存在,党的十九大对其作出及时准确的判断,与中国特色社会主义进入新时代相适应,体现了以习近平同志为核心的党中央对社会发展规律的科学认知。这是对改革开放近四十年中国发展成就的历史回应,更是为驶往二十世纪中叶的中国巨轮确定了航向和目标。我们完全有理由对一个富强民主文明和谐美丽的社会主义现代化强国充满信心和期待。

(资料来源:刘亚东. 理解主要矛盾读懂新时代[N]. 科技日报,2017 - 10 - 30(01).)

资料分析:

我国社会主义建设道路的初步探索虽然取得了巨大的成就,积累了丰富的经验,但同时也遭受过重大挫折,造成了严重的后果,留下了深刻的教训。这其中一个非常重要的方面就是正确认识中国社会主义社会的主要矛盾。在社会主义建设开始后,初期,我们党对我国社会的主要矛盾有着较为正确的认识,并在此基础上提出了我国的根本任务是在新的生产关系之下保护和发展生产力,但是这些正确的认识没有被很好地坚持下去。党的八大二次会议改变了之前中共八大关于我国社会主要矛盾的正确判断,错误地认为社会主义社会建成之前,无产阶级和资产阶级的矛盾,社会主义道路和资本主义道路的矛盾,始终是我国社会的主要矛盾,进而导致了后来阶级斗争扩大化,严重影响了我国社会主义的发展进程。也正因为如此,在学习这部分内容时,一定要让青年大学生意识到正确认识当前社会的主要矛盾对于一个国家发展的重要性。

"邓小平理论"这一章告诉我们只有解放思想、实事求是,才能正确认识中国的党情、国情和社情,这其中正确认识当时中国社会的主要矛盾,并提出有针对性地解决社会主要矛盾的发展策略是邓小平理论的重要组成部分。以邓小平同志为核心的中国共产党认真分析当时中国生产力落后和人民日益增长的物质文化需求之间的矛盾,并且真正做到解放思想,不再墨守成规,不再照搬苏联模式,努力探索真正能够提高我国生产力水平,切实解决人民在物质和文化方面需求的发展模式,这些也都是建立在对中国社会主要矛盾的正确理解之上的。

当代青年大学生身处新时代,但是对于新时代的理解并不深刻,甚至很多人并不太清楚为何我们进入了一个新的时代。这一点,党的十九大报告给了我们明确的答复,同时也又一次告诉我们对于一个社会主要矛盾的正确认识和准确分析的重要性。上述资料中详细地阐述了当前中国社会的主要矛盾发生了怎样的变化,为什么会有这样的变化,这样的变化之下我们应该如何从容应对,阐述细致,分析精辟,值得青年大学生认真研读。同时,在学习后面的"习近平新时代中国特色社会主义思想"时能够更加从容。

四、专题讲座

毛泽东思想和中国特色社会主义理论体系概论是一门极富思想性、政治性和历史性的课程,对于其中很多知识点或者某个具体问题的理解都需要有一定历史背景知识,而且某一个问题从产生到发展是一个逐渐演进的过程,需要历史地、系统地分析方能对它进行全面的掌握。短暂的课堂讲授显然不能满足学生对于某个知识点全面理解和掌握的需求,而专题讲授作为课堂实践教学的一种重要形式能够有效弥补这一不足,通过邀请某一方面的专家或者对此方面有深入研究的思政课教师,就某一知识点或者问题进行深入、系统的阐述,有助于青年大学生真正理解某个历史时期党和国家的决策、制度,同时也能联系当今时代的社会现象与问题进行分析,从而对学生们有所启迪。可以说,专题讲座能够真正将思政课与社会实际和理论前沿有机结合起来,是一种非常重要的课堂实践教学形式。

(一)设计思路

在第十章"五位一体总体布局"的教学过程中,要让青年大学生认识到中国特色社会主义是全面发展的社会主义,经济建设、政治建设、文化建设、社会建设、生态文明建设作为一个整体,就像纵横全图的经纬线,勾勒出了我们国家富强民主文明和谐美丽的社会主义现代化强国的壮美景象。对于"五位一体总体布局"中的经济、政治、文化和社会建设这四个方面,青年学生都能够比较好地理解,但是在讲到生态文明建设的时候,很多学生认为在当前中国的发展阶段过分强调生态文明建设会阻碍我国经济的高速发展,还会影响人民群众的生活质量。由此可以看出,生态文明建设这一部分需要思政课教师在讲授过程中特别注意,生态文明建设作为"五位一体总体布局"的有机组成部分,不能割裂地讲授生态文明建设,而且要从整体的视角给学生阐述生态文明建设的由来、发展。而专题讲座就是一种非常好的课堂实践教学方式,它能够完整、系统地向学生阐述我国提出生态文明建设的原因以及生态文明建设近些年来在中国的发展及其取得的显著成效,从而有助于青年大学生树立正确的生态价值观,将生态文明的思想和理念渗透到自己的生活中,转变为自己的具体行为,替子孙后代保管好地球这份珍贵的礼物。

1. 选题目的

为了纠正部分青年大学生在"五位一体总体布局"这一章中对于生态文明建设的不当理解,帮助他们确立正确的生态价值观,在青年大学生中倡导一种绿色、低碳、节能环保的生活方式,将生态保护、绿色发展的理念渗透到每一个人的心里,开展有关生态文明建设的专题讲座。专题讲座系统地讲授何谓生态、何谓生态文明,我国从物质文明、精神文明的共建,到政治、经济、文化建设三位一体的建设,最后是政治、经济、文化、社会建设四位一体的建设,再到政治、经济、文化、社会和生态文明建设的五位一体总体布局这一发展的逻辑脉络,不但要知其然,更要知其所以然,从而在自己的生活中践行生态文明,倡导绿色生活,做生态卫士。

2. 实践要求

专题讲座主题的选择非常重要,必须是学生感兴趣且在教学过程中是教学的难点所在,而这一教学难点要想给青年大学生讲述清楚,必须有一个全局、系统的阐释,必须让青年学生不但知其然更要知其所以然。所以,在第十章"五位一体总体布局"的讲授过程中,生态文明建设是一个教学难点,从由来到发展,都必须向学生阐释清楚,专题讲座过程中必须将我国生态文明建设的原因、发展、路径、效果都清晰地传递给青年大学生。

专题讲座是系统地向学生阐述某一问题、现象或政策、制度,它需要青年大学生事先对该领域的内容有一个大概的了解,有一定的知识储备,这样才能在专题讲座中对教师所讲授的内容有透彻的理解。在关于生态文明建设的专题讲座中,要求学生必须事先认真研读教材及其他材料中与生态文明相关的内容,对我国的生态文明建设有一个初步的了解,然后能够带着自己的疑问去听讲座,从而真正地从讲座中有所收获。

3. 活动评价

评价主要从学生在讲座过程中的纪律与秩序、对于讲座内容的掌握程度两个方面进行考核与评价。评价不是目的,进行评价的目的在于了解学生通过讲座学习是否真的学有所获。

(二)参考资料

资料一:伦敦烟雾事件

1952 年 12 月 5 日至 9 日,伦敦上空受高压系统控制,大量工厂生产和居民燃煤取暖排出的废气难以扩散,积聚在城市上空。当大量污染物被反气旋留在近地面,像一条"有毒的裹尸布"般将英国首都紧紧包裹起来时,见多识广的伦敦人并没有表现出恐慌和震惊。一个多世纪以来,人们早已学会了与这种"必要之恶"和平共处,甚至将其视为英国工业活力的象征,用自家壁炉烧煤取暖则被视为神圣不可侵犯的人权。然而,这次雾霾的严重性超出了人们的想象。

棕黄色的雾霾遮天蔽日,空气浓稠得像一锅豌豆汤,全城交通瘫痪,人们举着手电筒和火把摸索回家的路,小偷和强盗趁机出没。能见度迅速降到 3 米以下,《茶花女》的观众看不到舞台上的演员,伦敦皇家医院的护士看不到病房另一头的病人。当时,伦敦空气中的污染物浓度持续上升,许多人出现胸闷、窒息等不适感,发病率和死亡率急剧增加。在大雾持续的 5 天时间里,据英国官方的统计,丧生者达 5 000 多人;在大雾过去之后的两个月内有 8 000 多人相继死亡。此次事件被称为"伦敦烟雾事件",也是世界上著名的八大公害事件之一。

据统计,12 月 5—8 日英国几乎全境为浓雾覆盖,4 天中死亡人数较常年同期约多 4 000 人,45 岁以上的人死亡最多,约为平时的 3 倍;1 岁以下死亡的,约为平时的 2 倍。事件发生的一周中因支气管炎死亡是事件前一周同类人数的 93 倍。

1952 年伦敦烟雾事件发生后,英国人开始反思空气污染造成的恶果。随此后,英国政府出台了一系列法规措施治理环境,如出台空气污染防治法案治理工业污染,大力发展公共交通治理交通污染,发展高科技产业和高科技技术治理污染等。

资料二:日本水俣病事件

日本熊本县水俣湾外围的"不知火海"是被九州本土和天草诸岛围起来的内海,那里海产丰富,是渔民们赖以生存的主要渔场。水俣镇是水俣湾东部的一个小镇,有 4 万多人居住,周围的村庄还居住着 1 万多农民和渔民,丰富的渔产使小镇格外兴旺。

1925 年,日本氮肥公司在这里建厂,后又开设了合成醋酸厂。1949 年后,这个公司开始生产氯乙烯(C_2H_3Cl),年产量不断提高,1956 年超过 6 000 吨。与此同时,工厂把没有经过任何处理的废水排放到水俣湾中。1956 年,水俣湾附近发现了一种奇怪的病。这种病症最初出现在猫身上,被称为"猫舞蹈症"。病猫步态不稳,抽搐、麻痹,甚至跳海死去,被称为"自杀猫"。随后不久,此地也发现了患这种病症的人。患者由于脑中枢神经和末梢神经被侵害,症状如上。当时这种病由于病因不明而被叫作"怪病"。这种"怪病"就是日后轰动世界的"水俣病",是最早出现的由于工业废水排放污染造成的公害病。

"水俣病"的罪魁祸首就是当时处于世界化工业尖端技术的氮生产企业。氮用于肥皂、化学调味料等日用品以及醋酸、硫酸等工业用品的制造上。日本的氮产业始创于 1906 年,其后由于化学肥料的大量使用而使化肥制造业飞速发展,甚至有人说"氮的历史就是日本化学工业的历史",日本的经济成长是"在以氮为首的化学工业的支撑下完成的"。然而,这个"先驱产业"肆意的发展,却给当地居民及其生存环境带来了无尽的灾难。

日本在二次世界大战后经济复苏,工业飞速发展,但由于当时没有相应的环境保护和公害治理措施,致使工业污染和各种公害病随之泛滥成灾。除了"水俣病"外,四日市哮喘病、富山"痛痛病"等都是在这一时期出现的。日本的工业发展虽然使经济获利不菲,但难以挽回的生态环境的破坏和贻害无穷的公害病使日本政府和企业日后为此付出了极其昂贵的治理、治疗和赔偿的代价。至今为止,因水俣病而提起的旷日持久的法庭诉讼仍然没有完结。

资料三:蕾切尔·卡尔森《寂静的春天》节选

现在美国,越来越多的地方已没有鸟儿飞来报春;清晨早起,原来到处可以听到鸟儿的美妙歌声,而现在却只是异常寂静。鸟儿的歌声突然沉寂了,鸟儿给予我们这个世界的色彩、美丽和乐趣也因某些地方尚未感受其作用而被忽视,以至现在鸟儿悄然绝迹。

一位家庭妇女在绝望中从伊利诺斯州的赫斯台尔城写信给美国自然历史博物馆鸟类名誉馆长(世界知名鸟类学者)罗伯特·库什曼·马菲:"我们村子里好几年来一直在给榆树喷药。(这封信写于1958年)当六年前我们才搬到这儿时,这儿鸟儿多极了,于是我就干起了饲养工作。在整个冬天里,北美红雀、山雀、绵毛鸟和五十雀川流不息地飞过这里;而到了夏天,红雀和山雀又带着小鸟飞回来了。

在喷了几年DDT以后,这个城几乎没有知更鸟和燕八哥了;在我的饲鸟架上已有两年时间看不到山雀了,今年红雀也不见了;邻居那儿留下筑巢的鸟看来仅有一对鸽子,可能还有一窝猫声鸟。

孩子们在学校里学习已知道联邦法律是保护鸟类免受捕杀的,那么我就不大好向孩子们再说鸟儿是被害死的。它们还会回来吗?孩子仍问道,而我却无言以答。榆树正在死去,鸟儿也在死去。是否正在采取措施呢?能够采取些什么措施呢?我能做些什么呢?"

……

这里有一个故事可以作为鸟儿悲惨命运的象征——这种命运已经征服了一些种类,并且威胁着所有的鸟儿。这个故事就是众所周知的知更鸟的故事。对于千百万美国人来说,第一只知更鸟的出现意味着冬天的河流已经解冻。知更鸟的到来作为一项消息报道在报纸上,并且在吃饭时大家热切相告。随着候鸟的逐渐来临,森林开始绿意葱茏,成千的人们在清晨倾听着知更鸟黎明合唱的第一支曲子。然而现在,一切都变了,甚至连鸟儿的返回也不认为是理所当然的事情了。

……

在1954年——首次少量喷洒的第一年,看来一切都很顺当。第二年春天,迁徙的知更鸟像往常一样开始返回校园。就像汤姆林逊的散文《失去的树林》中的野风信子一样,当它们在它们熟悉的地方重新出现时,它们并没有"料到有什么不幸"。但是,很快就看出来显然有些现象不对头了。在校园里开始出现了已经死去的和垂危的知更鸟。在鸟儿过去经常啄食和群集栖息的地方几乎看不到鸟儿了。几乎没有鸟儿筑建新窝,也几乎没有幼鸟出现。在以后的几个春天里,这一情况单调地重复出现。喷药区域已变成一个致死的陷阱,这个陷阱只要一周时间就可将一批迁徙而来的知更鸟消灭。然后,新来的鸟儿再掉进陷阱里,不断增加着注定要死的鸟儿的数字;这些必定要死的鸟可以在校园里看到,它们也都在死亡前的挣扎中战栗着。……

　　在劫难逃的知更鸟的死亡之谜很快由位于尤巴那的伊利诺斯州自然历史考察所的罗·巴克博士找到了答案。巴克的著作在 1958 年发表,他找到了此事件错综复杂的循环关系——知更鸟的命运由于蚯蚓的作用而与榆树发生了联系。榆树在春天被喷撒了药(通常按每 50 英尺一棵树用 2—5 磅 DDT 的比例进行喷药,相当于每一英亩榆树茂密的地区 23 磅的 DDT)。经常在七月份又喷一次,浓度为前次之半。强力的喷药器对准最高大树木的上上下下喷出一条有毒的水龙,它不仅直接杀死了要消灭的树皮甲虫,而且杀死了其他昆虫,包括授粉的昆虫和捕食其他昆虫的蜘蛛及甲虫。毒物在树叶和树皮上形成了一层粘而牢的薄膜,雨水也冲不走它。秋天,树叶落下地,堆积成潮湿的一层,并开始了变为土壤一部分的缓慢过程。在此过程中它们得到了蚯蚓的援助,蚯蚓吃掉了叶子的碎屑,因为榆树叶子是它们喜爱吃的食物之一。在吃掉叶子的同时,蚯蚓同样吞下了杀虫剂,并在它们体内得到积累和浓缩。巴克博士发现了 DDT 在蚯蚓的消化管道、血管、神经和体壁中的沉积物。毫无疑问,一些蚯蚓抵抗不住毒剂而死去了,而其他活下来的蚯蚓变成了毒物的"生物放大器"。春天,当知更鸟飞来时,在此循环中的另一个环节就产生了。只要 11 只大蚯蚓就可以转送给知更鸟一份 DDT 的致死剂量。而 11 只蚯蚓对一只鸟儿来说只是它一天食量的很小一部分,一只鸟儿几分钟就可以吃掉 10—12 只蚯蚓。

　　并不是所有的知更鸟都食入了致死的剂量,但是另外一种后果肯定与不可避免的中毒一样也可以导致该鸟种的灭绝。不孕的阴影笼罩着所有鸟儿,并且其潜在威胁已延伸到了所有的生物。每年春天,在密执安州立大学的整个185英亩大的校园里,现在只能发现二三十只知更鸟;与之相比,喷药前在这儿粗略估计有370只鸟。在1954年由迈纳所观察的每一个知更鸟窝都孵出了幼鸟。到了1957年6月底,如果没有喷药的话,至少应该有370只(成鸟数量的正常替代者)幼鸟在校园里寻食,然而迈纳现在仅仅发现了一只知更鸟。一年后,渥里斯教授报告说:"在(1958年)春天和夏天里,我在校园任何地方都未看到一个已长毛的知更鸟,并且,从未听说有谁看见过一只知更鸟。"……

知更鸟仅是与榆树喷药有关的破坏性的连锁反应中的一部分,而榆树喷药计划又仅仅是各种各样以毒药覆盖大地的喷撒计划中的一个。约90多种鸟儿都蒙受严重伤亡,其中包括那些对于郊外居民和大自然业余爱好者来说都是最熟悉的鸟儿。在一些喷过药的城镇里,筑巢鸟儿的数量一般说来减少了90%之多。正如我们将要看到的,各种各样的鸟儿都受到了影响——地面上吃食的鸟,树梢上寻食的鸟,树皮上寻食的鸟以及猛禽。

……

(资料来源:卡尔森.寂静的春天[M].辛红娟,译.南京:译林出版社,2018.)

资料分析:

"五位一体"总体布局是一个引领全局的战略布局,背景宏大,内容丰富,专题讲座选取了第五个方面,即美丽中国的部分开展讲座,也可以称其为生态文明建设。为何要进行生态文明建设,这其实是一个沉重的话题,因为人类对于自己生存的环境、生态的关注和重视是以无数环境的破坏、大量资源的枯竭以及地球生态的恶化为代价的。而这种代价在今天的当代青年大学生中他们的印象可能并不是那么深刻,因为中国经过几十年环境治理已经初见成效,很多地方的环境得到了较大的改善。因此,想要让当代青年大学生对于世界人民曾经为环境污染、生态破坏付出的沉痛代价有一个深刻的认识,就必须有额外的知识补充,而这一点则可以通过专题讲座这一实践教学环节来加以弥补。世界八大公害事件触目惊心,危害之大令人深思,资料中选取英国伦敦和日本熊本的环境污染事件让青年大学生对于环境污染的危害有了直观的了解。

生态问题不仅在当前的中国存在,西方发达的国家也曾经饱受环境污染、生态恶化的困扰。蕾切尔·卡尔森的《寂静的春天》虽然最早出版于1962年,但是它被认为是吹响环保运动号角的警世之书,出版50年仍是振聋发聩的科普经典。它以科普读物的形式向公众描述了因过度使用化学药品和肥料而导致环境污染、生态破坏,最终给人类带来不堪重负的灾难,阐述了农药对环境的污染,用生态学的原理分析了这些化学杀虫剂对人类赖以生存的生态系统带来的危害,指出人类用自己制造的毒药来提高农业产量,无异于饮鸩止渴,人类应该走"另外的路"。这本书无疑是提倡生态文明建设的开山之作,值得当代青年大学生仔细阅读与体会,所以,思政课的实践教学环节就是给了大学生这样一个宝贵的机会,引领青年大学生接触经典、了解经典,以提升自身的生态素养,建立正确的生态价值观。

(三)注意事项

专题讲座是对某一方面或者某一个问题的系统阐述,因其详细具体,所以选取的主题不宜太大,否则极易导致专题讲座变成蜻蜓点水般的知识浏览,结果使学生想要深入了解的问题没能讲解透彻。"五位一体总体布局"是一个极其宏大的主题,要想在一个专题讲座当中把它讲解透彻,显然不可能。因此,要求思政课教师在组织专题讲座时,要进行一个较为准确的评估,在既定的讲座时间内选取"五位一体"总体布局中的某一个方面进行详细、深入的讲述,其他部分则进行基本的介绍即可。

专题讲座主讲教师的选择也是必须格外注意的,即必须选择在所要讲述的主题方面有着多年研究积累和深刻见解的教师来主讲,以切实提高专题讲座的含金量。同时在讲座过程中,主讲教师也应该充分运用多媒体技术向青年大学生展示自己所讲授内容的精华部分,间或有一些针对讲授内容进行提问和互动,以增强讲座的互动效果,让青年大学生在听完讲座之后能对讲座主题有比之前更全面、深刻的认识,真正地做到学有所获。

(四)总结思考

专题讲座这一课堂实践教学形式的意义和价值在于认识的深刻性,开展专题讲座不但要让青年大学生有广泛的知识涉猎,而且要他们在某一个问题上有较为深刻的认识,未来对这一问题能够形成自己独到的见解。思政课教师要引导学生在聆听专家讲座的基础上学会自我思考、独立思考,培养青年大学生独立思考和分析问题的能力,而不是单纯地接收知识信息而不懂得如何去分辨和思考。

一次专题讲座只能就某一个方面的内容进行深入细致的讲解,但是青年大学生的求知欲是十分旺盛的,以"五位一体"总体布局为例,当以生态文明建设为主题进行一次专题讲座之后,后续还需要对"五位一体"总体布局中剩下的经济、政治、文化和社会四个方面做好进行专题讲座的准备,因为"五位一体"总体布局是一个有机组成部分,不能割裂地去看待任何一个方面。思政课教师应该在这方面做好充分的准备,提前做好内容和师资安排等。

第三节　校园实践教学

一、主题演讲

主题演讲作为一种常见的校园实践教学方式,主要是以青年大学生的演讲为载体,演讲要紧紧围绕某一个主题展开,通过对该主题的阐述帮助青年大学生对该主题相关的知识点有进一步的认识。演讲的过程需要青年大学生认真搜集、精心整理资料,努力分析和思辨问题,这本身就是青年大学生的一个自我教育的过程,同时也是对其理解能力、分析能力和表达能力的一次锻炼。主题演讲,演讲本身不是目的,而准备演讲过程中的一系列收集资料的过程、分析资料的过程和对资料进行总结升华的过程才是真正锻炼青年大学生的过程,也正是主题演讲的目的所在。

(一)设计思路

在毛泽东思想和中国特色社会主义理论体系概论的第十三章"中国特色大国外交"的教学过程中,思政课教师不但要讲授新中国外交的发展历程,而且要讲授新中国外交的重要特征及其对中国和世界产生的积极影响。有限的课堂讲授时间很难将这三个方面完整、透彻地讲清楚,众所周知,外交是一个国家实力的重要表征,必须让青年大学生对中国的外交尤其是在新时代处理复杂的大国关系上中国外交所贡献的中国智慧。外交的底气又源自一个国家的真正实力,所以,外交表面看是一个仅仅对外的窗口,实则是中国政治、经济、文化、社会、生态文明各个方面成绩的展示。因此,在讲授第十三章"中国特色大国外交"之时,可以组织学生开展以"厉害了 我的国"为主题的主题演讲比赛。具体的设计思路如下所示。

(1)确定主题。"厉害了 我的国"可以作为演讲比赛的总主题,给学生以方向的指引,但是具体演讲题目和内容只要围绕这一主题展开即可,给学生以最大的发挥空间。虽然"厉害了 我的国"的主题演讲安排在第十三章"中国特色大国外交"的学习时间阶段,但是祖国的繁荣与日渐强大绝不仅仅是体现在外交这一个方面,所以,总的演讲主题之下,学生可以选择能够体现祖国繁荣与兴盛的各个方面进行阐释,而非仅仅局限于外交这一个方面,这样有助于学生从多个方面了解中国近些年来的发展,增强其爱国的情感与道路自信、制度自信。

(2)组建团队。主题演讲看似个人行为,实则背后需要大量资料收集和演讲技巧训练,而且毛泽东思想和中国特色社会主义理论体系概论一般都是合班上课,即起码有两个班甚至更多的班级在一起上课,人数众多。对于合班上课的同学来说,可以组建若干个团队,团队成员一般最多10人,团队内部自行决定总主题之下的内容确定,分工合作,共同完成此次主题的演讲。演讲既是对本章中国大国外交的历程与成就的展示,又是对中国几十年发展成就的总结与回顾。

(3)演讲比赛。以团队为单位,抽签决定演讲顺序,演讲者的仪表仪态、演讲技巧、演讲内容及多媒体技术的运用等都是影响演讲效果的重要因素,每个团队都需要严格按照演讲规则参与比赛。

(4)成绩评定。评委由教师和学生共同担任,人员数量为奇数,评委根据演讲者的整体表现做出成绩评定,如论据是否充分、论证是否彻底、逻辑思路是否清晰及演讲者的仪容仪表等。评委不但要给出每个演讲者最后的成绩,还要现场对演讲者的优点与不足给予点评,以期让参与这一环节的每个同学都能有所收获。

(二)参考资料

资料:在习近平外交思想指引下奋力推进中国特色大国外交(节选)

在党的领导下,新中国成立七十年来中国外交取得的辉煌成就

1949年中华人民共和国成立,开启了中国与世界关系的新纪元,也开启

了新中国外交波澜壮阔的历史征程。近代的中国积贫积弱，饱受列强欺凌，实现中华民族伟大复兴一直是近代以来中华民族最伟大的梦想。中国共产党一经成立，就把实现共产主义作为党的最高理想和最终目标，义无反顾地肩负起为中国人民谋幸福、为中华民族谋复兴的历史使命。正是这个初心和使命，激励中国共产党人不断前进，带领全国各族人民实现了民族独立和国家富强，深刻改变了中华民族的前途和命运，深刻改变了世界发展的格局和趋势。

以毛泽东同志为主要代表的中国共产党人，经过 28 年浴血奋战建立了中华人民共和国，中国人民从此站立起来，把命运牢牢掌握在自己手中，以崭新的姿态屹立在世界的东方。新中国从一开始就坚定地站在社会主义和世界和平民主阵营一边，坚定支持各国人民的正义斗争，坚持独立自主的和平外交政策。中国倡导以和平共处五项原则为核心的新型国际关系准则，提出"三个世界"划分理论，无私支持亚非拉国家民族解放运动，坚决反对殖民主义、霸权主义和强权政治。毛泽东、周恩来等老一辈领导人亲手奠定了新中国外交的基石，直接领导和采取了一系列重大外交行动，包括调整同美国的关系、形成中美苏大三角格局等，从而有力地维护了国际战略平衡和世界和平稳定。20 世纪 70 年代初，中国恢复在联合国的合法席位，开始全方位、大踏步走地向国际舞台。

党的十一届三中全会以后，以邓小平同志为主要代表的中国共产党人，洞悉世界大势，把握时代特征，明确提出和平与发展是时代主题，世界大战打不起来，中国应该抓住时机发展自己，做出了把党和国家工作重心转移到经济建设上来、实行改革开放的历史性决策，及时调整了内外政策，开启了建设中国特色社会主义的新时期。中国先后同日本、美国建交，实现了中苏关系正常化，全面发展同世界各国友好关系，为改革开放和社会主义现代化建设创造了良好外部环境。在苏联解体、东欧剧变的历史关头，邓小平同志面对国际风云变幻，提出了对外工作必须坚持的战略方针，坚持走社会主义道路，同时坚持深化改革、扩大开放，确保了中国这艘巨轮的正确航向。

党的十三届四中全会以后，以江泽民同志为主要代表的中国共产党人，正确分析和把握世界多极化、经济全球化趋势，在复杂严峻的国际形势下捍卫了中国特色社会主义，开创了全面改革开放新局面，成功地把中国特色社会主义推向 21 世纪。中国同主要大国建立了新型大国关系,积极发展同周边国家的睦邻友好关系,推动建立公正合理的国际政治经济新秩序,到世纪之交,逐步建立起全方位多层次的对外关系新格局。

党的十六大以后,以胡锦涛同志为主要代表的中国共产党人,准确把握中国与世界联系日益紧密的发展趋势,顺应世界求和平、谋发展、促合作的时代潮流,统筹国内国际两个大局,抓住重要战略机遇期,在新世纪新阶段坚持和发展了中国特色社会主义。我们始终不渝走和平发展道路,奉行互利共赢的开放战略,推动建设和谐世界,致力于维护世界和平、促进共同发展,在国际事务中的重要影响和作用不断扩大。

党的十八大以来,以习近平同志为核心的党中央,立足我国发展新的历史方位,着眼世界百年未有之大变局,提出"两个一百年"奋斗目标和中华民族伟大复兴的中国梦,推动中国特色社会主义进入了新时代。习近平总书记深刻把握中国和世界发展大势,提出推动构建人类命运共同体,倡导共建"一带一路",引领全球治理体系变革,体现了全人类共同价值追求,指明了国际社会的前进方向,对中国和平发展、世界繁荣进步都具有重大而深远的意义。在习近平新时代中国特色社会主义思想特别是习近平外交思想指引下,我国对外工作攻坚克难、砥砺奋进,坚定维护国家主权、安全、发展利益,积极拓展全方位外交布局,开创了中国特色大国外交新局面。我国国际影响力、感召力、塑造力进一步提高,成为国际社会公认的世界和平的建设者、全球发展的贡献者、国际秩序的维护者。

新中国成立 70 年来,我国对外工作参与和见证了国家发展和民族复兴的历史进程,走出了一条中国特色大国外交之路,形成了一整套具有中国特色、顺应时代潮流、促进人类进步的方针原则,积累了丰富的宝贵经验。

(资料来源:杨洁篪.在习近平外交思想指引下奋力推进中国特色大国外交[EB/OL].(2019 - 09 - 01).http://www.qstheory.cn/dukan/qs/2019 - 09/01/c_1124940 423.htm.)

(三)注意事项

主题演讲的目的是通过演讲的方式让青年大学生感受中国特色社会主义改革与建设的巨大成就,培养和建立对祖国的荣誉感和自豪感,增强青年学生的爱国情感。因此,在准备主题演讲比赛时,思政课教师要引导学生意识到不能为了演讲而演讲,不是仅仅为了比拼演讲的技能,而是应该在收集资料、准备演讲的过程中全面了解中国改革与建设的巨大成就,在演讲的过程中感受和体验爱国的情感,进一步升华认识。

以"中国梦·我的梦"作为主题演讲的主题,首先要求青年大学生应该对何谓中国梦有一个准确的认识,如果连什么是中国梦都一无所知,那么即使演讲技术再高超,也不过仅仅是一个表演而已。习近平总书记称实现中华民族的伟大复兴就是中华民族近代最伟大的中国梦,因为这个梦想是凝聚和寄托了几代中国人的夙愿。有学生认为,中国梦无从谈起,他们眼中这个时代道德滑坡,贫富差距巨大,生存都成为问题,何谈梦想。中国梦主旋律无疑是强国。何为强大的国家,强国不仅是船坚炮利、财大气粗,更重要的是政治文明、道德高尚。只有政治文明、道德高尚,才配称为强国;也只有政治文明、道德高尚,才能成为强国。只有对中国梦有了准确的认识,青年大学生的"我的梦"才能知道如何去实现。

在学习"中国特色大国外交"的过程中开展以"厉害了　我的国"为主题的演讲比赛,很多学生会选择从中国的外交着手,展示新时代中国外交的巨大成就,但却陷入了盲目的自信之中,对此,教师应该敏锐地察觉到这一点,同时以翔实的现实资料和科学的理论知识对其偏激和错误的观点进行修正,进而帮助学生以客观、理性的态度和视角去认识中国,认识新中国建国 70 年来的外交政策与活动,特别是习近平总书记提出的中国特色大国外交理念。为此,一方面要认识到目前我国发展仍处于可以大有作为的重要战略机遇期,另一方面也要认识到国际政治格局的复杂性、世界经济调整的曲折性、国际矛盾和斗争的尖锐性、国际秩序之争的长期性、我国周边环境的不确定性,真正以一个理性客观的视角去看待中国未来的发展。

（四）总结思考

主题演讲是思政课的校园实践教学形式之一,它理应比课堂实践教学的影响范围更为广泛,也正因为如此,应该对主题演讲参与者的范围进行调整,不应仅限于正在上毛泽东思想和中国特色社会主义理论体系概论的大一学生。不同年级的大学生对于这门课以及演讲主题的理解程度、思考视角各不相同,只有更多的学生参与进来才能让更多的学生感受思政课校园实践教学的浓郁氛围,感受中国这些年改革与建设的成就,进而建立对祖国的感情。

主题演讲表面看是一个人在台上演讲,实则背后是一个团队的努力,但是在具体校园实践教学环节中,主题演讲在某些团队中却运行得并不好,团队成员之间彼此缺乏信任,也缺乏应有的凝聚力,随后主题演讲成为演讲者一个人的事情,其他团队成员只是旁观者。如果演讲成功,团队全体成员都会跟着受益;如果演讲效果不好,也只是演讲者一个人的责任:这是主题演讲这一实践教学环节中应该特别重视的地方。无论是主题演讲也好,还是课堂辩论也好,都只是一种形式,其重点在于对形式背后的内容、主题的把握,因此,思政课首先是思想政治教育课,是以提高学生的思想素质和道德素质为目的的,而主题演讲中部分团队中出现的有功全上、有过都推,团队缺乏凝聚力的现象与整个思政课的主旨显然格格不入。思政课教师应该先教会青年大学生如何做人,然后再去学习如何正确做事。

二、微电影制作

随着智能手机、数码相机的普及,以及各类视频制作软件的使用日趋简单化,越来越多的人可以通过视频、影像的方式去反映社会现实,表达和展示自己的所思、所想和所感。青年大学生思维活跃,学习能力、创新能力强,对社会、生活有着敏锐的感知力和洞察力,对于视频剪辑类的软件使用也非常熟练,他们习惯自拍,也乐于而且擅长拍摄各种类型的视频、影像资料。毛泽东思想和中国特色社会主义理论体系概论中既有中国共产党带领全国人民在苦难中求索、抗争的内容,也有中国共产党带领全国人民建设和发展祖国的内容。当前中国繁荣稳定和谐的局面就是中国特色社会主义制度优越性的集中体现,仅通过教师的讲授则无法让当代青年学生深刻感知中国特色社会主义建设的辉煌成就,而微电影制作则是一个青年大学生喜欢且能调动其积极性,引导其主动地自觉地去了解和展示中国共产党带领全国人民实现中国梦、实现民族复兴之梦的重要实践教学环节。

(一)设计思路

在第九章"坚持和发展中国特色社会主义的总任务"的教学过程中,要让学生深刻意识到伟大民族憧憬伟大梦想,而伟大梦想成就伟大民族,中华儿女百年逐梦才有了今日之中国。"中国梦"凝聚着亿万人民对美好生活的期盼和对民族复兴的希望,只有实实在在地工作、劳动才能实现伟大的中国梦。青年大学生的微电影拍摄就是要围绕"中国梦·我的梦"展开,拍摄内容既要反映中国特色社会主义建设的辉煌成就,也要结合自身的生活、学习,反映当代青年学子的积极向上、奋发进取追求美好明天的梦想。以小组为单位开展,不拘一格展现自己对于主题的理解。

1. 布置任务

教师根据第九章所学内容,引导学生理解中国梦的重要内涵,理解我国建成社会主义强国的战略安排,理解中国梦实现过程中的种种困难与艰辛,激发学生用制作微电影的方式去表达自己对中国梦的理解、对于建设中国特色社会主义强国的理解。

2. 组建团队

微电影的拍摄是一个团队协作过程,根据"毛泽东思想和中国特色社会主义理论体系概论"课的合班情况,在每个大合班中组建若干个拍摄团队,每个团队一般由 10 人组成。

3. 组员分工

微电影的拍摄和制作需要团队成员分工配合与紧密协作。具体来看,成员的分工如下:编剧、导演、摄影、旁白、后期制作、道具,团队根据每项工种的具体工作量来安排人员数量,并根据具体拍摄情况随时做出调整。

4. 注意事项

主题必须鲜明,紧紧围绕"中国梦·我的梦"展开,具体题目自拟。作品完成时限为一个月,从任务布置到视频拍摄完成、上交都必须在一个月内完成。在视频作品当中应该明确显示团队每个成员的具体分工情况。

5. 成绩评定

微电影在拍摄完成之后,选取合适的时间集中进行全部微电影的展示。评委由教师和学生共同担任,人员数量为奇数,评委根据视频拍摄的质量,如是否围绕主题展开,演员表演质量,场景选择与布置,后期制作质量,等。评委不但要给出每个团队微电影的最后成绩,还要对每个团队所拍摄视频的优点与不足给予点评,以期让参与微电影拍摄的每个同学都能有所收获。

（二）参考资料

资料一：精准扶贫，用非常之力竟非常之功

只要高度重视、思路对头、措施得力、工作扎实，深度贫困是完全可以战胜的。

"全国集中连片特困地区就差吕梁还没有去了。""那里脱贫攻坚难度很大，一定要实地看一看。"近日，习近平总书记的身影出现在他念念不忘的山西吕梁：他查水井、蹲田头、探新村，实地调研贫困问题的硬中之硬；他主持召开深度贫困地区脱贫攻坚座谈会，集中研究攻克坚中之坚的方略。全面小康路上的脱贫攻坚事业，再次发起了新一轮的冲锋。

党的十八大以来，党中央把贫困人口脱贫作为全面建成小康社会的底线任务和标志性指标，全国上下齐动员，打响了一场深具历史意义和世界影响的脱贫攻坚战。5 000多万贫困人口在这4年多里摆脱了贫困，剩下的4 000多万贫困人口，则需要在剩下的3年多时间里完成脱贫。实现第一个百年奋斗目标，任务依然艰巨繁重，特别是战胜深度贫困这个非常之敌，必须下非常之功，才能不让一个少数民族、一个地区掉队。

解决问题，通常是从容易的地方开始突破，但对困难的部分却决不能忽视。深度贫困现象就是如此。有的省份在"十二五"期间，贫困总量减少了60%，但是深度贫困只减少了25%，现有的贫困人口大多集中在难啃的深度贫困地区。这些地区扶贫脱贫之难，不仅因为基础设施和社会事业发展滞后，社会文明程度较低，而且生态环境脆弱，自然灾害频发。据探访过吕梁的记者所述，吕梁山区到处都是石头山，飞沙走石的环境中，庄稼很难长得好，只能靠天吃饭；再有就是疾病的拖累，吕梁市"因病致贫、因病返贫"的人口至今仍有7万多，堪称最难啃的"硬骨头"。深度贫困地区人均可支配收入低、集体经济薄弱，越往后脱贫成本越高、难度越大。战胜深度贫困，成为脱贫攻坚"硬仗中的硬仗"。

给予更加集中的支持，采取更加有效的举措，开展更加有力的工作——党中央的决心，是打赢这场攻坚战的根本保证。接下来需要注意的是，这场战斗不能单纯依靠国家投入硬补，而是要依托近些年解决深度贫困问题上的成功经验。习近平总书记要求合理确定脱贫目标，加大投入支持力度、各方帮扶力度、内生动力培育力度、组织领导力度以及加强检查督查，更提出集中优势兵力打攻坚战、区域发展必须围绕精准扶贫发力等极有针对性的要求，每一点都直指要害，可谓现实与长远兼顾的方略。实践证明，只要高度重视、思路对头、措施得力、工作扎实，深度贫困是完全可以战胜的。

"善为国者，遇民如父母之爱子，兄之爱弟，闻其饥寒为之哀，见其劳苦为之悲。"从梁家河插队时让乡亲们经常吃上肉的愿望，到提出摆脱贫困首先要摆脱"意识贫困""思路贫困"，再到 4 年来到处访真贫、问真苦，逐步完善和实践精准扶贫、精准脱贫的重要思想，习近平总书记的人民情怀令人温暖。一位美国教授说过，中国在减贫方面取得的卓越成就，向世界证明了西方模式之外的另一种发展道路的可行性。当前，中国的脱贫攻坚已经进入总决战，上上下下都拿出愚公之志，同党中央一起撸起袖子加油干，中华大地必将彻底摆脱贫困，老百姓的生活一定会如总书记所说的那样"芝麻开花节节高"。

（资料来源：曹鹏程．精准扶贫，用非常之力竟非常之功［N］．人民日报，2017 − 06 − 26（05）．）

资料二：精准扶贫，最有力的中国故事之一

中华人民共和国成立 70 周年，人们有必要回顾过去，展望未来。过去 70 年，中国取得了巨大发展成就，扶贫成就是其中重要的方面，这是必须向世界讲述的中国故事。

改革开放以来，中国坚持以经济建设为中心，通过不懈努力使数亿中国人摆脱了贫困。中共十八大以来，中国对扶贫问题的关注进一步提高。2012 年，中国贫困人口仍有 9 899 万人，这一部分贫困人口或是由于地处封闭的偏远山村，或是因为缺乏充分的教育和就业资源，或是因为年老体弱等原因，在中国现存贫困问题中尤为"顽固"，通过宏观经济政策很难得到有效解决。

国际上一些人或许不了解，扶贫一直是习近平主席投入精力最多的工作之一。他经常走访中国各地的贫困县和贫困村，用实际行动践行中国共产党的扶贫承诺。中国"两个一百年"奋斗目标中，其中一个是到 2020 年全面建成小康社会。习近平主席强调，小康路上一个都不能掉队。过去几年来，我亲身感受到了这句话的分量。2013 年 11 月，在中国湖南省的一个贫困村，习近平主席首次提出"精准扶贫"理念，并指出扶贫要实事求是、因地制宜,切忌喊口号,也不要定好高骛远的目标。

"精准扶贫"在于因人因地施策,为贫困人口量身打造扶贫大计。中国实施精准扶贫以来,每年减贫人数保持在 1 000 万以上,其成功取决于严格、量化和透明的程序。在扶贫过程中,中国政府综合使用发展生产、易地搬迁、生态补偿、发展教育、社会保障兜底等方式,确保每一个贫困家庭都得到行之有效的帮助。在实践中,每一个贫困村都指定官员有针对性地采取措施,省、市、县、乡、村五级党委书记协调工作。此外,还有第三方进行评估,以确保扶贫工作准确性和真实性。

为了向世界讲述中国精准扶贫的故事,我花了很长时间,走遍中国各地,深入扶贫项目,同贫穷地区村民、官员、扶贫干部交流。通过具体案例,我对中国实施扶贫计划的制度和组织有了深入细致的观察与了解。令我吃惊的是,许多被派往贫困村专门负责扶贫工作的地方官员,一干就是数年。我也看到,许多扶贫不力的地方官员被严肃追责。值得一提的是,中国政府还将扶贫领域出现的一些腐败问题向社会公开,表明中国绝不允许在扶贫工作上伪造数据、挪用扶贫资金的态度。

2018 年末,中国贫困人口减少至 1 660 万人。尽管剩下的都是最难以攻克的部分,但我相信中国有望在 2020 年底前消除所有贫困。想要真正理解中国史无前例的扶贫成就,就必须认识到这与中国共产党和政府的强大动员能力有直接联系。没有这一点,中国似乎不可能实现其扶贫目标。

通过向国际社会讲述中国精准扶贫的故事,我希望让大家了解真实的中国,改变国际上一些人对中国的某些成见。在了解中国的扶贫行动后,一位美国朋友对我说:"(美国)关于中国的负面报道太多了,但他们根本不关心中国的贫困群体。"在我向世界讲述中国故事的数十年时间里,我认为精准扶贫是最有力的中国故事之一,它打破了各方偏见,改变了人们对中国的认识。未来的历史学家在撰写我们这个时代的编年史时,其中一个特写章节很可能就是中国的精准扶贫。

(作者为美国库恩基金会主席、中国改革友谊奖章获得者)

(资料来源:库恩. 精准扶贫. 最有力的中国故事之一[N]. 人民日报,2019 - 09 - 11(03). http://finance. people. com. cn/n1/2019/0911/c1004 - 313481 43. html.)

资料分析：

从全面建成小康社会到基本实现现代化，再到全面建成社会主义现代化强国，是新时代中国特色社会主义发展的战略安排。这一战略安排是我们党适应我国发展实际做出的必然选择，同时对于动员全党全国各族人民万众一心实现中华民族伟大复兴的中国梦也具有重大意义。小康是中华民族孜孜以求的社会理想。总书记强调"言必信，行必果"。农村贫困人口如期脱贫、贫困县全部摘帽、解决区域性整体贫困，是全面建成小康社会的底线任务，也是我们党做出的庄严承诺。在全面脱贫、全面建设小康社会的过程中，精准扶贫无疑是一场攻坚战，如何才能精准，如何才能真正脱贫，如何才能让脱贫的贫困人口不再返贫都是青年大学生非常关心的问题。大学生虽然接触社会较少，但是对于贫富差距现象、社会底层贫困人口的现状都有着非常敏锐的感知，而且有一部分大学生本身就来自贫困家庭，精准扶贫离他们并不遥远。在微电影制作中，有一些小组的学生选取精准扶贫作为其梦想，希望自己的家庭、家乡摆脱贫困，真正富裕起来。

精准扶贫不是目的而是手段，其最终目标是消灭贫困，实现中国人民的共同富裕，让人们共奔小康。上述资料中，既有从中国国内的视角来看待精准扶贫这一政策，也有外国学者从他的视角来看待中国的扶贫，无论哪种角度来说，精准扶贫都不是一项有待落实的政策，而是举国上下人们实实在在的行动。如同外国学者罗伯特·劳伦斯·库恩所言，他了解中国的精准扶贫是因为国外对于中国的负面报道太多，尤其是美国，他们并不真正了解中国，了解真实的中国，而他在中国花了很长时间去了解、感受，希望把真实的中国、真实的中国的精准扶贫呈现给世界，改变国际上一些人对中国的某些成见。当代青年大学生有必要真正了解中国建成社会主义现代化强国的战略安排，了解精准扶贫在其中的重要地位，也有责任和义务向世界呈现真实的中国、日益强大的中国。

（三）注意事项

微电影是一个团队合作的成果，是小组 10 个成员共同努力的结果，不是少数人在辛苦筹备、拍摄、制作，而其他人等着坐享其成，这一点是思政课教师在布置任务时要极其注意并努力避免的现象。思政课的目的在于提升青年大学生的思想道德素养与政治素养，绝对不能出现投机取巧、无视纪律的思想和行为。

微电影制作不是简单地用智能手机随便拍摄几分钟即可,是要由脚本编写、策划、导演、摄影、旁白以及后期制作等一系列工作构成,因此,在微电影的制作环节,思政课教师要严格要求,并严格按照要求来进行成绩评定。

作为思政课的实践教学环节,尽管是微电影,但仍然要有电影的元素,即拍摄时既要源于生活,又要有高于生活的寓意和主旨,既反映现实又要高于现实,不能把微电影变成纯粹的视频记录,要加入青年大学生自己对于主题的认识和理解。

（四）总结思考

微电影的拍摄与制作确实需要有相当的专业技术支撑,需要有高像素的拍摄设备,需要有好的后期剪辑软件和较高视频剪辑技术,还需要有好的演员,但是这些都是要服务于电影拍摄的主旨,即展现中华儿女逐梦的身影。但是在以往的微电影制作这一环节,经常会出现的是不少学生陷入了视频剪辑技术的比拼漩涡中,都试图在微电影中展示自己炫酷的制作技术,而忘记了拍摄微电影的初衷。这一点必须引起我们的重视,作为思政课教师也必须在微电影制作这一实践教学环节的各个阶段给学生以提示。

三、知识竞答

知识竞答这一校园实践教学形式不同于其他形式,它最能激发学生学习知识的主动性与热情,其他实践教学环节更多的是帮助或者说辅助学生理解某一个知识点的内容,而知识竞答则直接指向知识点,而且对于知识点的涵盖面非常广,它以比赛的方式呈现,激发青年学生赢得比赛的热情,学习的主动性随之提升。

（一）设计思路

第十一章"四个全面"战略布局详细讲述了中国在全面建设小康社会、全面深化改革、全面依法治国以及全面从严治党四个方面的努力和成绩,而这也正是中国改革开放四十多年历程中在各个方面的付出努力和取得成效的集中体现,涉及内容和知识点非常多,如何开展课堂教学,如何通过实践教学的环节让青年大学生对这些知识点熟练掌握是一个难题。而知识竞答这一形式恰恰就是能够将大范围知识点集中于一个实践环节中呈现,而且借助竞赛的方式能够激发学生的学习积极性和主动性。

1.知识竞答方案的制订

以"改革开放四十周年知识竞答"为主题,通过知识竞答的方式鼓励和推动学生多多了解和掌握中国改革开放四十年的奋斗历程与取得的伟大成就,激发学生的爱国热情。知识竞答是在全校范围内开展校园实践教学环节,因此,在比赛时间、场地的确定方面需要学校其他部门进行紧密的沟通协调,如校团委、学生处、党委宣传部等部门。与此同时,知识竞答方案的确定既需要思政课教师的精心策划,也需要与相关部门进行有机协调。

2.知识竞答工作的开展

整个知识竞答分为初赛和决赛两个阶段进行。每个阶段的竞答题目都分为三个类型,即必答题、抢答题、风险题。竞赛开始之前要进行广泛的宣传和动员,做好宣传工作,吸引和招募尽可能多的青年大学生参与其中。

正在学习毛泽东思想和中国特色社会主义理论体系概论的学生,以班为单位参与竞答,每班推选 3 名学生组成竞答小组。思政课教师主要负责竞答题目的准备。知识竞答现场的主持人、评委和工作人员必须经过培训和演练。预赛以行政班级为单位,通过一周的预赛环节,产生有资格参加决赛的队伍。

知识竞答共设一等奖 1 个、二等奖 2 个、三等奖 3 个和优秀奖若干。

（二）参考资料

资料:改革开放四十周年:历史巨变从何而来

今年是中国实行改革开放 40 周年。

这是中华民族和新中国历史上令人难忘的很不平凡的 40 年。中国的发展在短短 40 年内走过了许多发达国家两三百年所走的路,并走出了中国特色社会主义道路。这是人类历史上前所未有的奇迹。抚今追昔,我们深感中国经济社会发展的这个历史性巨变又是多么不易。

40 年前的中国,正处在严峻的困境中。那时候,"文化大革命"的十年内乱刚刚结束,历史遗留的老大难问题不仅成堆,而且如山,人们的思想一时相当混乱。该怎么办? 人们不禁要问。"社会主义中国向何处去"的问题,严肃而尖锐地提到人们面前。

沧海横流,方显英雄本色。在严峻的考验面前,中国共产党和中国人民有自信、有智慧、有能力,从容应对,通过总结以往的经验教训,在实践中继续探索前进,走出一条实现中华民族伟大复兴的新路。这就是:果断地做出实行改革开放的划时代决策,高举起中国特色社会主义伟大旗帜。

解放思想,实事求是,从端正思想路线着手

实行这样一场前无古人的社会主义改革,面对千头万绪的问题,应该从哪里着手? 俗话说:牵牛要抓住牛鼻子。中共中央和改革开放的总设计师邓小平,下决心抓住端正思想路线这个"牛鼻子",作为打开改革和发展新局面的突破口。

为什么把端正思想路线作为突破口? 因为人的行动都是以思想为指导的。如果仍习惯地受着过时的乃至错误的思想束缚,故步自封,墨守成规,甚至把新事物当作异端,那就谈不上打开一个新的局面。如果让各种错误思想自由泛滥、得不到遏制,或者让各种不同意见长时间争论不休、议而不决,那就会陷入"空谈误国",不可能万众一心地"实干兴邦",也就谈不上发挥社会主义能够"集中力量办大事"的优越性,甚至会误入歧途。中国人在这方面的教训有过不少。环视宇内,类似的事也不少见。

邓小平同志在1977年时就指出:"'两个凡是'不行。""这是个重要的理论问题,是个是否坚持历史唯物主义的问题。"十一届三中全会前夜,全国范围掀起了真理标准问题大讨论。"实践是检验真理的唯一标准"本来是马克思主义的常识,但由于它同"两个凡是"相对立,有着很强的现实针对性,所以这场讨论万众瞩目。这场讨论和十一届三中全会前召开的长达36天的中央工作会议,为十一届三中全会作了重要的思想和政治准备。

1978年12月13日,邓小平同志在中央工作会议上的讲话,实际上也是十一届三中全会的主题报告中尖锐地指出:"一个党,一个国家,一个民族,如果一切从本本出发,思想僵化,迷信盛行,那它就不能前进,它的生机就停止了,就要亡党亡国。""在党内和人民群众中,肯动脑筋、肯想问题的人愈多,对我们的事业就愈有利。"

"解放思想",当然绝不是随心所欲地胡思乱想,它同"实事求是"是一个问题的两面,是实现实事求是的前提。因为错误的思想,无论是"左"的还是右的,还有陈旧过时的思想,都是脱离客观实际的。只有从那些不符合实际的错误或陈旧观念束缚中解放出来,才能使思想认识回到实际上来,做到实事求是,也才敢于从实际出发总结历史经验教训、研究新情况,大胆地开创新局面。

邓小平同志正是在这次讲话中提出:"如果现在再不实行改革,我们的现代化事业和社会主义事业就会被葬送。"从而吹响了在中国实行改革开放的前进号角。

十一届三中全会在中国带来一次思想大解放。人们的思想观念和精神面貌发生了巨大变化,到处热气腾腾,对国家的未来充满信心。中华民族是一个勤劳、勇敢、富有智慧的民族。但如果亿万民众没有形成这样齐心协力、共同奋斗的局面,如果不能把蕴藏在人民之中的无穷潜力充分释放出来,就无法想象中国能在以后40年中创造出举世瞩目的巨大成就。

高举旗帜和深化改革

中国人民走上改革开放的新路后,应该举着怎样的旗帜前进? 改革开放的目标是什么? 这是迫切需要回答的问题。建设中国特色社会主义,就是对这些问题的总回答。

邓小平同志在十二大开幕词中提出:"无论是革命还是建设,都要注意学习和借鉴外国经验。但是,照抄照搬别国经验、别国模式,从来不能得到成功。这方面我们有过不少教训。把马克思主义的普遍真理同我国的具体实际结合起来,走自己的道路,建设有中国特色的社会主义,这就是我们总结长期历史经验得出的基本结论。"

"建设有中国特色的社会主义",这面把全国各族人民凝聚在一起的大旗就这样高高地举起来了。

什么是"有中国特色的社会主义"? 它的含义十分明确:第一,我们要建设的是社会主义社会,绝不是其他什么社会。后来,邓小平同志又说:"我们大陆坚持社会主义,不走资本主义的邪路。社会主义与资本主义不同的特点就是共同富裕,不搞两极分化。"第二,中国的事情一定要按照中国的实际国情来办。别国的建设和管理经验,无论是苏联的还是西方国家的,只要是有益于建设中国特色社会主义事业的,都可以而且应该学习和借鉴,但决不能照抄照搬。中国的情况不是一成不变的,人们的认识也有个发展过程,要随着实际情况的变化而变化,也就是要与时俱进。因此,必须在实践中善于对问题进行分析,不断进行合乎实际的大胆创新,这样才能使思想认识保持发展活力而不僵化,使指导建设和发展的方针政策措施保持科学性和正确性。……

坚持建设中国特色社会主义和坚持实行改革开放两者的关系是什么呢? 中国特色社会主义是改革开放以来党的全部理论和实践的主题,改革开放是党领导人民建设中国特色社会主义的实践。只有社会主义才能救中国。只有改革开放才能发展中国,发展社会主义,发展马克思主义……

中国特色社会主义进入新时代

十八大一结束,习近平同志就向党内外、国内外宣示:"实现中华民族伟大复兴,就是中华民族近代以来最伟大的梦想。这个梦想,凝聚了几代中国人的夙愿,体现了中华民族和中国人民的整体利益,是每一个中华儿女的共同期盼。"习近平同志对实现"两个一百年"奋斗目标、实现中华民族伟大复兴充满信心。

中国几代人梦寐以求的理想,将在为期不远的"两个一百年"到来之时分阶段地变为现实。这是庄严的使命,既气势宏伟,又实实在在,没有丝毫夸张……

事实表明,十八大以来,中国特色社会主义进入了新时代。2017 年 10 月,中国共产党隆重举行第十九次全国代表大会。习近平同志在大会报告中响亮地宣布:"经过长期努力,中国特色社会主义进入了新时代,这是我国发展新的历史方位。"新时代的到来与我国社会主要矛盾的变化紧密联系。以前很长一段时间我国社会的主要矛盾是人民日益增长的物质文化需要同落后的社会生产之间的矛盾。习近平同志为核心的党中央根据客观实际的变化指出:"中国特色社会主义进入新时代,我国社会主要矛盾已经转化为人民日益增长的美好生活需要和不平衡不充分的发展之间的矛盾。"新时代的到来意味着近代以来久经磨难的中华民族已经迎来从站起来、富起来到强起来的伟大飞跃。这涉及社会生活的方方面面,进一步推动了中国历史的剧变。

面对历史性变革,中国共产党人必须既立足国内又放眼世界,领导中国人民在新的历史条件下对中国特色社会主义做到既坚持又发展,既实现中国的繁荣富强,又致力于推动世界的进步。在系统回答新时代坚持和发展什么样的中国特色社会主义、怎样坚持和发展中国特色社会主义这一重大时代课题中,习近平新时代中国特色社会主义思想应运而生。

新时代的中国特色社会主义,开启了全面建设社会主义现代化国家的新征程,也开启了改革开放的新阶段。习近平同志在十九大报告中提出要在全党开展"不忘初心,牢记使命"主题教育。"初心",对中国共产党人来说,就是为人民谋幸福。"使命",在新时代来说,就是要奋力实现"两个一百年"奋斗目标,为中华民族谋复兴,并推动世界人民形成命运共同体。

在迎来改革开放40周年之际,我们不禁感慨万千,不仅深情缅怀为今天的前进奠下坚实基石的前人,又深感可以告慰前人:"今天,我们比历史上任何时期都更接近、更有信心和能力实现中华民族伟大复兴的目标。"

40年走来不易。以往在国际国内异常复杂的环境中,我们不知遇到过多少困难和挑战,但在中国共产党的坚强领导下,这些问题总是一个又一个得到解决,不断开创出新的局面。在未来的岁月里,我们还会遇到种种可以预料或难以预料的困难和挑战。可以肯定地说,这些问题必将同样得到解决。

发展永无止境。建设中国特色社会主义也好,坚持改革开放也好,都是长期的日日新、又日新的伟大事业,永远在路上,必须一代又一代人接力干下去。全党和全国各族人民在以习近平同志为核心的党中央坚强领导下,一定能始终不忘初心、牢记使命,高举中国特色社会主义伟大旗帜,把改革开放和社会主义现代化建设事业继续推向前进。中国的未来必将更加美好。

(资料来源:金冲及.历史巨变从何而来(纪念改革开放四十周年)[N].人民日报,2018-07-04(07).)

资料分析:

"四个全面"战略布局是我们党在新形势下治国理政的总方略,也是中国改革开放 40 年历程中所取得成效的集中体现,同时更是未来中国发展的总方向。青年大学生容易对具体政策、事件产生兴趣,想要了解它的来龙去脉,但是他们往往对于党和国家总体的布局、方向等大的战略、布局不了解,也缺乏兴趣。上述资料将中国改革开放 40 年的历史巨变进行了较为详细的梳理,让青年大学生能够对中国改革开放的历程、习近平新时代中国特色社会主义思想的由来有一个较为系统的认识,同时也有助于大学生理解中国为何要全面建设小康社会,为何要全面深化改革,为何要全面依法治国、从严治党。此外,也有助于青年大学生理解,全面建成小康社会是实现中华民族伟大复兴的中国梦的重要基础、关键一步;全面深化改革的总目标是要完善和发展中国特色社会主义制度,推进国家治理体系和治理能力现代化;全面依法治国总目标是要建设中国特色社会主义法治体系,建设社会主义法治国家;而要坚持新时代党的建设总要求,就必须以永远在路上的执着把全面从严治党引向深入。当代青年大学生是未来社会主义建设的接班人,应该积极培养自身的大局意识和全局观念。

（三）注意事项

知识竞答是激发青年大学生主动学习的好方法,也是检验其学习成效的好办法,但是检验离不开好的检验载体,知识竞答过程中各位思政课教师出具的知识竞答题目就是这一非常重要的载体。这些题目必须是对中国改革开放 40 年建设探索与经验成就的高度浓缩,因此,思政课教师的工作量非常大,不但出题数量要能满足预赛和决赛需要,而且出题的质量必须高,严禁有语意不清、含糊其词的问题出现。

知识竞答是一场场非常激烈的比赛,因此要求参加竞答比赛的评委必须公正、公平地去评判,严格遵守比赛要求,严禁偏袒任何一方或者有不诚信行为出现。

知识竞答因其竞赛性质,对竞赛现场的灯光、音响、投影、电脑、抢答器等硬件的要求很高,其中任何一项出现问题都会影响比赛现场的成绩,所以对于后台工作人员的要求也非常高。知识竞答在正式开始之前要进行彩排,及时发现问题、排除隐患,确保正式比赛现场的万无一失。

知识竞答对于参加的青年学生来说就是一场场比赛,比赛就意味着有输有赢,要求选手无论成绩如何都必须秉持着"友谊第一,比赛第二"的原则,遵守赛事规定和要求,不得无理取闹,影响他人比赛。

(四)总结思考

在以往的一些知识竞答活动中,组织者往往会创建一个知识题库,让参与知识竞答的学生提前通过题库中的题目进行练习,这样可以调动参与竞答学生的积极性,让其对竞答比赛有所准备。但是需要注意的是,此种形式比较适用于预赛环节,因为预赛相对于决赛来说,难度较小,参赛学生的准备工作,无论是在时间上还是在难度上都不太充分,有题库题目可供参考、学习的,对于初次参加知识竞答比赛的学生也是一种帮助。但是进入决赛环节,竞答比赛的难度就会大大增加,不但要有教材上的知识点,还需要有结合现实生活实际的题目出现,以考查学生的分析和判断能力。这一点需要引起出题教师的注意,也是在以后知识竞答环节需要加以完善的。

高职院校有着丰富的技能竞赛经验,无论参加技能竞赛还是主办技能竞赛,知识竞答这一思政课的实践教学环节目前来看还比较单一,不能全面反映参赛选手的水平,在今后的知识竞答筹备过程中可以吸收和借鉴学校主办专业技能竞赛的经验,丰富思政课知识竞答的内容与环节,进一步激发学生学习的主动性和参与竞答活动的兴趣,关注社会动向,关注国家发展,做一名新时代合格的大学生。

第四节　校外实践教学

一、校外参观

校外参观是思政课校外实践教学形式之一,它带领青年大学生走出校园,走到革命先烈曾经战斗过的地方,走到纪念革命先烈的纪念馆,走到在中国革命和建设过程中具有里程碑式意义的纪念场馆,让学生感受先烈们当年的英勇事迹,激发当代青年学生的爱国情感。

（一）设计思路

毛泽东思想和中国特色社会主义理论体系概论阐述的是中国共产党人领导人民进行革命、建设、改革的历史进程及其在这一进程中所积累的宝贵经验。无论是毛泽东思想还是邓小平理论抑或习近平新时代中国特色社会主义思想，都有其形成的独特背景，都与那个时代党的领导核心人物的生活、工作经历密切相关。正因为如此，思政课教师可以带领学生走出校园，走到领袖人物曾经生活和工作过的地方，去了解和感受他们当时的所思、所想，去了解他们的决策背景，这种实践教学方式具有其他实践教学形式无可比拟的优势。以第二章"新民主主义革命理论"为例，李大钊同志在新民主主义革命过程中做出的贡献是卓越的，而李大钊同志的故居就在学校所在地的北京，因此，对于北京的学生来说，外出参观具有可行性。下面以参观李大钊同志的故居为例，就校外参观的具体方案设计如下。

1.确定方案

外出参观，表面看只是乘车去某个地方进行参观，实际背后有诸多事宜需要处理，如参观时间的确定、参观人数的确定、参观路线的确定、车辆的确定以及为学生购买意外险。

（1）参观时间。毛泽东思想和中国特色社会主义理论体系概论课所在学期的某一个周末，因为该门课程是大班合并上课，有的是两个合班，有的是三个合班，工作日各班课程安排不同，无法实现同时外出参观。

（2）参观人数。原则上每个人正在学习毛泽东思想和中国特色社会主义理论体系概论的学生都必须去，但是因疾病或其他原因有请假条者例外，参观人数由班主任提前一周确定，并将参观人数统一报送。

（3）参观协调。带学生外出参观任务艰巨，思政课教师可以整合资源确保活动得到学校更多部门的支持与协助，如寻求学生处、校团委在人员和安保方面的支持等等。

2.组织参观

参观过程中各班有序进入、离开，不得喧哗、大闹，认真倾听讲解员的讲解，如有疑问需要解答，举手示意带队老师。

3. 撰写观后感

外出参观不是走马观花般看看了事,而是要在仔细参观的过程中有所感悟并形成新的认知,通过实地参观更能了解革命先烈当时所处的困境与革命过程的艰辛。因此,撰写观后感是确保学生能够认真倾听讲解、仔细观察革命先烈曾经的足迹的一种手段。同时,观后感要求手写,且杜绝抄袭。

4. 成绩评定

此项实践教学环节中学生的表现主要由两个方面组成,一是外出参观时的表现,二是观后感的撰写质量。评价主体由思政课教师和学生课代表共同组成。

(二)参考资料

资料:北京李大钊故居

李大钊(1889—1927),字守常,中国共产主义运动的先驱、伟大的马克思主义者、杰出的无产阶级革命家、中国共产党的主要创始人之一。在党的二大、三大、四大当选为中央委员。1924年底,任党的北方区执行委员会书记。1922年受党的委托在上海与孙中山先生谈判国共合作,以共产党员的身份加入国民党,1924年出席国民党一大,当选为中央执行委员。1927年被反动军阀杀害于北京。

从1916年夏至1927年春,李大钊在北京工作、生活10年,先后居住过8个地方。1920年春至1924年1月,李大钊一家在石驸马大街后宅35号(今西城区文华胡同24号)北院居住将近四年,这是他在故乡之外与家人生活时间最长的一处居所。1979年8月21日,李大钊故居被公布为北京市重点文物保护单位。

故居为一小三合院,占地面积约550平方米,有北房3间,东、西耳房各2间,东、西厢房各3间。其中北房东屋为李大钊夫妇的卧室,东耳房为李大钊的长女李星华的卧室,东厢房北间为李大钊长子李葆华的卧室,东厢房南间为李炳华的卧室。西厢房为李大钊的书房。

李大钊故居在中国共产党的历史上有着特殊的价值。在后宅胡同居住的时期,是李大钊人生事业的第一个黄金时代,也是他异常忙碌的时期。他为传播马克思主义、创建中国共产党、建立国民革命统一战线，巩固和发展国共合作、领导北方革命运动做出了巨大贡献。他也是名重当世的具有高尚道德品质的学者和思想家。在此期间，李大钊发表各种文章 140 余篇，文字总量超过 33 万余字，平均每 9 天一篇；参加各种会议 120 次，包括共产党三大、国民党一大等，平均每 10 天一次会；陪同会见、拜访各界人士 30 次，讲演 30 次（不算讲课），到广州、上海、武汉、洛阳、天津等地从事教学和革命活动。当年，许多青年都曾在李大钊家借住，感受过李大钊师长般的关爱和教诲。中共北方党组织的一些重要会议曾在李大钊的书房内召开。

李大钊在担任北京大学图书馆主任期间，改革管理办法，增购图书，让图书馆真正成为青年学生汲取营养、奋发有为的温室，很多青年就是在李大钊主持的图书馆中读到了当时世界最新的理论书籍，使自己的认识达到了飞跃，从而走上了救国救民的实践之路。1920 年，李大钊等人在北京大学图书馆成立"共产主义小组"。不久，在李大钊的帮助和指导下，邓中夏等人成立了北京共产主义青年团。青年团的成员到长辛店办工人补习学校，把《工人周刊》等杂志带到学校，帮助工人识字，认清社会现实，建立工人组织。1922 年，长辛店工人举行大罢工，并得到唐山等地工人的支持。工人作为一种重要的力量登上了中国的历史舞台，改变了中国革命的面貌。

党史专家一致认为，北京李大钊故居是李大钊传播马克思主义、创办中国共产党、领导北方工人运动、促成第一次国共合作等一系列革命实践活动最具代表性的历史见证。

资料分析：

李大钊同志是中国共产主义运动的先驱、伟大的马克思主义者、杰出的无产阶级革命家，也是中国共产党的主要创始人之一。但是很多大学生对他的了解也仅仅是一些重要的评价而已，他们并没有真正了解李大钊以及像李大钊这样的革命先烈为中国的革命做出过哪些艰苦卓绝的斗争，这显然是不行的。上述资料在向青年大学生展示李大钊同志故居的同时也展示了李大钊同志心怀天下，积极投身于劳苦大众的解放事业的一生，有助于培养青年的大学生的责任感与时代担当精神。

（三）注意事项

校外参观首先应注意外出参观学生的人身安全,安全必须放在第一位,必须为参观学生购买意外保险。

校外参观,参观是手段,通过参观有所收获才是目的,因此,必须有检验学生参观效果的手段,撰写观后感就是非常重要的一个检验手段,尽管并不新颖,但却是一个检验学生参观体验和收获的重要方法。在检查学生上交观后感时,应该关注学生所表达的参观体验,特别是学生不满意的地方,以期不断改进思政课在校外参观这一方面的设计。

（四）总结思考

校外参观一则走出校园,一则以参观的方式进行学习,这两样很容易让青年大学生忘记了自己为何而来,外出参观的初衷与目的是什么。此外,参观北京李大钊故居不仅仅是单纯为了了解李大钊个人及其为革命做出的贡献,更为重要的是了解李大钊所处的那个时代、那个革命阶段,了解新民主主义革命中中国人民的抗争与求索的过程,进而激发青年大学生的爱国热情。即使外出参观也是要与毛泽东思想和中国特色社会主义理论体系概论这门课程的内容紧密结合,只有带着这样的认识,才能明白并实现参观的意义和价值。

二、社会调查

校外实践教学中的社会调查与校园实践教学中的校内调研在主体上是基本一致的,例如它们都遵循一样的调查程序和调查步骤,这是一个调查的主体。校内调研和社会调查的不同之处有二:一是调查进行的地点发生了变化,一个在校园内,一个在校园之外;二是调查的对象发生了变化,校内调研主要的调查对象是本校的学生,他们往往比较配合调查,而发生在校外的社会调查则不同,被调查的对象是社会上的各色人等,他们的配合程度可能比不上高校内部。这就要求青年大学生在进行校外的社会调查之前要认真学习一下如何与不同类型的人群进行沟通,如何消除陌生人对你的不信任感,进而赢得陌生人的信任,问卷能够顺利发放并填写。其他方面,如问卷如何发放、回收、统计等方面与校内调研基本一致。因此,社会调查这部分内容请参考第三章"思想道德修养与法律基础"课程的校园实践教学部分"校内调研"的具体内容。

思考题

1. 图书寻访这一实践教学环节你的表现如何？
2. 谈谈你对微电影制作这一校园实践教学环节的感受。

参 考 文 献

[1]克伯雷.外国教育史料[M].任宝祥,任钟印,译.武汉:华中师范大学出版社,1991.

[2]李桂林.中国教育史[M].上海:上海教育出版社,1989.

[3]罗国杰.道德教育与"两课"教学[M].北京:中国人民大学出版社,2017.

[4]中共中央马克思恩格斯列宁斯大林著作编译局.马克思恩格斯文集:第1卷[M].北京:人民出版社,2009.

[5]毛泽东.毛泽东选集:第1卷[M].北京:人民出版社,1991.

[6]毛泽东.毛泽东选集:第2卷[M].北京:人民出版社,1991.

[7]毛泽东.毛泽东选集:第3卷[M].北京:人民出版社,1991.

[8]喻本伐,熊贤君.中国教育发展史[M].武汉:华中师范大学出版社,1991.

[9]邓小平.邓小平文选:第3卷[M].北京:人民出版社,1993.

[10]梁漱溟.人生的艺术[M].西安:陕西师范大学出版社,2007.

[11]中国李大钊研究会.李大钊全集:第1卷[M].最新注释本.北京:人民出版社,2006.

[12]中共中央宣传部.毛泽东邓小平江泽民论思想政治工作[M].北京:学习出版社,2000.

[13]郑登云.中国近代教育史[M].上海:华东师范大学出版社,1994.

[14]张耀灿,陈万柏.思想政治教育学原理[M].北京:高等教育出版社,2001.

[15]柳建营."思想道德修养与法律基础"问题链教学详案[M].北京:中国人民大学出版社,2017.

[16]侯勇.思想政治教育学理论前沿问题研究[M].北京:中国社会科学出版社,2018.

[17]潘强,许钟元,邵光辉.多元文化背景下大学生思想政治教育的挑战与创新[M].北京:中国纺织出版社,2018.

[18]林晶.高校思想政治教育立体化模式构建研究[M].北京:人民出版社,2017.

[19]辛玉玲.高职思政课理论教学专题与实践教学指导手册[M].合肥:合肥工业大学出版社,2016.

[20]刘汉一.思想政治理论课案例与实践教学手册[M].南昌:江西人民出版社,2013.

[21]刘利,潘黔玲.互联网+视域下思政课教学理论与实践发展研究[M].长春:吉林大学出版社,2017.

[22]徐小平.图穷对话:我的新东方人生咨询[M].北京:光明日报出版社,2002.

[23]中央党校采访实录编辑室.习近平的七年知青岁月[M].北京:中共中央党校出版社,2017.

[24]王宏甲.中国天眼:南仁东传[M].北京:北京联合出版公司,2019.

[25]卡尔森.寂静的春天[M].辛红娟,译.南京:译林出版社,2018.

[26]邱守娟.毛泽东的思想历程[M].北京:人民出版社,2003.

[27]施拉姆.毛泽东的思想:典藏本[M].田松年,杨德,等译.北京:中国人民大学出版社,2013.

[28]佟颖春.思想道德修养与法律基础案例教程[M].北京:科学出版社,2016.

[29]罗越娟.思想政治课程与教学论[M].广州:广东高等教育出版社,2013.

[30]周芳.思想政治教育审美研究[M].北京:人民出版社,2012.

[31]习近平.习近平谈治国理政.[M].北京:外文出版社,2014.

[32]蓝瑛波.俄罗斯的爱国主义教育[J].中国青年研究,2006(6).

[33]韦文学.国外高校德育的特点及对我国的启示[J].理论导刊,2005(8):74-76.

[34]王帅,王丹丹.韩国、日本学校德育特色及对我国的启示[J].理论界,2007(6):154-156.

[35]郭小香.美国隐性教育的实施路径及其启示[J].湖北社会科学,2010(12):185-187.

[36]高进.新加坡共同价值观教育对我国德育的启示[J].教育探索,2011(7):157-159.

[37]郭法奇.论美国的渗透式教育[J].比较教育研究,1998(5):13-18.

[38]郝博炜.韩国生活德育实践路径与启示研究[J].改革与开放,2016(11):38-40.

[39]张澍军,王立仁.论德育过程的内化机制[J].社会科学战线,2003(2):133-138.

[40]江克宁.试论大学生社会实践教育机制的构建[J].学校党建与思想教育,2016(24):66-67.

[41]方雪梅,李杰.新媒体环境下高职院校核心价值观教育的路径选择[J].职业技术教育,2018(20):58-61.

[42]杨茂庆,陈玺.社会主义核心价值观融入学校教育的逻辑进路[J].中国特殊教育,2019(6):7-10,46.

[43]黄春梅.工匠精神与高职院校校园文化建设探析[J].教育与职业,2018(14):75-78.

[44]张红霞,葛连山.高校思想政治理论课实践教学常态化论析[J].思想政治教育研究,2017(6):41-45.

[45]杨志刚,陈红.高校思想政治理论课实践教学规范化刍议[J].思想理论教育导刊,2016(7):90-93.

[46]孟凤英.科学构建高校思想政治理论课的实践教学体系[J].思想理论教育导刊,2017(12):104-106.

[47]王虹.基于"微公益"载体的高校思政课实践教学创新研究[J].职教论坛,2016(20):75-78.

[48]刘晓霞.论思政理论课实践教学内涵及应用路径[J].继续教育研究,2010(12):175-176.

[49]朱振玉.思政课改革与高职生职业核心能力培养[J].中国成人教

育,2012(19):145 – 147.

[50]王灿发,郭英."微舆论"环境下大学生思政教育面临的挑战与创新[J].中国高等教育,2014(24):40 – 42.

[51]李贵.公民教育视阈中的高校思想政治教育[J].思想教育研究,2011(5):27 – 31.

[52]唐汉卫.从我国公民社会的特点看学校道德教育的选择[J].教育研究,2015(11):20 – 24.

[53]颜剑英,王淼.欧盟国家的民主公民教育述论[J].理论导刊,2011(4):109 – 112.

[54]王源平.回到高职道德教育的原点[J].社会科学家,2016(11):138 – 141.

[55]陈冬丽.大学制度与学生道德价值观的养成探究[J].教育探索,2014(10):121 – 122.

[56]教育部关于印发《高等学校思想政治理论课建设标准》的通知:教社科[2015]3 号[EB/OL].(2015 – 09 – 16).http://www.moe.gov.cn/srcsite/A13/moe_772/201509/t20150923_210168.html.

[57]中共中央国务院印发《关于加强和改进新形势下高校思想政治工作的意见》[EB/OL].(2017 – 02 – 27).http://www.gov.cn/xinwen/2017 – 02/27/content_5182502.htm.

[58]教育部关于印发《新时代高校思想政治理论课教学工作基本要求》的通知:教社科[2018]2 号[EB/OL].(2018 – 04 – 13).http://www.moe.gov.cn/srcsite/A13/moe_772/201804/t20180424_334099.html.

[59]SPECK B W. Why Service – learning [J]. New directions for higher education,2001(114):3 – 13.

[60]BROOMAN S, DARWENT S, PIMOR A. The student voice in higher education curriculum design:is there value in listening? [J]. Innovations in education and teaching international,2015(6):663 – 674.

[61]KIRKWOOD J, DWYER K, GRAY B. Students' reflections on the value of an entrepreneurship education[J]. International journal of management education,2014(3):307 – 316.